ENSEIGNER LE FRANÇAIS EN CONTEXTES MULTILINGUES DANS LES ÉCOLES AFRICAINES

5-7, rue de l'Ecole polytechnique ; 75005 Paris

http://www.librairieharmattan.com
diffusion.harmattan@wanadoo.fr
harmattan1@wanadoo.fr

ISBN : 978-2-296-03501-0
EAN : 9782296035010

Texte et mise en page : **Lise M. LEZOURET**
Marie CHATRY-KOMAREK
Illustrations : **Dan BARONGO** (Kampala)
Photos : **afananga** (Niamey)

Remerciements

L'élaboration de ce guide, fruit de nombreuses expériences, n'aurait pas été possible sans le soutien et les suggestions d'un vaste réseau de personnes, impliquées dans l'amélioration de l'éducation en Afrique, rencontrées un peu partout, dans divers ateliers de travail, dans les couloirs de ministères, dans des classes, au bord de la piste et, bien entendu, sur nos courriels.

Nos remerciements vont en premier lieu à celles et à ceux qui ont accepté de partager avec nous leur analyse de l'éducation primaire dans leur pays ; celles et ceux qui nous ont montré des classes où la langue officielle est équivalente à une langue étrangère ; celles et ceux qui étaient fiers des évaluations de leur enseignement en langue maternelle et bien conscients des avantages d'un enseignement bilingue ; celles et ceux qui nous ont démontré les avantages d'un enseignement bilingue pratiqué dans l'intérêt des apprenants, avec le désir de promouvoir un plurilinguisme pragmatique et culturel.

Toutes ces personnes nous ont fortement motivées et nous ont permis de publier leur témoignage à ce sujet, en particulier :

Laurie **Alder**, Ile Maurice ; Gideon **Ahoholu** (TED), Ghana ; Augustin **Binkiwiki** (PARSET), Tchad ; Thomas **Büttner** (SOUTEBA), Niger ; Marianne **Enoff** (Espagne) ; Etienne **Fikaoussou** (PARSET), Tchad ; Lesley **Geekie Dawe** (Editions Gamsberg/Macmillan), Namibie ; Manar **Kotb**, Egypte ; Kwadwo **Kyei-Baffour** (TED), Ghana ; Louis **N'Guimbole** (CREF, Wa), Ghana ; Joseph **Nuobière** (EN Somanya), Ghana ; Randimby **Rafaralahy**, Madagascar ; Charline **Razanadrasoa**, Madagascar ; Armelle **Riché** (L'Harmattan/Paris) ; Justice **Sallah** (EN Somanya), Ghana ; Amr **Topozzada**, Egypte ; Maryse **Vaugarny**, France ; Evodie **Zurcher** (Association SIL), Tchad.

Nous tenons par ailleurs à remercier chaleureusement les personnes qui ont accepté de relire notre manuscrit, en particulier :

Jean-Jacques **Richer** (CFOAD, MCF, Université de Bourgogne) ; Sophie **Milhaud-Akchar** (Assistante de français auprès du MEN), Sénégal ; Lucette **Tripon** (Saint Nazaire) et Marie-Rose **Schoppmann** (Tübingen/Allemagne).

Lise M. LEZOURET
Marie CHATRY-KOMAREK

ENSEIGNER LE FRANÇAIS EN CONTEXTES MULTILINGUES DANS LES ÉCOLES AFRICAINES

Préface de
Danièle MOORE

L'Harmattan

Préface

« J'ai appris l'anglais et le français à l'école ;
à la maison j'ai pris gâ ».

Magnifique, ai-je pensé. Témoignage fort, un parmi beaucoup d'autres qui nous sont livrés dans cet ouvrage, qu'on rend comme un hommage aux auteurs qui se font transmetteur de ces voix de la francophonie africaine, et qui entreprennent de bâtir ici, avec les acteurs de celle-ci, cette francophonie plurilingue aux facettes plurielles.

Langues qui se prennent et s'apprennent...

Comment réconcilier l'enseignement du français, langue plus ou moins étrange dans le paysage sociolinguistique des élèves, et celui des langues africaines ? Comment enseigner le français, et développer des compétences littéraciées dans les différentes langues en contact tout en même temps ? Comment favoriser le plurilinguisme, et construire une compétence en français comme composante intégrée des répertoires plurilingues des enfants ?

Enseigner le français en contextes multilingues dans les écoles africaines, l'ouvrage de Lise M. Lezouret et Marie Chatry-Komarek, porte ainsi un magnifique pari. Pari de tracer des pistes claires pour la formation des enseignants et futurs enseignants d'Afrique francophone, confrontés aux tâches multiples de transmettre le français à l'école, aux côtés des langues du quotidien de l'enfant, dans des contextes où les langues s'entremêlent, et parfois s'entrechoquent, sous le coup de l'histoire des pays, des idéologies linguistiques dominantes, des rapports de pouvoir entre les langues et leurs locuteurs, des représentations de l'apprentissage, du bi et du plurilinguisme, et des pratiques variées et variables du terrain éducatif. Dans l'arc-en-ciel ou la tourmente du contact des langues et des cultures, l'enjeu majeur des auteurs est de ne pas laisser les langues des élèves à la porte de la classe. Il est aussi de favoriser, pour tous, un apprentissage réussi des langues - de leurs langues -, le français devenant une des composantes de ce répertoire pluriel de l'enfant à l'école.

Lise M. Lezouret et Marie Chatry-Komarek sont des Africaines du cœur. Elles en connaissent et en reconnaissent les sensibilités, les richesses plurielles, et les difficultés. Elles sont aussi des didacticiennes dans l'âme. Leur ouvrage est ancré dans une reconnaissance des savoirs et des savoir-faire locaux, et dans la maîtrise impressionnante du paysage linguistique et didactique qu'elles invitent à partager.

En douze chapitres magistralement construits autour de trois parties posant les repères d'une didactologie du plurilinguisme en contexte(s) africain(s) francophone(s), les auteurs tissent les fils didactiques de l'enseignement *du* et *en* français, à côté de celui de la langue nationale, et de la prise en compte des autres langues parlées par les enfants, en famille, dans la cour de récréation, et dans la variété des situations sociales dans lesquelles ils évoluent au quotidien. Elles donnent voix à une pléïade d'acteurs du terrain, enseignants, formateurs, parents d'élèves d'ici et d'ailleurs (*le Ghana, le Niger, le Tchad, la Côte d'Ivoire, l'Egypte, Madagascar, etc.*), qui racontent et se racontent, et dont les témoignages servent de déclencheur aux réflexions qui suivent. Les auteurs adoptent une démarche clairement didactique, en établissant le fil d'une progression en boucle de la réflexion. Chaque chapitre pose ainsi une problématique en invitant le lecteur à revenir sur ses propres expériences et à s'y attarder, par une série de questions, de manière critique. Toutes les réflexions sont ainsi ancrées et construites à partir de l'expérientiel et de la biographie langagière ou d'enseignement du lecteur, qui est ainsi directement interpellé et investi dans l'apprentissage, apprentissage construit sur un va-et-vient entre un apport théorique et pratique et des retours réflexifs sur les savoirs et savoir-faire du lecteur lui-même, et leur mise en situation contextualisée. Chacun peut donc donner sens aux lectures de manière située, et enrichir ses expériences et sa compréhension en fonction de ses besoins, de manière individuelle ou collective (*on propose fréquemment un travail en collaboration pour les activités suggérées*). Les questionnements abordés couvrent une large et riche palette dont les enjeux touchent la politique linguistique et la planification des langues, le développement du curriculum, l'acquisition des langues secondes et le plurilinguisme, le développement du lire-écrire en langue seconde, les rapports entre les langues dans la mise en place des apprentissages, linguistiques et disciplinaires. Différentes thématiques sont abordées, parmi lesquelles on pourra retenir la sensibilité de la question linguistique en Afrique, la pluralité des langues et le multilinguisme, le « pouvoir de distinction » des langues européennes dans le contexte africain, le statut du français dans la carte des langues, celui de l'arabe comme langue sacrée pour certaines communautés, les questions identitaires attachées aux langues et aux écrits, les modèles d'éducation bilingue et leurs effets au sein de ces configurations complexes. Des propositions originales et socio-culturellement ancrées sont faites, comme l'utilisation des haïkus japonais comme relais d'apprentissage entre les contes oraux africains et l'écriture poétique en français.

Chacun des chapitres est accompagné d'une bibliographie soigneusement ciblée, en français et en anglais, qui asseoit les informations avancées, et permet de les enrichir en allant plus loin. L'ensemble de l'ouvrage, par sa clarté, l'état des lieux motivé que les auteurs réussissent à y présenter, la minutie des propositions et les exemplifications variées et nombreuses, leur ancrage dans les réalités locales des enseignants et des élèves, constituera une ressource centrale pour la formation des maîtres en contexte francophone africain. L'ouvrage ouvre une réflexion riche et achevée, superbement mise en valeur et prolongée dans des activités ciblées pour la classe et les élèves. Il s'agit là d'un véritable projet de formation et d'auto-formation qu'ont réussi les auteurs. Un projet de formation pour le français et l'enseignement bilingue, qui rend hommage et fait vivre le plurilinguisme africain...

Danièle Moore
(Professeur,
Simon Fraser University, Vancouver, Canada
et Directrice de Recherche,
Université de Paris 3-Sorbonne Nouvelle, France)

Les contenus en bref

Sommaire

Encadrés

ntroduction

›urquoi écrire un guide sur l'enseignement du français dans ; écoles africaines alors que, comme nous le verrons dans t ouvrage, il existe un nombre imposant de publications ientifiques et de manuels scolaires sur le sujet ? Pourquoi éciser de surcroît que ce guide concerne avant tout les ensei-ants travaillant dans des contextes multilingues ?

Il est indispensable de faire le tour d'horizon des réali-; éducatives en Afrique pour être en mesure d'esquisser des :ments de réponse à ces deux questions.

ı grand défi : lire et écrire dans les milieux multilingues

›nsidérons tout d'abord la relation qui existe entre la langue ınstruction et l'initiation à l'écrit.

Commençons par une constatation d'ordre général : il :st pas simple d'apprendre à lire et à écrire, même si des llions d'élèves s'y exercent chaque année de par le monde. :st cependant particulièrement difficile de s'initier à l'écrit ıs une langue étrangère. Or, c'est là précisément le sort de ıtaines de milliers d'enfants africains, qui doivent à la fois ›rendre la langue officielle (*LO*) de leur pays et apprendre à : et écrire – donc à penser ! - dans cette langue, qui est la ıpart du temps celle de la puissance coloniale, le français, ıglais ou le portugais.

Trop peu des élèves qui parlent une langue africaine à naison parviennent à maîtriser l'écrit dans une langue qui, n qu'officielle dans leur pays, leur demeure plus ou moins ıngère. De ce fait, en dépit des efforts entrepris après le rum Mondial de Dakar en 2000 pour atteindre une *lucation Pour Tous*' et des incontestables progrès enregistrés ıs certaines couches sociales, la situation éducative en ique subsaharienne reste préoccupante.

La situation éducative en Afrique subsaharienne reste préoccupante.

Celle-ci dérive indubitablement d'un certain nombre facteurs externes, parmi lesquels la croissance démo-phique, les guerres et catastrophes naturelles, l'expansion SIDA et les crises économiques.

Les spécialistes en éducation recommandent de s'inspirer des réalités sociales et culturelles.

Pourtant, ce que de nombreux chercheurs recommandent pour sauver l'école africaine, c'est une mise en cause fondamentale des modèles scolaires en vigueur et de leurs caractéristiques ainsi que l'identification de solutions opérationnelles, dans les voies inspirées en particulier par les réalités sociales et culturelles (*Bernard Dumont, 2005*).

Deux options pédagogiques dans les écoles africaines

Pour qui cherche à améliorer la qualité et l'efficacité des systèmes éducatifs des pays multilingues au sud du Sahara, il est important de commencer par se remémorer les options pédagogiques, actuellement en vigueur à l'école primaire.

Dans beaucoup de ces pays, les gouvernements privilégient une éducation de base souvent appelée '*traditionnelle*', héritée de l'époque coloniale et dispensée dès les premières années de la scolarité en langue européenne, en français, en anglais ou en portugais, en dépit de résultats scolaires souvent désastreux pour la grande majorité des élèves qui ne maîtrisent pas ces langues.

Dans certains de ces pays, on relève aussi un certain intérêt pour un enseignement bilingue, préconisant l'emploi de la langue maternelle (*LM*) comme langue d'instruction et l'enseignement systématique aux apprenants de la LO, considérée comme une langue qui leur est étrangère. Cet intérêt se concrétise de diverses manières, dans certains cas, par la mise en œuvre de projets d'enseignement bilingue, la plupart du temps expérimentaux, dans d'autres, par des réajustements répétés de la durée d'utilisation de la LM à l'école, en quête de solutions au multilinguisme, acceptées à la fois par les responsables politiques, les enseignants et les parents d'élèves.

Un enseignement bilingue pour les écoles multilingues

Dès 1953, l'Unesco reconnaît les avantages cognitifs et émotionnels de la LM et en recommande l'emploi systématique en classe pour y promouvoir une communication authentique.

La qualité de l'éducation dépend beaucoup du respect de la langue et des valeurs culturelles des élèves.

Depuis cette date, de nombreux travaux de recherche (*Cf. suggestions bibliographiques à la fin de chaque chapitre*) ont montré que la qualité de l'éducation de base dépend à la fois de la qualité des rapports qui s'établissent en classe entre enseignants et enseignés, et du respect des valeurs culturelles des élèves. L'emploi systématique de la LM à l'école améliore

la qualité des apprentissages dans toutes les matières scolaires de manière significative ; en particulier, cette stratégie éducative favorise l'apprentissage progressif de la LO, que ce soit le français, l'anglais ou le portugais.

Beaucoup d'enfants africains parlent une ou plusieurs langues africaines.

Quand les enfants parlent une langue africaine à la maison, les spécialistes en éducation conseillent donc d'utiliser celle-ci à la fois comme médium et comme objet d'enseignement, tout en introduisant la LO comme langue étrangère aux élèves. Ils soulignent que, plus longtemps on permet à ces enfants d'employer leur LM à l'école (*selon les cas, entre 6 et 8 ans au moins*), plus on repousse dans le temps l'emploi de la LO comme langue d'enseignement, et plus les performances scolaires s'améliorent dans toutes les matières (*Kathleen Heugh, 2006*).

Autant de précisions qui ne sont pas entièrement nouvelles pour de nombreux pays africains qui ont dispensé un enseignement bilingue de manière expérimentale depuis de nombreuses années sans toutefois parvenir à le généraliser (*Kurt Komarek, 2003*).

L'enseignement bilingue reste une gageure.

Il n'en reste pas moins que cet enseignement bilingue que prônent les spécialistes représente un grand défi pour les élèves de l'Afrique subsaharienne en général ; en effet, on attend souvent d'eux qu'ils apprennent à lire et écrire, d'une part, et qu'ils maîtrisent une langue qui leur est étrangère, de l'autre, et ceci dans des conditions d'apprentissage particulièrement difficiles.

Le défi n'est pas moindre pour leurs enseignants, rarement formés à un enseignement bilingue et à ses exigences : la grande majorité d'entre eux sont aussi peu préparés à l'emploi systématique d'une langue africaine comme langue d'instruction qu'à la didactique des langues étrangères ou secondes.

Les cas de réussite de programmes d'enseignement bilingue restent rares en Afrique.

La situation sur le terrain reflète d'ailleurs bien souvent le hiatus entre ce qui serait souhaitable et ce qui se passe en

Pourquoi continue-t-on de privilégier des options pédagogiques dont les résultats sont désastreux ?

réalité dans les écoles. En effet, malgré l'intérêt de la recherche en matière d'acquisition de l'écrit et la mise en œuvre d'approches pédagogiques innovantes, les cas de réussite de programmes d'enseignement bilingue restent rares en Afrique.

Il faut donc se demander pourquoi cette option pédagogique, qui devrait s'être imposée d'elle-même depuis longtemps dans les écoles multilingues du continent, rencontre encore tant de résistance. Pourquoi continue-t-on de favoriser un enseignement exclusivement en français alors que la majorité des élèves ne le parle pas et que cette option pédagogique ne donne pas les résultats escomptés ?

Facteurs dont dépend le succès d'un enseignement bilingue

Si de nombreux pays africains s'en tiennent encore à une école traditionnelle où la langue d'instruction est la LO européenne, inconnue ou mal connue de la majorité des élèves, cela tient au fait que la mise en œuvre efficace d'un enseignement bilingue est hautement complexe. Elle dépend d'une série de facteurs dont voici les principaux.

- Un gouvernement qui, s'appuyant sur des conseillers nationaux ou étrangers bien formés en la matière, énonce des objectifs clairs, précisant de quelle manière, quand et par qui doit être appliquée une Education pour Tous et qui, par ailleurs, prend les engagements requis sur les plans politique, socioculturel, pédagogique, administratif et financier pour en assurer la mise en oeuvre ;
- Des écoles qui créent une culture de respect et de confiance et croient à la réussite scolaire, professionnelle et sociale des élèves ;
- Des enseignants bien formés qui valorisent la langue et la culture de leurs élèves et s'en servent pour les éveiller à l'écrit, tout en leur enseignant avec succès la LO comme une langue qui leur est étrangère ;
- Des parents qui soutiennent activement leurs enfants dans l'apprentissage systématique de leurs deux langues d'enseignement, la LM africaine et la LO européenne.

La préparation d'un enseignement bilingue dans les pays africains multilingues est hautement complexe.

Les chercheurs considèrent de plus qu'il est important de mettre en place des mécanismes pour assurer la communication de nouvelles idées sociales entre les partenaires de l'éducation, préparant ainsi le terrain pour les changements d'attitude et de comportement, nécessaires pour la réussite de nouvelles options pédagogiques (*Ekkerhard Wolff, 2006*).

Au vu de telles exigences, on peut se demander comment induire les changements nécessaires à la mise en œuvre de programmes bilingues, débutant dans la LM des élèves.

Miser sur la formation des enseignants

Comme nous l'indiquons plus haut, l'enseignement bilingue est fonction de décisions politiques. Cependant, il dépend aussi de manière décisive de la formation et des convictions personnelles des enseignants, lesquels jouent toujours et partout un rôle fondamental dans la mise en œuvre de réformes éducatives.

La qualité de l'enseignement dépend beaucoup des convictions des enseignants.

Or, beaucoup d'entre eux manquent encore souvent d'informations théoriques et pratiques taillées à leur mesure, qui leur permettraient d'améliorer la qualité de leur enseignement au quotidien. Ils ont besoin de savoir comment leurs collègues ont procédé pour promouvoir à la fois le développement de la LM de leurs élèves et l'acquisition de la LO de leur pays. Autrement dit : il y a encore trop peu de publications pour les enseignants africains du primaire sur les stratégies et méthodes à utiliser pour que leurs élèves puissent apprendre à réfléchir, parler, lire et écrire dans leurs deux langues d'enseignement.

Cependant, on a pu noter, en plus des ouvrages de recherche sur l'éducation en Afrique, la publication récente de guides concernant l'emploi systématique des langues africaines pour l'acquisition de l'écrit dans les écoles multilingues. Nous pensons qu'il s'agit là d'un moyen efficace d'atteindre un grand nombre d'enseignants et d'influencer durablement leurs pratiques pédagogiques.

Des guides complémentaires pour un enseignement bilingue

Parmi ces récents ouvrages de vulgarisation, citons tout d'abord *L'Ecole Vivante. Enseigner la langue maternelle dans un programme d'éducation bilingue* (*Viviana Galdames, Aida Walqui & Bret Gustafson, 2004*), guide qui a été amplement distribué dans plusieurs pays sahéliens ; citons également *Langue et éducation en Afrique. Enseigner à lire et écrire dans les écoles africaines* (*Marie Chatry-Komarek, 2005*), lui aussi bien diffusé dans quelques-uns de ces pays.

Ce guide doit être lu en complément de ceux parus récemment sur l'enseignement en langue maternelle.

Ce guide indique comment replacer l'enseignement du français dans les écoles africaines multilingues.

Ces ouvrages donnent des informations théoriques et pratiques sur le premier volet d'un enseignement bilingue, à savoir l'emploi systématique de la LM des élèves. Tous deux montrent qu'il y a de nombreuses voies pour faire entrer les enfants dans l'écrit ; ils indiquent, chacun à leur manière, comment transformer les sessions de lecture et d'écriture, traditionnellement monotones, en activités passionnantes, même pour les enfants privés de commerce actif avec les livres.

Ce qui manque encore, cependant, ce sont des publications sur le deuxième volet d'un enseignement bilingue efficace, à savoir comment enseigner la LO comme langue étrangère aux apprenants. Le présent ouvrage concerne justement le traitement du français dans un programme d'enseignement bilingue. Il indique comment replacer cet enseignement dans son cadre d'application, comment utiliser les ressources du milieu et acquérir les connaissances et compétences requises pour assurer des résultats convaincants en français.

De nombreux enseignants africains sont chargés de dispenser un enseignement bilingue sans avoir été préparés à cette tâche et sans disposer des matériels didactiques requis. Nous espérons que l'utilisation alternée de ces divers guides leur permettra d'améliorer leurs pratiques pédagogiques dans leurs deux langues d'enseignement.

Pertinence de la présente publication

Comme nous le remarquions plus haut, il existe une bibliographie importante pour l'enseignement des langues étrangères, en particulier pour celui du français. Il est en effet relativement facile de se procurer des publications théoriques, des guides et des manuels sur le sujet. On peut donc s'interroger sur la pertinence de ce guide et se demander quelle en est l'originalité.

Ce guide présente une approche holistique de l'enseignement de la LO dans les écoles africaines.

Cet ouvrage présente une approche holistique de l'enseignement du français dans les écoles africaines. Cela signifie qu'il tient compte de l'environnement social et scolaire dans lequel cet enseignement prend place. Il ne s'adresse donc pas à un public-cible interchangeable mais bien plutôt aux enseignants dont les élèves parlent une ou plusieurs langues africaines à la maison. Il indique comment comprendre et interpréter les particularités d'un enseignement bilingue de manière à bien positionner le traitement du français en salle de classe.

Il se distingue en cela des ouvrages sur l'enseignement des langues étrangères qui se limitent à des explications de type didactique sans prendre en considération les conditions spécifiques des écoles où cet enseignement a lieu, ceux qui prêtent trop peu d'attention aux besoins de l'enfant parlant une langue africaine et ne le préparent pas suffisamment pour qu'il puisse apprendre dans une autre langue que sa LM.

Il est indispensable de prendre en compte la langue maternelle des élèves pour les initier à l'écrit.

Il se distingue aussi des guides et manuels scolaires dont l'objectif est d'enseigner la lecture et l'écriture en français à des élèves qui ne parlent pas cette langue, et qui occultent la magnitude du défi que ceux-ci doivent affronter : apprendre une langue étrangère et s'initier à l'écrit en même temps.

Certains de ces manuels, qui ne se distinguent des ouvrages destinés aux enfants de LM française que par des contenus graphiques et culturels spécifiques, semblent partir de l'hypothèse que le choix de la langue d'enseignement a un impact négligeable sur l'apprentissage de la lecture. Cette omission peut avoir de graves conséquences dans les écoles multilingues africaines : non seulement certains élèves ne parviennent que difficilement à maîtriser le français, mais il arrive de surcroît qu'ils ne réussissent même pas à entrer dans l'écrit, comme le montrent divers témoignages présentés dans ce livre. Leurs enseignants, eux-mêmes insuffisamment informés des défis que représente l'apprentissage de la lecture et de l'écriture dans une langue étrangère, attribuent alors les échecs scolaires au désintérêt des parents pour l'école et parfois même à la paresse supposée de leurs élèves.

Recherches et expériences qui sous-tendent cet ouvrage

Les deux auteures du présent ouvrage ont participé à de nombreux travaux de recherche-action dans plusieurs pays multilingues africains ; les plus récents de ces travaux méritent d'être rapidement présentés comme suit.

Citons tout d'abord le programme d'extension et d'amélioration de la formation initiale et continue des professeurs de français du secteur de base, volet du projet bilatéral de coopération linguistique et éducative entre le Ghana et la France, qui a directement inspiré ce guide.

A la base de ce guide, un programme de coopération linguistique et éducative entre le Ghana et la France.

Dans le cadre du projet phare du gouvernement Ghana 2020, la réforme éducative de ce pays dénonçait l'ennui des élèves et préconisait des modifications radicales pour améliorer la quantité et la qualité du programme du secteur de base comme suit : passer de méthodes traditionnelles à des méthodes actives basées sur le constructivisme. Pour le français, langue étrangère en milieu exolingue, il s'agissait de passer d'une méthode traditionnelle à une approche communicative en modifiant les programmes, les évaluations et la formation initiale et continue des enseignants. Une unité de production élaborait du matériel didactique, le diffusait et formait les professeurs de français avec l'excellent réseau de formation continue. Le programme de formation initiale devait aussi subir de lourdes modifications.

Par ailleurs, deux projets éducatifs, soutenus financièrement par la Banque Mondiale et l'Union Européenne et techniquement par la GTZ, ont nourri cet ouvrage de manière périphérique.

Deux autres projets éducatifs ont par ailleurs nourri cet ouvrage de manière périphérique, à savoir le PARSET au Tchad et SOUTEBA au Niger. Au Tchad, le Ministère de l'Education a chargé l'Agence de Coopération Technique Allemande (*Deutsche Gesellschaft für Technische Zusammenarbeit GmbH : GTZ*) d'amplifier les expériences éducatives faites précédemment dans une langue locale et en français ; aujourd'hui, financé par la Banque Mondiale, le PARSET consolide les bases d'un enseignement bilingue débutant en langues nationales et introduisant les deux langues officielles du pays, le français et l'arabe. La publication de manuels et de guides dans ces langues est accompagnée par des mesures de formation des enseignants et de sensibilisation des parents.

Au Niger, l'Union Européenne et la GTZ prêtent leur appui au Ministère de l'Éducation pour une amélioration de la formation initiale et continue des enseignants. Depuis 2006, le projet SOUTEBA soutient des sections réservées à la formation des futurs maîtres à un enseignement bilingue, et ceci dans deux écoles normales.

Quelques mots sur les auteures

Le parcours de vie des deux auteures, amoureuses de l'Afrique, ferventes de la recherche-action, didacticiennes dans l'âme, ouvertes à toutes les langues orales et écrites, se confond avec leur parcours professionnel. Leur connivence au sujet de l'apprentissage de la lecture-écriture, véritable pouvoir de l'Education, trésor inestimable pour exister, les anime depuis longtemps. En Afrique, hors de la capitale, le professeur est au centre du triangle pédagogique, seul entre un grand nombre d'élèves et un tableau : c'est lui que les auteures veulent motiver, aider à être et à former des citoyens du monde.

Lise M. Lezouret a enseigné à tous les niveaux de plusieurs systèmes éducatifs à travers le monde. Paradoxalement, c'est en France, auprès de la population sourde, qu'elle a effectué son plus beau voyage sur le thème de l'appropriation de la langue écrite à partir d'une autre langue : la langue des signes, dans le cadre d'un enseignement bilingue ; voyage au cœur de la complexité du passage d'une langue iconique à une langue analogique, au coeur de la complexité de l'apprentissage d'une langue étrangère. Elle a retrouvé ces difficultés au cours de ses différentes missions à l'étranger. L'université qu'elle interrogeait tout en travaillant lui apportait des outils ; mais, très vite, elle a mesuré l'importance du contexte et de ses divers paramètres. Ce n'est donc pas par hasard qu'elle s'est résolue à écrire une thèse en éducation comparée (*Paris 8, 2002*), consacrée à la formation des professeurs de français au Ghana, dans laquelle elle analyse les représentations et les difficultés des professeurs et des élèves dans les contextes géopolitique, sociologique, politique et éducatif de ce pays.

Lise M. Lezouret a écrit une thèse sur la formation des professeurs de français au Ghana.

Marie Chatry-Komarek s'intéresse depuis une trentaine d'années aux stratégies et mesures destinées à établir ou renforcer l'enseignement bilingue comme l'option pédagogique à privilégier dans les écoles multilingues. Au cours des ans, elle a fait partie de diverses équipes de travail, chargées de développer des programmes d'enseignement bilingue, de former des auteurs pour la production de matériels didactiques en langues locales et de contribuer à la formation des enseignants, en Amérique Latine d'abord, puis en Afrique subsaharienne. Le manque d'accès à l'information, fréquent dans les instituts de recherche africains chargés de ces travaux, l'a menée à publier des guides où elle décrit et analyse les expériences encourageantes faites dans le domaine de l'enseignement bilingue avec pour objectifs de bâtir des réseaux d'information entre les pays et par-delà les langues, d'encourager les défenseurs d'une éducation démocratique, de valoriser des pratiques pédagogiques et de partager les savoirs.

Marie Chatry-Komarek s'intéresse depuis longtemps à la mise en oeuvre de programmes d'enseignement bilingue.

Pendant longtemps, elle a accordé toute son attention à l'apprentissage de la lecture-écriture dans la LM des élèves : aujourd'hui, elle se réjouit de pouvoir répondre aussi à la nécessité de promouvoir l'apprentissage du français en contextes multilingues, comme complément à l'entrée dans l'écrit en langue maternelle.

Un forum où beaucoup prennent la parole !

Il faut ajouter que la présente publication est un forum qui donne la parole à de nombreux acteurs et partenaires de l'éducation à travers le continent africain, ce qui en fait l'intérêt particulier. Ceux qui s'expriment dans ce livre sont des spécialistes qui luttent dans les ministères et leurs dépendances, dans les instituts de recherche et de formation, dans les organismes de développement, dans les maisons d'édition et dans les écoles. Les parents d'élèves y prennent également la parole.

Les témoignages venus de divers pays africains permettront aux enseignants d'établir des parallèles avec leurs réalités pour mieux les transformer.

Ces témoignages, analyses et suggestions venus de tout bord devraient permettre aux enseignants d'établir des parallèles avec leurs réalités et d'être ainsi mieux préparés à les transformer. Il est à souhaiter qu'en se familiarisant avec ce que d'autres ont fait pour améliorer l'enseignement du français à l'école, beaucoup d'entre eux sauront prendre les initiatives qui s'imposent pour rompre avec un enseignement traditionnel et améliorer leurs pratiques pédagogiques.

Des informations au sujet de l'enseignement bilingue

Ce guide ne prétend pas rassembler toutes les informations importantes relatives à l'apprentissage du français langue étrangère aux apprenants du primaire. Pourtant, celles qu'on y trouve devraient être pertinentes pour beaucoup, entre autres :

Partenaires et acteurs des systèmes éducatifs africains trouveront dans ce guide des informations pertinentes.

- pour les responsables éducatifs nationaux et les spécialistes d'organismes internationaux qui seront en mesure de mieux comprendre les enjeux d'un enseignement bilingue au niveau du primaire en Afrique et de prendre les décisions qui s'imposent pour sa mise en oeuvre ;
- pour les enseignants et directeurs d'école qui seront davantage sensibilisés à l'urgence de créer des écoles à la mesure des enfants qui les fréquentent, des écoles misant sur le respect de la langue et de la culture du foyer et sur l'ouverture au monde par le truchement d'une langue qui leur est initialement étrangère ;
- pour les parents d'élèves dont l'information systématique et le soutien actif sont indispensables pour le succès scolaire de leurs enfants.

Comment lire cet ouvrage ?

Trouvez la meilleure manière de tirer profit de ce guide !

Pour lire ce guide avec profit, vous pouvez procéder comme suit :

- le lire seul et y réfléchir seul également ;
- le lire et en discuter avec des collègues ;
- le consulter durant votre formation formelle ;
- en discuter avec vos collègues durant un stage de formation pédagogique ;
- l'utiliser pour mieux comprendre les grandes lignes d'un programme d'enseignement du français ;
- y chercher des explications théoriques ou des suggestions d'activités langagières pour diversifier l'enseignement du français dans votre classe ;
- le consulter pour préparer une réunion de parents d'élèves relative à un enseignement bilingue ;
- le consulter comme vous l'entendez et repérer les informations dont vous avez besoin pour améliorer la qualité de l'enseignement du français au quotidien.

Contenus de cet ouvrage

Cet ouvrage comprend trois grandes parties, divisées en un certain nombre de chapitres dont voici une brève présentation.

1ère partie : Préliminaires pour la mise en œuvre d'une éducation de qualité dans les écoles africaines

La première partie traite d'une éducation de qualité dans les milieux africains multilingues.

Chapitre 1 : Politiques linguistiques en Afrique

Au vu de l'emploi des langues africaines dans la vie quotidienne, on devrait dire que les pays du sud du Sahara sont '*africanophones*' plutôt qu'anglophones, francophones ou lusophones ; cependant, aux quelques deux mille langues qu'on y parle se sont ajoutées les langues des puissances coloniales, le français, l'anglais et le portugais. Cette situation linguistique hautement complexe oblige la plupart de ces pays à définir une politique adaptée à leur contexte linguistique. Connaître et comprendre la politique linguistique de son pays est essentiel pour quiconque prétend y enseigner le français avec succès.

Un impératif : connaître et comprendre les principaux modèles d'enseignement bilingue.

Chapitre 2 : Modèles d'enseignement bilingue

Les sociétés multilingues sont la règle plutôt que l'exception de par le monde ; les expériences pédagogiques menées dans ces sociétés depuis des décennies ont permis d'identifier divers modèles d'enseignement bilingue. Les enseignants chargés d'enseigner le français dans les écoles multilingues du continent africain doivent connaître et comprendre les caractéristiques des modèles d'enseignement bilingue qu'on y applique et les particularités de ceux vers lesquels il conviendrait de tendre.

Chapitre 3 : Environnement propice à l'enseignement bilingue
S'ils ne veulent pas s'en tenir à des déclarations d'intention, les gouvernements des pays désireux d'opter pour un enseignement bilingue doivent procéder à une série de décisions politiques, administratives et financières. Par ailleurs, il leur faut transcrire, décrire, enrichir et standardiser les langues africaines employées à l'école. Des travaux pédagogiques d'une grande ampleur, relatifs à la définition de programmes, l'élaboration de matériels didactiques et la formation des enseignants complètent ces mesures. Enfin, pour éviter des rejets massifs de la part des parents d'élèves, ceux-ci doivent être informés, consultés et sensibilisés. Ainsi se crée peu à peu un cadre favorable à un enseignement de qualité en deux langues, qui pourra être consolidé en connaissance de cause.

Chapitre 4 : L'enseignant, moteur et pivot du changement

La mise en oeuvre au quotidien d'un enseignement bilingue dépend de l'enseignant.

S'il est vrai, comme le montre le chapitre précédent, que l'enseignement bilingue dépend de décisions politiques et de travaux linguistiques, didactiques et pédagogiques importants, sa mise en œuvre au quotidien repose sur l'enseignant. Ce chapitre traite de la formation des enseignants dans les pays multilingues et suggère des pistes de réflexion pour en améliorer la qualité.

2ème partie : Préliminaires pour un enseignement de qualité de la langue officielle

Chapitre 5 : Analyse de la situation
En Afrique, les élèves entrent massivement à l'école ; toutefois, peu en sortent avec les compétences de base du secteur primaire, à savoir lire, écrire et compter. De nombreux facteurs contribuent à cet état de fait, notamment l'application de politiques linguistiques inadéquates. Nous soulignons ici les '*représentations*' des enseignants et des élèves à propos des langues en présence : répertoire linguistique des apprenants et des enseignants d'une part, usage et rôle de ces langues dans l'enseignement/apprentissage de l'autre. Nous envisageons

L'apprenant ne devrait pas être obligé de laisser sa langue maternelle à la porte de la classe.

l'enseignement de la LO dans le cadre de la complexification des compétences langagières des apprenants : ceux-ci ne sauraient laisser leur LM à la porte de la classe puisque c'est dans cette langue qu'ils ont la capacité d'apprendre à apprendre, même une langue étrangère à leur usage quotidien.

Chapitre 6 : S'approprier la langue étrangère
Faire sienne la langue de l'Autre touche à l'identité de l'apprenant. Certes, beaucoup d'élèves acquièrent une compétence linguistique de la LO (*connaissance du fonctionnement de la langue*). Cependant, l'appropriation vise l'acquisition d'une compétence plus large, celle de pouvoir communiquer tant à l'oral qu'à l'écrit (*compétence communicative*), en choisissant le registre requis en fonction de son interlocuteur (*compétence sociolinguistique*). Cette communication se fera de plus en plus cohérente (*compétence discursive*) et tiendra compte des aspects extra-langagiers, tels que le regard, la posture et l'attitude (*compétence pragmatique*). L'appropriation d'une langue ne peut être, de ce fait, qu'un but à long terme.

Chapitre 7 : Réflexions théoriques sur l'enseignement/apprentissage d'une langue étrangère
En Afrique, les enfants peuvent acquérir diverses compétences en de nombreuses langues dans l'interaction sociale, en milieu ouvert. Par contraste, l'apprentissage de la LO est marqué par le caractère fermé de l'école. La didactique du FLE a suivi les évolutions des recherches en sciences humaines : psychologie de l'apprentissage, linguistique appliquée, pédagogie. Plus récemment, la sociolinguistique, la pragmatique et une réflexion sur les contenus culturels véhiculés par la langue ont fait évoluer les entrées dans l'enseignement/apprentissage du français en contexte.

En Afrique, l'apprentissage de la LO est marqué par le caractère fermé de l'école.

Chapitre 8 : Réflexion sur l'apprentissage de la lecture-écriture en français en Afrique francophone
Existe-t-il une méthode d'apprentissage de la lecture meilleure que toutes les autres ? Pour répondre à cette question, il faut se demander ce que veut dire '*lire*'. Qu'est-ce que lire en LM ? Comment entrer dans l'apprentissage de la lecture-écriture de la langue étrangère dans le cadre d'un programme d'enseignement bilingue ? Voilà les questions qui sont traitées dans ce chapitre, qui livre des outils de réflexion et d'analyse de la

Dans le chapitre 8, on ne trouvera pas de '*recette*' pour l'enseignement du français, mais des outils de réflexion.

situation didactique dans laquelle va s'exercer cet enseignement/apprentissage.

3ème partie : Suggestions pour améliorer l'enseignement du français, langue étrangère aux apprenants

Chapitre 9 : Quelles classes peuvent aider l'appropriation de la LO ?

Cette dernière partie donne des suggestions pratiques pour l'enseignement du français.

La classe, en milieu africain, est le lieu institutionnel où la LO est appréhendée par de nombreux élèves. Leur répertoire verbal plurilingue, acquis dans l'interaction sociale, en privilégiant des stratégies affectives, ordonne que sa complexification se déroule dans une '*bonne ambiance*'. Celle-ci recouvre plusieurs paramètres de la situation didactique : l'enfant entre en classe avec ses compétences, ses habiletés et ses stratégies qu'il peut mobiliser au service de l'appropriation de la LO, si l'enseignant, en accord avec la communauté éducative, accorde aux langues en présence le même statut et autorise leur rencontre.

Chapitre 10 : L'oral dans la classe bilingue

L'approche de la LO passe par une phase prolongée d'une écoute active.

Entendre, percevoir, comprendre une langue étrangère n'est pas une tâche facile. Dans la classe bilingue, l'approche de la LO passe par une phase prolongée d'une écoute active, d'une expression associée à l'action. Il s'agit de créer chez l'apprenant un nouveau '*paysage sonore*' dans lequel il puisse développer et complexifier ses compétences langagières en toute confiance. L'approche de l'écrit sera facilitée par la prolongation des activités orales au cours de la scolarité.

Chapitre 11 : L'écrit dans la classe bilingue

Dans le contexte africain, le propre de l'apprentissage guidé en milieu institutionnel est d'aborder le langage écrit. Dans le cadre de programmes bilingues, l'enseignement/apprentissage de la lecture se fait en LM. La lecture de la LO succède à un apprentissage accompli. Une phase prolongée d'activités d'appropriation de la langue orale étrangère (*actes de parole, vocabulaire, syntaxe, phonétique*) ne peut que motiver l'entrée naturelle dans l'autre dimension : celle de la manipulation de l'écrit en s'appuyant sur les compétences acquises en LM.

Chapitre 12 : Vivre le plurilinguisme

A l'heure où le nombre des individus monolingues est minime, la plurilingualité devient une norme. Le libre échange des services favorise la mobilité des hommes, l'usage des langues supplante nombre de politiques linguistiques : la '*linguasphère*' est entretenue par les individus plurilingues porteurs de plusieurs cultures dont le Nord commence à reconnaître les atouts. Combien de conteurs africains interviennent sur des lieux thérapeutiques ? Quel est le succès de la musique, de la danse, des cours de langues africaines en Occident ? Ne parle-t-on pas d'ethno-médecine, d'ethno-psychiatrie ? L'appropriation et la complexification des compétences langagières participent à l'enrichissement de chaque individu au plus profond de son identité sociale, lui procurant la connaissance de soi et la capacité d'appréhender l'Autre dans un rapport d'égalité.

Dans le monde d'aujourd'hui, la plurilingualité est devenue la norme.

Organisation de cet ouvrage

Cet ouvrage a été élaboré pour vulgariser les informations sur l'enseignement du français dans les écoles primaires africaines. Pour garantir au lecteur un maximum de lisibilité, les chapitres de ce guide sont organisés de manière semblable comme suit.

Repérez l'organisation de ce guide pour pouvoir le lire avec plus de profit.

1. Lecture préliminaire

Il s'agit la plupart du temps de témoignages qui permettent d'aborder le thème du chapitre de manière pragmatique. Ces textes proviennent de divers pays africains, afin que le lecteur replace certaines problématiques relevées dans son pays sur une toile de fond qui en dépasse de beaucoup les frontières.

2. Information générale

Le contenu du chapitre est traité en un certain nombre de points, illustrés, explicités ou complétés par des encadrés relatant des expériences spécifiques ou reproduisant des textes clé, ainsi que par des illustrations. Chacun de ces points est suivi de questions permettant au lecteur de s'approprier l'information donnée, en l'adaptant à son pays et à sa situation particulière.

3. Résumé

Pour garantir un bon renforcement des acquis de la part du lecteur, les principaux points du chapitre sont brièvement repris et formulés en d'autres termes en fin de chapitre.

4. Concepts clés du chapitre

Une liste de concepts clés permet de plus à celui-ci de vérifier une dernière fois dans quelle mesure il s'est approprié l'information contenue dans le chapitre.

5. Suggestions bibliographiques
Les lectures conseillées sont suivies de lectures périphériques et de lectures complémentaires souvent en anglais, car les expériences et recherches publiées dans cette langue au sujet du bilinguisme sont particulièrement intéressantes.

Références bibliographiques de l'introduction

Chatry-Komarek, M. (2005), *Langue et éducation en Afrique. Lire et écrire en langue maternelle*. Paris : L'Harmattan

Dumont, B. (2005), *Modèles scolaires importés et initiatives communautaires. La contrainte des coûts. Intérêts et limites de l'économie de l'éducation*. Paris : L'Harmattan, Cahiers Africains de recherche en éducation

Galdames, V., Walqui, A. & Gustafson, B. (2004), *L'Ecole Vivante. Enseigner la langue maternelle dans un programme d'éducation bilingue*. Niamey : Inwent/2-PEB

Heugh, K. (2006), Modèles de langues d'enseignement en Afrique : recherche, conception, prise de décision et résultats. In : *Optimiser l'apprentissage et l'éducation en Afrique – le facteur langue : Etude/bilan sur l'enseignement en langue maternelle (LM) et l'éducation bilingue (EBL) en Afrique subsaharienne*. Libreville : ADEA/GTZ/Unesco

Komarek, K. (2003), *L'enseignement primaire universel dans les sociétés multilingues. Appuyer sa mise en œuvre en Afrique subsaharienne et ailleurs. 25 ans d'expérience de la Coopération Technique Allemande*. Eschborn : BMZ/GTZ

Unesco (1953), *L'emploi des langues vernaculaires dans l'enseignement*. Paris

Wolff, H. E. (2006), Contexte et histoire – Politiques linguistiques et planification en Afrique. In : *Optimiser l'apprentissage et l'éducation en Afrique – le facteur langue : Etude/bilan sur l'enseignement en langue maternelle (LM) et l'éducation bilingue (EBL) en Afrique subsaharienne*. Libreville : ADEA/GTZ/Unesco

1

Préliminaires pour la mise en œuvre d'une éducation de qualité dans les écoles africaines

Présentation des contenus de la première partie

Peut-on prétendre enseigner le français avec succès dans des classes où la grande majorité des élèves parlent une autre langue africaine, en écartant systématiquement tous les aspects de la didactologie des langues-cultures en contexte ?

Il ne s'agit pas d'une question purement réthorique.

Notons d'abord que le traitement du français dans les écoles africaines au sud du Sahara ne se déroule jamais en conditions de laboratoire, hors des réalités de la vie quotidienne.

En effet, la question des langues à l'école est toujours et partout un sujet polarisant. En Afrique, cette question est liée entre autres à la question du pouvoir ainsi qu'à des habitudes et convictions personnelles très fortes en matière d'apprentissage en général, et d'apprentissage des langues en particulier.

Une approche globale

Avant de se pencher sur les aspects didactiques de l'enseignement du français, traités en détail dans les deux dernières parties de cet ouvrage, il nous paraît donc essentiel que les enseignants se familiarisent avec la relation entre langue et éducation, reflétée dans la politique linguistique de leur pays.

En Afrique, il est important de comprendre de quelle manière l'enseignement du français s'inscrit dans la société et dans les programmes d'enseignement.

Il convient qu'ils replacent la question de l'enseignement du français dans son cadre général d'application ; qu'ils comprennent comment le traitement de cette langue à l'école s'inscrit dans la société, d'une part, et dans les programmes d'enseignement et les autres matières scolaires, de l'autre.

Il faut préparer un environnement propice à l'enseignement du français.

Ce cadre de référence devrait leur permettre de mieux anticiper sur les difficultés d'apprentissage de leurs élèves, d'interpréter les attitudes, les projections et les résistances à un enseignement bilingue, d'expliquer aux parents d'élèves la place à accorder au français dans des classes multilingues, de se former pour dispenser un enseignement bilingue, bref : de préparer un environnement favorable leur permettant d'enseigner cette langue efficacement et en connaissance de cause.

Contenus des chapitres de la première partie

La première partie de ce guide devrait justement leur permettre de dresser l'inventaire de leurs connaissances à cet égard et, le cas échéant, de les compléter. Voici les informations qu'ils y trouveront.

- Le premier chapitre dessine brièvement la diversité linguistique en Afrique ; on y analyse les questions qui se posent de ce fait aux gouvernements africains en matière de langues d'instruction, les réponses que ceux-ci y apportent et les répercussions qui s'ensuivent en classe. Cette information devrait permettre à chacun de replacer une situation éducative particulière dans le contexte africain.
- Le second chapitre présente les différents modèles d'enseignement bilingue pratiqués dans les pays africains multilingues et ceux vers lesquels il conviendrait de tendre ; cette information est essentielle pour quiconque enseigne le français comme langue officielle à l'école primaire.
- Le troisième chapitre examine les préliminaires à un programme d'enseignement bilingue en Afrique. On y montre que le succès de cette option pédagogique dépend de nombreux paramètres et de nombreux acteurs et qu'en ignorer les exigences peut en anéantir toutes les chances de succès.

Les quatre chapitres de cette première partie examinent les particularités d'un enseignement bilingue.

- Le quatrième chapitre, quant à lui, dresse le profil de l'enseignant requis pour dispenser un enseignement efficace en contexte multilingue. Il indique quelques pratiques pédagogiques efficaces et souligne l'importance d'une formation initiale et continue adaptée aux besoins et aux possibilités des pays africains.

Chapitre 1
Politiques linguistiques en Afrique

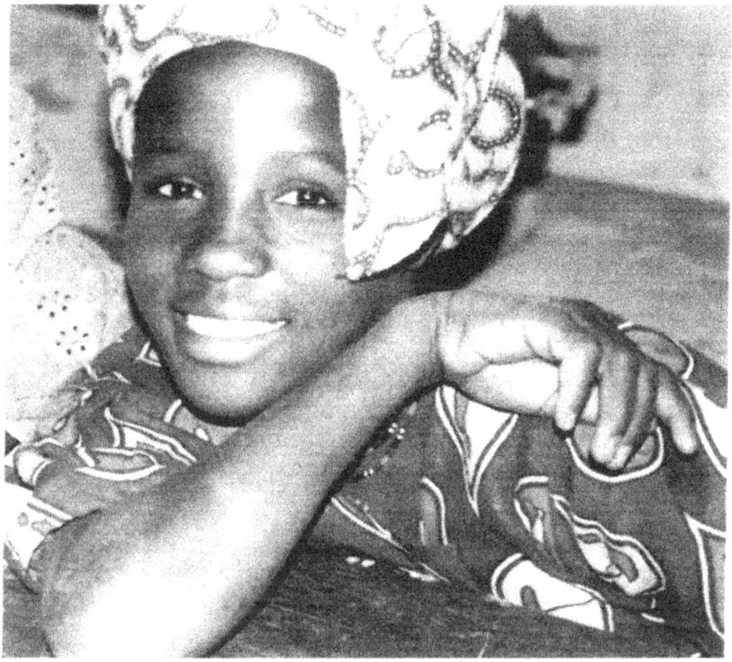

A l'école, les élèves apprennent mieux quand la langue d'instruction leur est connue et les contenus d'enseignement familiers.

****

Les contenus en bref

- Lecture préliminaire : *Débats parlementaires au Ghana*
- Un environnement linguistique complexe
- Options en matière de langues d'enseignement
- Résistances aux langues africaines
- Impact et limites des résistances politiques
- Manque d'information et confusions
- Arguments en faveur d'un enseignement bilingue
- Attitude des parents d'élèves dûment informés

****

Le Ghana a ajusté sa politique linguistique à diverses reprises.

1 Lecture préliminaire : Débats parlementaires au Ghana
En l'espace de quelques années seulement, le Ghana, où se parlent environ soixante langues locales, vient de passer d'un enseignement bilingue débutant en LM à un enseignement dispensé exclusivement en anglais, pour revenir encore une fois à un enseignement bilingue. Les citations suivantes, que nous traduisons de l'anglais, sont extraites des débats parlementaires de l'époque : elles donnent une première idée de la complexité du sujet.

« *Nous croyons fermement que nos enfants ont besoin d'être éduqués dans les langues ghanéennes durant une phase très précoce de leur développement... Nous tenons cependant à en démarrer l'application de manière correcte. Il nous faut, de ce fait, être certains que nous avons bien élaboré des livres dans nos langues ghanéennes, et que nous avons bien formé les maîtres qui doivent aller en diverses parties du pays pour appliquer cette politique, c'est-à-dire enseigner dans les langues ghanéennes... Je pense donc que nous ne pourrons appliquer cette politique qu'une fois que nous serons prêts.* » (Session du 28.02.2002)

« *Bien qu'il puisse paraître inutile d'énumérer les rôles que jouent les langues ghanéennes dans la vie socio-économique et politico-religieuse de cette nation, il n'en est pas moins obligatoire de dire qu'il est essentiel pour un enfant ghanéen de posséder une connaissance parfaite de nos langues locales sous tous les aspects. La langue fait partie de la culture d'une nation. C'est dire qu'un système éducatif qui ne reflète pas cette situation locale menace d'éloigner les gens de leur patrie et de leur héritage culturel.* » (Session du 12.06.03)

« *La déclaration du ministre en faveur d'une éducation entièrement en anglais a provoqué de nombreuses controverses. La question est débattue un peu partout dans le pays. La nécessité de siéger (au Parlement) et de réviser la décision du Cabinet est donc très importante.* » (Session du 02.07.03)

La langue fait partie de la culture d'une nation.

« *La position du gouvernement de faire de l'anglais la langue d'enseignement fondamentale n'entre-t-elle pas en conflit avec la politique linguistique telle qu'elle existe actuellement ?* » (Session du 07.11.03)

Les textes ci-dessus sont exemplaires pour de nombreux pays multilingues d'Afrique.

De nombreux gouvernements hésitent à officialiser un enseignement bilingue.

Tout d'abord, comme on peut le constater, les principaux arguments en faveur d'un enseignement bilingue et les défis qu'il représente sont souvent relativement bien connus des autorités politiques ; cependant, le prestige de la LO, qu'il s'agisse de l'anglais comme dans le cas présent, du français ou du portugais, ainsi que les pressions et les exigences multiples qui en découlent expliquent pourquoi les gouvernements hésitent à généraliser une éducation débutant dans la LM des élèves, même s'ils en connaissent les avantages.

L'exemple du Ghana montre par ailleurs que la politique linguistique en Afrique concerne de nombreux acteurs et partenaires de l'éducation : elle est l'expression de convictions personnelles au sujet de l'apprentissage ainsi que le résultat de considérations politiques, culturelles, sociales, pédagogiques et économiques de tout un peuple. C'est toujours et partout un sujet délicat qui touche à l'identité culturelle des citoyens et est lié à la question du pouvoir.

C'est donc à la fois avec intérêt et avec prudence que l'enseignant doit se pencher sur la question des langues d'enseignement en Afrique et dans son propre pays.

Activités

A partir des textes ci-dessus posez-vous les questions suivantes :

- *Quels sont les termes exacts de la politique linguistique actuelle de mon pays ? En particulier, quel est le rôle accordé aux langues africaines pour enseigner dans le primaire ? Par ailleurs, quel est le traitement donné à l'enseignement du français dans les textes officiels ?*
- *Quels sont les principaux évènements et les diverses décisions qui ont mené à cette politique linguistique ? Où puis-je me procurer des informations précises à ce sujet ?*
- *Comment s'expliquent les attitudes et convictions des gens qui m'entourent par rapport à l'enseignement bilingue ?*

2 Un environnement linguistique complexe

Pour bien comprendre la complexité des politiques linguistiques en Afrique et ses répercussions en salle de classe, faisons un tour d'horizon de la situation des langues sur le continent.

En Afrique, on parle environ un tiers des langues du monde.

L'Afrique est multilingue. On estime en effet que, des 6000 langues approximativement parlées à ce jour dans le monde, environ un tiers d'entre elles sont africaines. La répartition de ces langues est inégale : dans certains pays, comme le Burundi, on parle une seule langue africaine, alors que dans d'autres on peut en dénombrer une multitude ; c'est ainsi qu'au Nigéria, on en compte plus de 400.

Certaines langues africaines sont transnationales et parlées par des millions de locuteurs.

Les langues africaines diffèrent également entre elles de par leur statut, leurs fonctions et leur vitalité. Si certaines sont menacées de disparition, d'autres, par contre, comme le kiswahili, le wolof et le haussa, sont transnationales, utilisées par-delà les frontières par des millions de locuteurs.

Par contre, on retrouve dans la plupart des pays au sud du Sahara le même hiatus entre les langues locales, que parle la majorité de la population, et la LO, celle de l'instruction, du gouvernement, de l'administration et de l'économie moderne, qui n'est maîtrisée que par une minorité urbaine. La LO est le plus souvent celle de l'ancien colonisateur, le français, l'anglais ou le portugais. Quelques pays ont même choisi deux de ces langues comme LO ; c'est le cas du Cameroun où le français et l'anglais sont LO, ou du Tchad qui a opté pour deux langues officielles de grande diffusion, le français et l'arabe.

Quel que soit le cas de figure, l'environnement linguistique des élèves africains est souvent d'une grande complexité. Dans la vie de tous les jours, parler plusieurs langues est pour beaucoup la règle plutôt que l'exception. Malgré cela, en plus de leur LM et des autres langues parlées autour d'eux, il leur faut souvent commencer à apprendre une langue qui leur est étrangère, la LO du pays, dès qu'ils arrivent à l'école.

Là encore, d'ailleurs, la situation peut être exigeante pour les apprenants : c'est ainsi qu'au Kenya, il arrive qu'un élève fréquente une école où sa LM est utilisée comme langue d'instruction pendant les trois premières années, mais il lui faut par ailleurs apprendre deux langues qui lui sont étrangères, le kiswahili, qui est langue nationale, et l'anglais, qui est la

En Afrique, la langue de jeux est souvent une langue locale.

LO du pays et sera employée exclusivement en classe à partir de sa quatrième année de scolarité.

Activités

A partir de ces informations, posez-vous les questions suivantes.

- *Combien de langues africaines parle-t-on dans mon pays ? Combien sont utilisées régulièrement à la radio ou à la télévision ?*
- *Combien de ces langues sont transcrites et combien ont acquis le statut de langues d'enseignement ?*
- *Quelle est la langue que parlent mes élèves à la maison ? Celle(s) qu'ils utilisent au marché ? Quelle est leur langue de jeux ?*
- *Ont-ils l'occasion de pratiquer le français en dehors de l'école ? Où, quand et sous quelle forme peuvent-ils l'écouter et le parler ?*

3 Options en matière de langues d'enseignement

En dépit d'une telle complexité linguistique, la situation éducative ne serait pas outre mesure dramatique si les pays concernés étaient à la fois bien informés et en mesure de prendre les mesures correspondantes pour assurer malgré tout un enseignement de qualité dans les milieux multilingues.

Dès 1953, l'Unesco a recommandé de scolariser les élèves dans leur langue maternelle.

La principale de ces mesures est connue depuis longtemps : en 1953, l'Unesco a recommandé d'utiliser systématiquement la LM des élèves au début de leur scolarité, tout en introduisant la LO de manière progressive.

En effet, un enseignement bilingue semble être indiqué pour les écoles multilingues d'Afrique. Cette option pédagogique devrait pouvoir répondre à la fois aux besoins et aux possibilités des élèves du continent. Employer systématiquement deux langues à l'école, à savoir leur propre LM et la LO de leur pays, contribuerait certainement à une amélioration significative de leurs rendements scolaires (*Pour une revue des modèles d'enseignement bilingue, voir le chapitre suivant*).

L'emploi de la LM comme langue d'instruction renforce les liens entre l'école et la maison.

Pourtant, si de nombreux pays en ont fait l'essai, l'enseignement

On relève deux grandes options pédagogiques dans les écoles multilingues du continent africain.

bilingue ne s'est pas encore vraiment imposé comme une évidence sur le continent. On peut en effet considérer qu'il y existe aujourd'hui encore deux grands groupes d'écoles primaires, à savoir :

- celles de la majorité des pays africains, où l'on encourage l'utilisation de la LO comme principale langue d'enseignement dans l'ensemble du système scolaire ;
- celles de certains pays où l'on préconise l'emploi de la LM ou d'une langue nationale connue comme moyen d'instruction principal, et l'introduction progressive de la langue officielle (*Ekkehard Wolff, 2006*).

Il est instructif de bien comprendre pour quelles raisons tant de gouvernements hésitent à opter pour ce qu'on a appelé « *l'insupportable légèreté d'apprendre* » (*Kurt Komarek, 2004*), à savoir une éducation qui démarre dans une langue que l'élève comprend, se trouvant ainsi dans les conditions propices pour apprendre.

Activités

A ce niveau, nous ne faisons que la distinction entre les écoles qui prônent l'emploi exclusif de la LO à l'école et les écoles bilingues. Contentez-vous donc pour le moment de vous poser les questions suivantes :

- *Quels sont les principaux arguments évoqués par le gouvernement de mon pays pour justifier sa politique linguistique ?*
- *Mon école suit-elle les instructions officielles concernant le traitement de la politique linguistique ? Si non, pour quelles raisons ? Qui décide de la langue d'enseignement à employer en classe ?*
- *Y a-t-il consensus entre les parents d'élèves et les enseignants en ce qui concerne l'emploi de cette langue en milieu scolaire ? Décrivez la situation en détail et donnez des exemples !*
- *Quelle est mon attitude en ce qui concerne l'emploi des langues africaines à l'école et l'enseignement bilingue en général ?*

4 Résistances aux langues africaines

L'enseignement bilingue se heurte à de nombreuses résistances.

De nombreux pays multilingues africains ne s'opposent pas ouvertement à un enseignement bilingue qui permettrait à la majorité des élèves d'être compétents et à l'aise dans leur LM et dans la LO du pays. Depuis des années, on y reconnaît même volontiers « *que les facultés de cognition sont plus rapides lorsque c'est la langue maternelle et non la langue de grande diffusion qui sert de langue d'instruction en éducation primaire.* » (*CRDI, 1997*)

Pourtant, dans la pratique, les politiques linguistiques du continent sont caractérisées par des difficultés et des fluctuations au niveau de leur définition, ainsi que de fortes résistances à leur application.

L'encadré en bas de page résume justement les raisons invoquées contre un emploi systématique des langues africaines et un enseignement bilingue à l'école primaire.

L'enseignant devrait se familiariser avec les raisons pour lesquelles on s'oppose souvent à un enseignement bilingue.

Activités

Lisez attentivement l'encadré suivant puis en travaillant si possible avec un de vos collègues :

- *Faites la liste des raisons évoquées par les enseignants et les parents d'élèves de votre école pour s'opposer à un enseignement bilingue.*
- *Pensez-vous que ces raisons constituent des obstacles infranchissables pour un enseignement bilingue ? Expliquez votre réponse !*
- *Cherchez des contre arguments convaincants : si nécessaire, consultez les publications indiquées en fin de chapitre.*

Encadré 1 : Principales raisons de s'opposer à un emploi systématique et durable des langues africaines à l'école

Enjeux politiques

- Craintes de devoir partager un pouvoir lié à la maîtrise de la LO
- Résistances à favoriser certains groupes ethniques à travers la promotion de leur langue
- Peur de scissions ethniques, de menaces pour l'unité nationale
- Pressions de l'ancienne puissance coloniale pour l'emploi systématique de sa langue dans l'ensemble du système éducatif
- Tendance à imiter les modèles éducatifs des pays voisins
- Convictions bien ancrées et préférences marquées d'individus et d'organismes nationaux et internationaux en matière de langue(s)

Considérations socio-culturelles

- Manque de prestige des langues africaines, donc manque de confiance en leur capacité comme langues d'instruction
- Rejet d'un choix pédagogique appliqué jadis par le colonisateur ou ressenti aujourd'hui comme désuet
- Crainte d'une « ghettoisation » de l'éducation où l'emploi des langues africaines est un frein à la mobilité sociale de ses locuteurs
- Refus des cadres envoyés en province d'apprendre la langue locale
- Crainte de l'opposition massive des parents d'élèves

Enjeux politiques, considérations socio-culturelles et vastes travaux linguistiques retardent souvent la mise en oeuvre de programmes bilingues.

L'absence de mesures pédagogiques peut réduire à néant les mesures légales en faveur d'un enseignement bilingue.

Aspects linguistiques

- Insuffisance des travaux de transcription et de description des langues locales
- Insuffisance des travaux de standardisation de ces langues, particulièrement en ce qui concerne la grammaire et l'orthographe
- Manque de termes requis pour un enseignement différencié des matières scolaires

Aspects pédagogiques

- Pénurie relative de recherches (*entre autres sur l'acquisition des langues étrangères*) ancrées dans les contextes africains
- Absence ou méconnaissance de programmes précis et de modèles de référence convaincants pour un enseignement bilingue de qualité
- Manque de spécialistes sachant transformer un cadre politique en mesures éducatives adaptées aux réalités africaines
- Manque de méthodologies adaptées pour un enseignement de qualité dans les langues africaines
- Manque de matériels didactiques en langues africaines
- Manque de matériels didactiques pour l'enseignement de la LO comme langue étrangère aux apprenants
- Manque d'enseignants suffisamment informés pour dispenser un enseignement de qualité en deux langues
- Crainte d'innover de la part des responsables éducatifs, des professeurs d'écoles normales et des enseignants
- Formation insuffisante des conseillers chargés d'initier un enseignement bilingue

Aspects financiers

- Intérêts commerciaux des anciens pouvoirs coloniaux liés à la production de manuels et guides
- Coûts élevés des matériels didactiques en diverses langues africaines par rapport aux guides et manuels en une seule langue, la LO
- Coûts élevés d'une formation systématique des enseignants pour un enseignement bilingue

L'information des parents d'élèves en matière d'enseignement bilingue dépend en grande partie de l'enseignant.

5 Manques d'information et confusions

Il faut préciser que les résistances à un enseignement bilingue en Afrique sont souvent dues à un manque d'information et aux confusions qui en résultent, ceci aussi bien dans les ministères, les organismes internationaux, les écoles normales et les écoles primaires que chez la plupart des parents d'élèves.

L'enseignement bilingue n'est pas un enseignement donné exclusivement dans les langues africaines !

Cette option pédagogique est souvent perçue à l'extérieur de l'école comme un enseignement donné exclusivement dans les langues nationales. Ce manque d'information provoque inévitablement de grandes résistances, les parents d'élèves craignant que leurs enfants ne parviennent pas à maîtriser la LO par manque de pratique. C'est ainsi qu'au Niger, on a parlé *'d'écoles haussa'* ou *'d'écoles zarma'* (*Bergmann & al, 2004*) alors que celles-ci dispensaient un enseignement bilingue et introduisaient le français de manière progressive dès le CP.

Par ailleurs, on note fréquemment une certaine confusion entre la langue d'instruction et la matière d'enseignement. C'est ainsi par exemple qu'au Ghana, les programmes officiels font mention de la matière *'Langues et cultures ghanéennes'* ; cet intitulé prête à confusion puisqu'il s'agit en réalité de l'apprentissage de la lecture-écriture en LM.

Il n'est donc pas étonnant qu'en classe certains enseignants ne fassent pas vraiment de différence entre *'apprendre en français'* et *'apprendre le français'*. Parce qu'ils n'ont pas été bien formés à un enseignement bilingue et qu'ils n'ont pas assisté à des démonstrations de classes idoines, ils font certaines confusions entre deux notions pourtant bien distinctes.

- *La langue d'instruction* : c'est celle qui est utilisée en classe pour communiquer et avoir accès aux connaissances dans les diverses matières scolaires. Dans les écoles traditionnelles, cette langue est généralement le français ; dans les écoles suivant un enseignement bilingue, il s'agit, dans un premier temps, de la LM des élèves ;
- *L'apprentissage de la langue* : il s'agit là d'une matière scolaire, au même titre que les mathématiques ou les sciences. C'est ainsi que, dans un programme d'enseignement bilingue, l'élève continue l'apprentissage de sa LM, avec pour objectif de mieux s'exprimer oralement, et d'apprendre à lire et écrire ; il fait par ailleurs l'apprentissage de la LO comme langue étrangère.

Il faut bien distinguer entre '*apprendre en français*' et '*apprendre le français*'.

Il existe divers modèles d'enseignement bilingue.

A ces confusions s'ajoute un manque généralisé d'information sur les diverses modalités d'un enseignement bilingue, sur les différents '*modèles*' à appliquer, plus précisément : sur les rapports à établir entre les deux langues d'instruction tout au long de la scolarité, point pourtant capital pour tous les acteurs concernés. (*Cf. chapitre 2*)

6 Impact et limite des résistances politiques

Les résistances d'ordre politique à un enseignement bilingue méritent une mention particulière.

Depuis de nombreuses années, on s'accorde sur le fait que « *la question des langues est liée à la question du pouvoir* » (*Chatry-Komarek, 2005*). De fait, sans le soutien ferme des autorités éducatives, l'enseignement bilingue ne peut se faire tout au plus que de manière expérimentale, au niveau de quelques écoles ou dans un cadre privé. En revanche, la volonté politique d'utiliser les langues africaines à l'école, ou la présence d'une personnalité charismatique telle que Julius Nyerere en Tanzanie, peut être décisive pour les y introduire au niveau national. Selon certains spécialistes, en tout cas, c'est la volonté politique, plus encore que la démonstration de l'excellence des résultats scolaires, qui décide de la mise en œuvre d'un enseignement bilingue dans les écoles africaines.

C'est en ce sens que K. Mateene, responsable auprès de l'OUA, résumait en son temps la situation : « *L'histoire des politiques linguistiques ne montre pas beaucoup d'exemples de décisions dictées et influencées par les résultats des expérimentations (...). L'imposition des langues et le replacement d'une langue par une autre ont été la conséquence de conquêtes et de révolutions. Même en temps de paix, les attitudes mentales, les idéologies, les traditions et autres conditions socio-culturelles décident des politiques linguistiques plus souvent que les recommandations des experts.* » (*1996*)

Certains conseillers en enseignement bilingue ont une formation insuffisante en la matière.

Pourtant, de récentes études limitent les responsabilités des autorités nationales ; elles soulignent que les échecs des programmes bilingues ne leur sont pas entièrement imputables mais qu'ils dérivent également souvent d'autres facteurs qui leur sont étrangers, en particulier de la formation insuffisante de nombreux conseillers en matière d'enseignement bilingue ainsi que de la pénurie de recherches internationales sur l'acquisition des langues étrangères prenant suffisamment en compte les réalités africaines (*Heugh, 2006*).

7 Arguments en faveur d'un enseignement bilingue

Certaines des raisons données ci-dessus dans l'Encadré 1 contre l'emploi des langues africaines à l'école s'avèrent sans fondement réel (*Chatry-Komarek, 2005*) ; d'autres ont trouvé des solutions satisfaisantes grâce aux nombreuses recherches et aux expériences pédagogiques menées sur le continent ; d'autres encore disparaissent d'elles-mêmes dès lors qu'il y a une claire volonté politique de mettre en œuvre une éducation adaptée aux enfants du pays.

Deux constatations s'imposent dès lors qu'il s'agit de défendre l'emploi systématique des langues africaines à l'école.

- Langue et éducation sont intimement liées, l'une conditionnant étroitement la qualité de l'autre. Voici les relations qu'établit à ce sujet Tove Skutnabb-Kangas, avocate fervente d'une éducation dans la langue des apprenants : « *L'éducation (ou le manque d'éducation) est un des facteurs les plus décisifs pour déterminer les chances de vie et le développement humain des enfants d'aujourd'hui (quelle que soit notre opinion au sujet de la relative utilité ou futilité de la maîtrise de l'écrit et de l'éducation formelle). Parmi les facteurs décisifs pour le succès de l'éducation, le choix de la langue d'enseignement est l'un des plus importants de ceux qui peuvent faire l'objet de modification.* » (*2000 ; notre traduction*)

Langue et éducation sont intimement liées.

- Les élèves n'apprennent que lorsqu'il y a une communication authentique en classe, c'est-à-dire lorsque la langue d'instruction est une langue connue et que les contenus sont familiers. Ceci est vrai même lorsque la langue en question n'est pas encore suffisamment standardisée : elle est toujours mieux indiquée pour apprendre qu'une langue étrangère à l'apprenant, même si cette dernière jouit d'une longue tradition écrite. Certains organismes internationaux insistent d'ailleurs clairement sur l'importance capitale de la communication en classe. Ainsi, selon l'Unesco, « *le mot éducation désigne une communication organisée et suivie, visant à susciter l'apprentissage* » et

L'apprentissage dépend de la qualité de la communication en classe.

la Commission Européenne de renchérir dans le même sens : « *La langue d'apprentissage, et notamment la langue maternelle joue un rôle de premier plan dans l'accès à l'éducation et dans sa qualité.* » (*Bruxelles, 2002*)

Les parents d'élèves soutiennent souvent l'enseignement bilingue pour peu qu'ils soient bien informés à ce sujet.

8 Attitude des parents d'élèves dûment informés

Nous aimerions terminer ce chapitre en évoquant les réactions et attentes de parents d'élèves qui ont été témoins des avantages d'un enseignement bilingue, recourant à leur langue, respectant leurs valeurs culturelles et introduisant progressivement la LO de leur pays. Etant donné que nous revenons sur ce point dans le chapitre 3, nous nous contenterons de présenter sur la page suivante le témoignage d'un père de famille tchadien de langue maba, comme contrepoids aux résistances contre l'enseignement bilingue citées plus haut.

9 Résumé

La question des langues d'enseignement en Afrique est d'une grande complexité et elle est hautement politique. La stratégie la mieux indiquée pour les écoles multilingues du continent est un enseignement bilingue. Depuis plus de cinquante ans, les résultats de la recherche montrent les avantages cognitifs et émotionnels d'une scolarité qui débute dans la LM de l'élève et lui permet d'apprendre progressivement la LO de son pays.

Cependant, à cause d'un manque d'informations précises au sujet de l'enseignement bilingue, à cause d'intérêts politiques particuliers ou de préférences et convictions personnelles bien ancrées, les résistances à l'emploi des langues africaines à l'école sont fortes. Ces résistances ont de graves répercussions à tous les niveaux des systèmes éducatifs concernés en particulier sur le développement des programmes d'enseignement, l'élaboration de matériels didactiques, la formation des maîtres, le suivi et l'évaluation. Il est donc fondamental pour les enseignants de se familiariser avec les particularités d'un enseignement bilingue, avant de se pencher sur celles de l'enseignement/apprentissage du français à l'école.

Le chapitre suivant traite justement d'un des premiers aspects à examiner pour être en mesure d'enseigner de manière efficace dans un programme bilingue, à savoir la relation des langues d'enseignement en classe et les conséquences qui en découlent pour l'apprentissage.

Si nos enfants étudient bien à l'école, ils sauront défendre leurs droits.

Encadré 2 : Attentes d'un père d'élève tchadien par rapport à un enseignement bilingue

« Grâce à l'enseignement en langue maba dans les petites classes, nous espérons que nos enfants étudieront mieux désormais et qu'ils apprendront bien à lire et à calculer. Cela sera une bonne chose pour tout notre peuple. En effet, nous n'avons pas tous eu la chance d'aller à l'école pour apprendre à lire. Nos parents n'y ont pas attaché d'importance et nous le regrettons. Il y a beaucoup d'avantages qui nous échappent parce que nous ne sommes pas éduqués. Nous sommes comme des aveugles et ce sont les gens qui ont été à l'école qui nous guident. Ils nous guident comme des chevaux auxquels on met une bride et ils nous conduisent où ils veulent.

C'est comme cela pour nous, mais si nos enfants étudient bien à l'école, ils sauront défendre leurs droits. Ils auront leur place dans la société et pourront s'exprimer devant les autorités. C'est comme cela que nous leur préparons un avenir meilleur.

Bien sûr, à l'école, l'étude de la lecture et de l'écriture en maba est transitoire. Mais comme c'est beaucoup plus facile de commencer ses études dans sa propre langue, j'espère que nos enfants apprendront plus facilement l'arabe et le français dans les classes supérieures.

Ce problème de passage aux langues officielles est très difficile pour notre enseignant qui doit enseigner toutes les classes tout seul. Si on pouvait trouver un deuxième enseignant, ce serait beaucoup mieux. On manque aussi cruellement de petit matériel scolaire et c'est difficile pour nos enfants de bien étudier sans ce minimum. On aimerait bien que le gouvernement nous aide un peu.

Mais ce qui nous fait plaisir, c'est que notre langue soit utilisée à l'école. Le maba, c'est notre langue, c'est une des bases de notre culture. Pourtant, pour le calcul par exemple, nous avons pris l'habitude de calculer en arabe. Il y a même des gens qui ne savent plus compter de dix à cent en maba ! On s'est vraiment trop habitué à emprunter systématiquement des mots à l'arabe. L'enseignement en langue maternelle va changer cela.

D'autre part, il y a tout de même des variations dialectales entre le nord et le sud, l'est et l'ouest. Mais avec l'usage généralisé du maba dans les livres et enseigné à l'école, j'espère que la langue maba la plus pure et la plus belle deviendra en quelque sorte le maba standard ».

(*Entretien avec A. H., Faacha, 2005, traduit du maba par Evodie Zürcher/SIL/Abéché*)

J'espère que la langue maba la plus pure et la plus belle deviendra en quelque sorte le maba standard.

Qui a appris à bien lire et écrire dans sa langue sera mieux en mesure d'opérer des transferts vers une autre langue. Voici des exemples de la diversité des textes et exercices en langues africaines, tirés d'un manuel (accompagné d'un guide) pour le CE, élaboré, produit et distribué au Ghana en cinq langues nationales. De gauche à droite et de haut en bas:
*** anecdote : scène de marché**
*** poème : pour la défense de l'environnement**
*** texte fonctionnel : recette de cuisine**
*** information sociétale : autorités locales**
*** anecdote : un mauvais rêve**
*** exercices : règles de ponctuation et projet d'écriture après une visite au chef du village.**

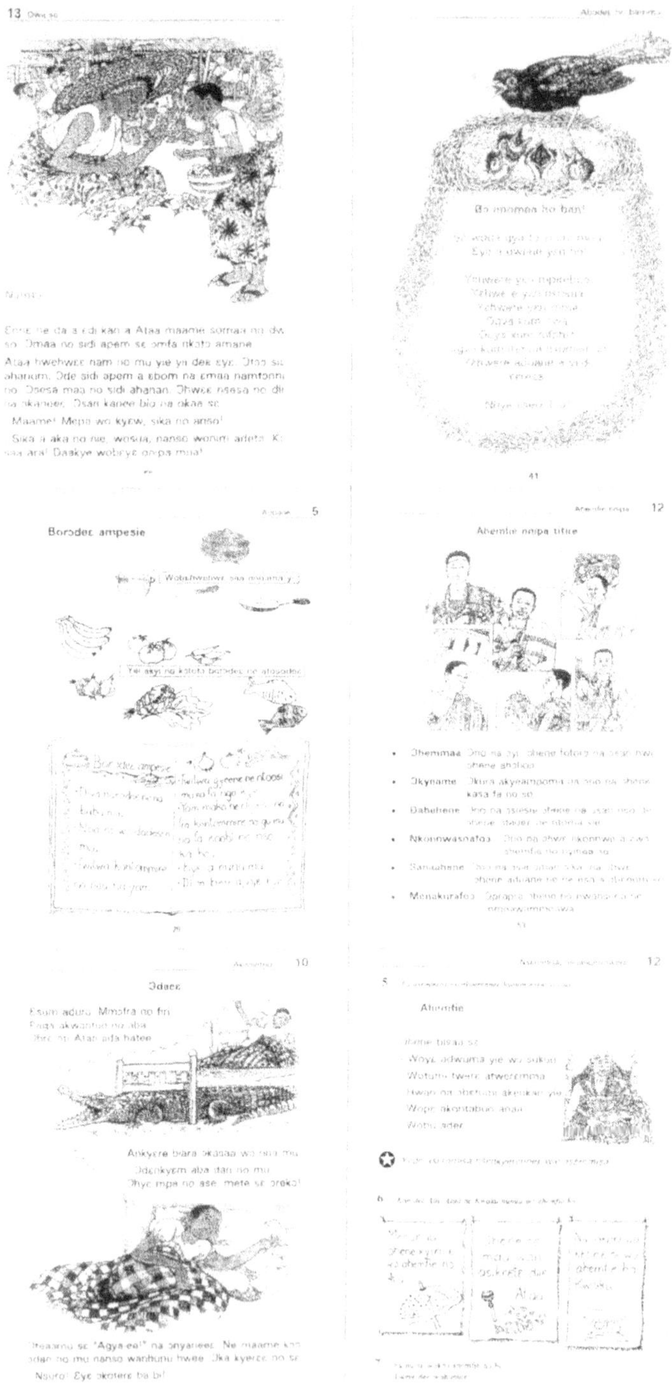

10 Concepts clés du chapitre

Attardez-vous sur les concepts suivants, vous remémorant aussi précisément que possible vos expériences personnelles et les informations que ce chapitre vous a fournies à ce sujet.

Afrique multilingue
Ecoles et classes multilingues
Emploi des langues africaines à l'école
Politiques linguistiques et enjeux politiques
Langues d'instruction africaines et considérations socio-culturelles
Langues d'instruction africaines et aspects linguistiques
Langue d'enseignement/apprentissage de la langue
Communication authentique en classe
Communication et apprentissage

11 Suggestions bibliographiques pour ce chapitre

Lectures conseillées

Chatry-Komarek, M. (2005). *Langue et éducation en Afrique. Enseigner à lire et écrire en langue maternelle*. Paris : L'Harmattan

Unesco (1953). *L'emploi des langues vernaculaires dans l'enseignement*. Paris

Wolff, H. E. (2006). Contexte et histoire : politiques linguistiques et planification en Afrique. In : *Optimiser l'apprentissage et l'éducation en Afrique : le facteur langue. Etude-Bilan sur l'enseignement en langue maternelle et l'éducation bilingue*. Libreville : ADEA/GTZ/Unesco

Lectures périphériques

Bergmann, H. et al. (2002). *Les langues nationales à l'école primaire. Evaluation de l'école expérimentale*. Niamey : Albasa/MEB/GTZ-2PEB

Cahiers africains de recherche en éducation (2005). *L'éducation de base pour tous dans la Francophonie à l'heure de la mondialisation. Une perspective comparative*. Paris : L'Harmattan

Centre de Recherches pour le Développement International (1997). *Langues d'instruction. Implications pour les politiques d'éducation en Afrique*. Ottawa : IIEP

Djarangar Djita, I. (2003). *Les langues africaines dans les écoles d'Afrique : est-ce bien raisonnable ?* In : IBoogha, Novembre 2003. Libreville : Les Editions du Silence

Gfeller, E. (2000). *La société et l'école face au multilinguisme*. Paris : Karthala

Komarek, K. (2004). *L'enseignement primaire universel dans les sociétés multilingues. Appuyer sa mise en œuvre en Afrique subsaharienne et ailleurs. 25 ans d'expérience de la Coopération Technique Allemande*. Eschborn : BMZ/GTZ

Ouane, A. (1995). *Vers une culture multilingue de l'éducation*. Hambourg : UNESCO/Etudes de l'IUE

Lectures complémentaires en anglais

Alidou, H. (2003). *Language policies and language education in Francophone Africa : a critique and a call for action*. In : Makoni, S. & al (eds.), Black Linguistics. Language, society and politics in Africa and the Americas. London, New York : Routledge

Baker, C. (2006). *Foundations of Bilingual Education and Bilingualism* (4th Ed.). Clevedon, Buffalo, Toronto, Sydney : Multilingual Matters

Komarek, K. (2004). *The Unbearable Lightness of Learning*. Norrag News, Septembre 2004

Mateene, K. (1996). OAU's strategy for linguistic unity and multilingual education. In : *International Seminar on language in education*. South Africa : Cape Town University

Skutnabb-Kangas, T. (2000). *Linguistic Genocide in Education or Worldwide Diversity and Human Rights?* Mahwah, N.J. : Lawrence Erlbaum Ass.

Chapitre 2
Modèles d'enseignement bilingue

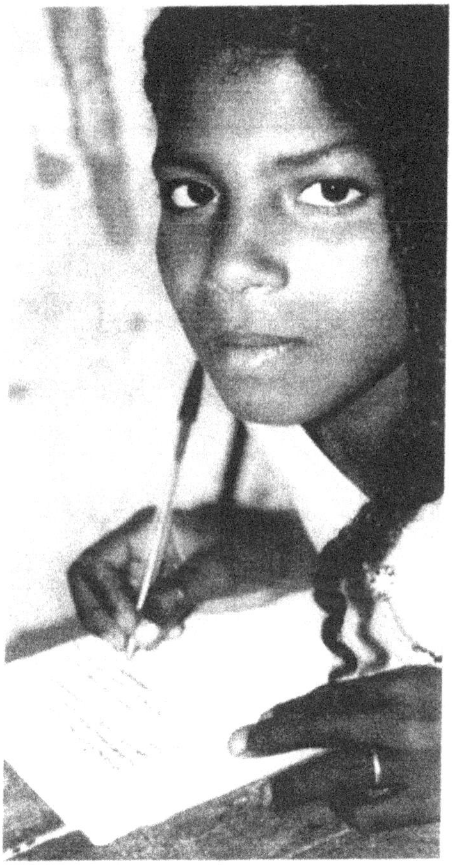

Quel modèle d'enseignement choisir pour que les élèves puissent maîtriser à la fois leur langue maternelle et la langue officielle de leur pays ?

****

Les contenus en bref

- Lecture préliminaire : « *Si j'étais conseillère...* »
- Programmes d'immersion dans une langue étrangère
- Programmes bilingues de transition de sortie précoce
- Programmes bilingues de transition de sortie tardive
- Résumé
- Concepts clé
- Suggestions bibliographiques

****

En Namibie, treize langues sont utilisées dans le primaire comme langues d'instruction.

1 Lecture préliminaire : *« Si j'étais conseillère… »*

En Namibie, on dénombre treize langues utilisées sur le territoire en tant que langues d'instruction pendant les trois premières années de l'école primaire. L'anglais est introduit de manière progressive dès le début de la scolarité, avant de devenir langue d'instruction.

Après avoir fait un examen succinct des principales difficultés qu'affrontent les élèves et leurs enseignants pour se servir de l'anglais comme moyen de communication en classe, Lesley Geekie Dawe, spécialiste de l'enseignement des langues étrangères, conclut que le passage à l'anglais comme langue d'instruction se fait beaucoup trop tôt. Elle estime que les élèves n'ont pas encore acquis une maîtrise suffisante de leur LM pour opérer les transferts qui s'imposent vers une langue qui leur demeure largement étrangère. Voici les commentaires qu'elle fait au sujet de la politique linguistique de son pays.

« Si j'étais conseillère auprès du gouvernement, je suggèrerais qu'on supprime le programme bilingue de cycle court. Je suggèrerais de plus qu'on ne commence à enseigner l'anglais comme matière qu'à partir de la troisième année de scolarité et que l'anglais demeure matière scolaire pendant au moins cinq années de plus.

De cette manière, la plupart des élèves auraient peut-être la possibilité d'apprendre à lire et à écrire assez bien dans leur LM et de se trouver ainsi en âge et en mesure de transférer leurs habiletés en anglais, et peut-être aussi pourraient-ils en conséquence apprendre l'anglais à la fois mieux et plus vite. » (Lesley Geekie Dawe, Gamsberg/Macmillan, communication personnelle, Windhoek, 2005)

Pour ceux qui considèrent comme une victoire d'utiliser les langues africaines à l'école pendant deux ou trois ans avant de passer à la LO du pays comme langue d'instruction, ce témoignage est étonnant, et même choquant.

Il est encore relativement rare de repousser l'emploi des langues européennes au secondaire.

Il est en effet courant de penser que l'emploi systématique des langues africaines pendant deux ou trois ans à l'école est suffisant pour garantir de bons résultats scolaires dans toutes les matières scolaires. Il est par contre encore relativement inhabituel en Afrique de plaider pour l'emploi de la LO, le français, l'anglais ou le portugais, comme langue d'instruction à partir du secondaire seulement. Certains spécialistes de l'éducation estiment d'ailleurs que les résistances à un tel modèle d'enseignement bilingue sont prévisibles et en rendraient la mise en œuvre tout simplement impossible. Comment s'orienter pour résoudre un tel dilemme ?

La langue maternelle et la langue officielle peuvent alterner de diverses manières en salle de classe.

On l'aura deviné : il y a plusieurs modèles d'enseignement bilingue, qui prévoient un emploi différent de la LM et de la LO comme langues d'enseignement à l'école ; le premier pas vers une éventuelle décision à ce sujet consiste à bien se renseigner sur ces modèles. Il est vrai qu'on ne peut jamais appliquer un modèle comme tel, mais qu'il faut l'adapter en tenant compte des particularités de chaque contexte d'enseignement. Par ailleurs, cette question ne peut être tranchée qu'au plus haut niveau des autorités politiques et éducatives. Cependant, elle est très importante pour tous ceux qui sont concernés, responsables éducatifs, enseignants et parents d'élèves.

Ce second chapitre examine la relation à établir entre les langues d'enseignement utilisées à l'école, en se limitant aux modèles couramment pratiqués sur le continent et à ceux qui gagneraient à y être suivis. La question à résoudre pour le lecteur peut être formulée comme suit : parmi ces modèles conçus pour des sociétés multilingues, quel est celui qui serait le mieux adapté aux conditions scolaires de mon pays ?

Nous allons présenter ces modèles, analysant pour chacun d'entre eux les points suivants : leurs principales caractéristiques, les hypothèses de base dont ils découlent, les résultats de la recherche, les interactions qui en résultent en classe ainsi que les raisons de les choisir ou de les refuser.

2 Programmes d'immersion dans une langue étrangère aux apprenants

2.1 Principale caractéristique

Dans ce modèle, la LO du pays est aussi la langue d'instruction, même si les élèves ne la comprennent pas suffisamment ou pas du tout. En vertu de quoi, le lien entre l'école et le foyer est ténu ou même inexistant, ces enfants ne pouvant faire que difficilement appel à leurs savoirs antérieurs et aux expériences faites en famille ou avec leurs camarades.

Dans un programme d'immersion, l'élève ne peut pas utiliser les compétences et les connaissances acquises dans sa langue maternelle.

L'encadré de la page suivante présente la définition que donne de ce modèle T. Skutnabb-Kangas (*2000*), spécialiste de l'enseignement en LM.

Les programmes d'immersion sont appelés '*soustractifs*'.

Encadré 3 : Définition du modèle d'immersion

« Un modèle d'immersion (qu'on pourrait aussi appeler « *nage ou coule* ») est un programme où les enfants de langue minoritaire, dont la langue maternelle a un statut peu élevé, sont obligés d'accepter d'être instruits dans une langue étrangère majoritaire/officielle de statut élevé, dans des classes où seuls quelques-uns d'entre eux maîtrisent la langue d'enseignement, où l'enseignant ne comprend pas la langue maternelle des enfants minoritaires et où la langue majoritaire représente une menace pour la langue maternelle (*LM*) des enfants minoritaires, laquelle court le risque d'être évincée ou supplantée (*la LM n'est pas apprise dans les grandes classes ; la LM est 'oubliée' ; la LM ne se développe pas parce qu'on interdit aux enfants de l'utiliser ou bien parce que ceux-ci sont amenés à en avoir honte*) ; une situation d'apprentissage linguistique soustractive ».

2.2 Hypothèses de base

Ce modèle s'appuie sur une première hypothèse centrale au sujet de l'apprentissage, dont découlent trois autres hypothèses comme suit.

- On apprend principalement de manière passive, par le biais de l'imitation et de la répétition.
- L'apprentissage de la lecture est le cumul d'une série d'habiletés que l'on peut bien distinguer les unes des autres et que tout le monde acquiert de la même manière et au même rythme. Grâce à des exercices de décomposition et de composition de phrases et de mots en syllabes et en lettres relativement mécaniques, l'élève peut apprendre à lire, même dans une langue qu'il ne comprend pas bien, la réflexion n'intervenant pas de manière significative dans le processus d'apprentissage. (*Ces indications sont reprises et illustrées dans le chapitre 8 de cet ouvrage.*)
- L'emploi systématique de la LO du pays permet aux élèves de la maîtriser progressivement. Plus tôt l'élève commence à pratiquer une langue étrangère à l'école et plus vite il la domine, même s'il ne la pratique pas en dehors de la classe. En outre, plus il l'entend, plus la parle, la lit et l'écrit, et mieux il la possède.

Les programmes d'immersion s'appuient sur un certain nombre d'hypothèses.

- Le recours à la LM des élèves est à éviter en classe car celle-ci entrave ou retarde l'acquisition de la LO, qui est la langue des examens et conditionne le succès scolaire et la réussite sociale.

2.3 Résultats de la recherche

Les résultats de la recherche contredisent les hypothèses qui sous-tendent le modèle monolingue d'immersion dans une langue étrangère à l'apprenant.

Ils contredisent clairement chacune des hypothèses qui sous-tendent le modèle monolingue d'immersion dans une langue étrangère à l'apprenant, même celles qui semblent relever du bon sens. Voici en bref ce qu'il faut retenir par rapport aux quatre hypothèses présentées ci-dessus.

- A propos de l'hypothèse centrale : l'approche '*comportementaliste*' que reflète cette hypothèse a été mise en question par une approche dite '*cognitiviste*' et '*constructiviste*'. Selon cette dernière, l'enfant apprend de manière éminemment active. Les chercheurs, en particulier J. Piaget et L. Vygotsky, ont pu dire que celui-ci construit ses savoirs. Il y parvient entre autres en procédant systématiquement à la vérification d'hypothèses qu'il émet sur son environnement et à travers une série d'interactions avec ses camarades et avec les adultes qui l'entourent. (*Se reporter à la seconde partie de l'ouvrage où ce point est repris en détail*)
- A propos de la seconde hypothèse : il y a diverses manières d'entrer dans l'écrit, et lire suppose toujours qu'on '*apprenne ses lettres*', répétant les informations données éventuellement par un adulte. Cependant, lire n'est jamais la somme d'habiletés, se référant à la grammaire ou à l'orthographe par exemple. Par ailleurs, lire est beaucoup plus que l'habileté à décoder des mots et des phrases. Lire, c'est comprendre un texte et savoir l'interpréter de manière active sur la toile de fond de ses connaissances, de ses expériences et de ses valeurs pour en tirer personnellement profit. Lire implique toujours que l'on comprenne bien le sens du texte : dit autrement : le lecteur doit être en mesure de réfléchir activement sur un message codé.

En Afrique, comme partout ailleurs, le monde est hostile aux analphabètes.

Il existe de nombreux '*mythes*' au sujet de l'acquisition des langues étrangères !

- A propos de la troisième hypothèse : il s'agit là de deux grands '*mythes*' (*Nadine Dutcher, 1995*), relatifs à l'acquisition des langues étrangères. Au contraire de ce que croient beaucoup, la recherche montre que l'emploi précoce d'une langue étrangère à l'apprenant à l'école ne donne des résultats significatifs qu'au niveau de la prononciation. Par contre, il ne permet qu'une connaissance superficielle de cette langue, insuffisante pour acquérir des connaissances, surtout lorsque celles-ci sont décontextualisées.
  La maîtrise d'une langue étrangère à l'apprenant ne dépend pas non plus de la durée qu'on y consacre en classe. On a constaté que les élèves qui commencent l'apprentissage d'une langue qui leur est étrangère vers l'âge de 11 ans la dominent mieux que leurs pairs qui ont commencé dès l'âge de 8 ans.
  Ce qui est important, c'est d'atteindre un seuil de compétence qui permette à l'élève d'opérer des comparaisons entre les langues et de transférer ses savoirs de l'une (*sa langue maternelle*) à l'autre (*une langue qui lui étrangère*). La recherche montre à ce sujet qu'il faut à l'enfant entre 6 et 8 ans d'emploi systématique de sa LM à l'oral et à l'écrit pour atteindre ce seuil.
- A propos de la dernière hypothèse : selon les experts, l'emploi systématique de la LM se répercute positivement sur l'acquisition des connaissances en général et sur celle de la LO, étrangère aux apprenants en particulier, c'est-à-dire sur le français, l'anglais ou le portugais dans les écoles multilingues africaines.

2.4 Interactions dans la classe

Le modèle d'immersion dans une langue étrangère a des répercussions négatives sur l'apprentissage que les interactions en classe laissent présager. Voici ce que l'on peut en général observer dans les écoles suivant ce modèle.

Le maître est souvent le seul à dominer la langue officielle,

- L'enseignant est au centre du processus éducatif. Puisqu'il est le seul à dominer la LO, c'est lui qui parle le plus ; c'est lui qui pose les questions et doit aussi souvent donner les réponses, lui qui écrit au tableau, fait répéter, évalue et corrige, bref, c'est lui qui dirige entièrement les activités de la classe.

- De ce fait, les élèves se trouvent réduits à une grande passivité ; ils sont généralement timides et craintifs : ne comprenant pas bien ce que dit le maître, encore moins ce qu'il veut, ils ont peur de se ridiculiser en faisant des erreurs de fonds et de forme dans une langue qui leur est largement étrangère ; ils préfèrent se taire. (*Cf. Encadré 4*)

... si bien que les élèves restent souvent craintifs et passifs.

2.5 Commentaires

Les résultats de cette option pédagogique sont désastreux. On la classe parmi les '*modèles soustractifs*' d'enseignement bilingue. En effet, celle-ci ne permet aux élèves ni de bâtir sur leurs savoirs antérieurs et d'en être fiers, ni d'apprendre une autre langue, la LO du pays, de manière systématique. Le risque de '*semi-linguisme*' est grand pour eux, celui de ne dominer finalement ni leur langue maternelle, ni la langue officielle du pays. (*Cummins, 2000*)

Si ces programmes d'immersion dans une langue étrangère sont malgré tout fréquents en Afrique, cela tient à de nombreux facteurs, cités dans le chapitre précédent et que nous reprenons ici en partie comme suit.

Encadré 4 : Quand on est instruit dans une langue qu'on ne domine pas

Après avoir décrit les interactions entre une enseignante du secondaire et ses élèves de langue maternelle kiswahili, obligés de s'exprimer en anglais alors qu'ils ne comprennent cette langue qu'à peine, les deux auteures d'un article concernant la relation entre langue et apprentissage concluent leurs observations de classe comme suit :

« *Les élèves de cette classe où les cours étaient donnés en anglais restaient silencieux, graves et semblaient avoir peur. Ils essayaient de deviner les réponses que l'enseignante voulait entendre (...). On peut se demander ce que les élèvent apprennent dans ce cours et ce qu'ils en retirent. Ils apprennent à obéir, à rester calmes. Ils apprennent que s'ils ne répondent pas ce que l'enseignant veut entendre, ils seront punis. Ils apprennent à mémoriser. Ils apprennent les stratégies de survie comme jeter un œil sur leur cahier pour y trouver une réponse même lorsqu'ils ne sont pas supposés le faire. Certains plongent dans l'apathie et deviennent indifférents. Certains apprennent qu'ils ne sont pas intelligents, et qu'il est peu probable qu'ils puissent réussir* ».

(Brock-Utne, B. & Alidou, H., 2006)

On peut se demander ce que les élèves apprennent quand il ne comprennent pas.

Très peu d'enseignants africains ont été formés à un enseignement bilingue.

- Les mythes au sujet de l'acquisition de la langue étrangère sont puissants et ne peuvent être ébranlés que par des séances de démonstration de la supériorité de l'enseignement bilingue. (*Cf. Encadré 10 « Voir pour croire », dans le chapitre 3*)
- Les maîtres ont été généralement formés à enseigner en utilisant la LO comme langue d'instruction et n'ont pas d'expérience dans l'enseignement de cette langue suivant la didactique des langues étrangères. (*Cf. Encadré 11 « Ce que j'ai retenu de mes années d'école normale », dans le chapitre 4*)
- L'élite urbaine, qui maîtrise la LO, a tout intérêt à défendre le statu quo, c'est-à-dire à conserver le français, l'anglais ou le portugais comme langue d'instruction.

Activités

Certains d'entre vous ont fait l'expérience de ce modèle monolingue d'immersion dans une langue étrangère ; d'autres auront eu l'occasion de l'observer. Il est instructif pour tous d'approfondir ou de préciser leurs savoirs en répondant aux questions suivantes concernant l'application de ce modèle.

- *Quelles sont les compétences des élèves en français oral et écrit à la fin du cycle des apprentissages fondamentaux dans mon école (vers la fin de la seconde année scolaire) ?*
- *Dans quelle langue se déroulent généralement les cours de mathématiques et de sciences naturelles et sociales en classes de CP et de CE dans mon école ?*
- *Les élèves de CM de mon école ont-ils une maîtrise suffisante du français pour apprendre avec profit en se servant de cette langue ?*
- *Quel est le pourcentage moyen d'élèves qui passent avec succès l'examen de fin du primaire après environ six ans d'apprentissage du français ? Combien de ces élèves continuent leurs études dans le secondaire avec succès ?*

3 Programmes bilingues de transition de sortie précoce

3.1 Principales caractéristiques

Beaucoup de pays africains ont fait l'expérience de programmes bilingues de transition de sortie précoce.

La langue d'instruction pendant les premières années de scolarité (*de un à trois ans maximum*) est une langue familière aux élèves, la plupart du temps leur LM ou leur langue de jeux. Ceux-ci s'initient en parallèle à la LO du pays qui devient le seul moyen de communication et d'instruction à partir de la classe de CE1 ou CE2.

Encadré 5 : Définition des modèles de transition
« Un programme de transition est un programme dans lequel les enfants de langue minoritaire dont la langue maternelle n'est pas de statut élevé sont instruits initialement dans leur langue maternelle pendant quelques années et dans lequel la langue maternelle est enseignée comme si elle n'avait pas de valeur intrinsèque, mais uniquement une valeur instrumentale. On ne l'utilise que pour permettre aux enfants de mieux apprendre la langue majoritaire et pour leur donner accès à quelques contenus d'enseignement pendant qu'ils apprennent la langue majoritaire. Dans les programmes de transition de sortie précoce, les enfants passent à l'emploi de la langue majoritaire dès qu'ils peuvent quelque peu fonctionner dans cette langue oralement, dans la plupart des cas après un ou deux, tout au plus trois ans. Dans les programmes de transition de sortie tardive, on leur permet de continuer quelque peu leur éducation, parfois jusqu'à la moitié du temps d'enseignement, dans leur langue maternelle jusqu'en classes de CM (5ème ou 6ème année du primaire) ; parfois, on leur enseigne leur langue maternelle comme matière même au-delà. » (*T. Skunabb-Kangas, 2000*)

La langue maternelle africaine est utilisée pour mieux apprendre la langue officielle.

Ce modèle vise exclusivement la maîtrise de la LO du pays ; la LM des élèves n'est considérée que comme un instrument à utiliser de manière transitoire pour passer plus efficacement à l'emploi exclusif du français, de l'anglais ou du portugais en classe.

3.2 Hypothèses de base

Les élèves sont initiés à l'écrit dans leur LM. Ils ont aussi acquis des compétences suffisantes en français, en anglais ou en portugais pour être capables de réfléchir, s'exprimer, lire et écrire avec profit dans cette langue. Ils peuvent donc transférer les savoirs stockés dans leur LM à la LO, et se servir efficacement de cette dernière dans toutes les autres matières scolaires.

3.3 Résultats de la recherche

Ce modèle de transition de sortie précoce est lui aussi qualifié de '*modèle soustractif*' par la recherche. En effet, il est indéniable que l'emploi de la LM facilite l'apprentissage et permet aux élèves de s'initier avec succès à l'écrit et même d'acquérir de bonnes compétences de lecture et d'écriture.

Le modèle de transition de sortie précoce est qualifié, lui aussi, de '*modèle soustractif*'.

Cependant, ces mêmes élèves ne maîtrisent pas encore suffisamment leur LM pour pouvoir opérer des transferts efficaces vers une langue étrangère ; de plus, la durée d'appren-

Que peuvent faire les élèves après un an de français à l'école ?

tissage de la langue officielle elle-même est trop brève et leurs connaissances encore trop superficielles pour qu'ils puissent s'en servir efficacement comme seul médium d'apprentissage.

3.4 Interactions dans la classe

Il s'agit là de distinguer deux phases distinctes dans l'application de ce modèle.

- Première phase : aussi longtemps qu'on utilise la LM comme langue d'instruction, c'est-à-dire pendant les premières années de scolarité, les élèves participent activement à la classe ; ils apprennent sans peur, débarrassés de toute insécurité linguistique, et peuvent atteindre des compétences remarquables, particulièrement en lecture et en calcul.
- Deuxième phase : à partir du moment où la LO devient langue d'instruction, la situation change radicalement. Les élèves ne sont pas encore en mesure de s'en servir avec la même aisance que la langue maternelle. Le résultat est le suivant : les débuts scolaires prometteurs, qui avaient pu éveiller certaines attentes parfois démesurées chez les enseignants et les parents d'élèves, s'estompent ; c'est en tout cas ce que montre la sélection qui s'effectue en fin du primaire à travers des examens donnés dans la LO et les piètres résultats qui s'en suivent. Pour assurer un minimum de communication, l'enseignant passe alors souvent d'une langue à l'autre, expliquant dans la LM ce que les élèves n'ont pas pu comprendre dans la LO.
- Les évaluations de ce modèle devraient prendre en considération les performances scolaires des élèves jusqu'en classe de 6ème et de 5ème du niveau secondaire et ne pas se contenter des résultats obtenus à la fin des premières classes du primaire.

3.5 Commentaires

Les recherches menées en Afrique du Sud sur ce modèle sont très instructives (*Cf. Heugh, 2006*).

Le succès relatif de ce modèle éducatif sur le continent africain tient à différents facteurs dont voici les plus importants.

- L'adoption d'un programme bilingue par les enseignants et par les parents d'élèves représente toujours une victoire sur un certain nombre d'habitudes, d'attitudes et de convictions négatives au sujet des langues et cultures africaines ainsi qu'au sujet de l'acquisition des langues étrangères.

- On compare presque toujours les performances de ce modèle à celles des classes traditionnelles, qui appliquent le modèle monolingue d'immersion dans la LO. Or, il est indéniable que, dans les petites classes au moins, là où on recourt systématiquement à la LM, les performances scolaires sont meilleures.
- Certains spécialistes se réfèrent à la situation éducative en général et estiment que, vu le nombre écrasant d'élèves africains qui quittent l'école après quelques années de scolarité seulement, ce modèle représente un effort suffisant pour améliorer de manière significative la qualité de l'éducation primaire.

Ce modèle d'enseignement est fréquemment utilisé dans les programmes bilingues.

Encadré 6 : « ***Vas-y, montre-leur tout ce que tu sais !*** »

« J'assiste à une classe dite de démonstration dans une école rurale nigérienne du secteur de Tamaské, en compagnie d'une trentaine d'enseignants, beaucoup d'entre eux débutant dans la profession.

Le jeune enseignant de CP qui a préparé pour nous une leçon de mathématiques fait partie d'un programme bilingue ; la classe se déroule donc dans la langue dominante de la région, le haussa.

Ce qui frappe tout d'abord les observateurs, c'est la qualité de la communication qui règne dans la classe entre les élèves et leur maître. Nous assistons à des dialogues authentiques, naturels, menés sans effort. L'enseignant ne prend la parole que modérément, pour expliquer par exemple ou bien encore pour orienter les élèves et, quand il le fait, c'est avec douceur et simplicité. Ce faisant, il donne de l'espace à ses élèves, il leur permet de réfléchir tout haut et de bien formuler leurs réponses, ce qui constitue une bonne préparation à la réflexion et à l'apprentissage en général. Mais, ce qui stupéfie ses collègues, c'est de constater comment les enfants savent tirer profit de cette liberté pour renforcer leurs apprentissages. C'est ainsi que, lorsqu'un d'eux, envoyé au tableau sur sa propre demande, sèche sur une réponse, un de ses camarades l'encourage à se rappeler ce qu'il sait, lui disant en haussa : '*Vas-y ! Montre-leur tout ce que tu sais !*'

Apprendre non seulement de l'enseignant qui emploie une langue familière, mais encore apprendre de ses pairs, voilà bien ce qui surprend et ravit les observateurs, habitués à l'autorité toute puissante du maître et à la passivité de ses élèves dans les écoles dites traditionnelles ; beaucoup découvrent ainsi certains des principaux avantages d'une éducation débutant dans la langue maternelle des élèves. »

(*Chatry-Komarek, observation personnelle, mars 2006*)

Quand il emploie sa langue à l'école, l'élève apprend et de son enseignant et de ses pairs.

Activités

- Comment considère-t-on le modèle d'enseignement bilingue de transition à cycle court dans votre village ? A quoi attribuez-vous les résistances de certains parents d'élèves ?
- Y a-t-il un consensus parmi les collègues de votre école pour ou contre ce modèle d'enseignement bilingue de courte durée ? Quels sont les arguments qu'ils avancent le plus souvent ?
- Que pensez-vous personnellement du niveau de français des élèves qui suivent ce modèle en classe de CE ? Estimez-vous qu'ils sont capables de s'en servir efficacement comme moyen d'apprentissage dans les grandes classes du primaire ?
- Quelle solution entrevoyez-vous pour que ces élèves atteignent un meilleur niveau dans la LO du pays ?

4 Programmes bilingues de transition de sortie tardive

4.1 Principales caractéristiques

La LM est utilisée sans interruption pendant six à huit ans de scolarité. La LO est introduite progressivement en parallèle. En classe, on n'utilise pas cette dernière plus de 50% de la journée, même dans les grandes classes du primaire, qu'il s'agisse de communication ou de traitement d'une matière.

4.2 Hypothèses de base

- Il faut au moins six ans d'enseignement formel pour acquérir une bonne maîtrise de sa LM, à l'oral et à l'écrit.
- Il faut de six à huit ans d'apprentissage de la LO comme matière scolaire si celle-ci est une langue étrangère à l'apprenant, avant de pouvoir l'utiliser pour apprendre de manière efficace.

4.3 Résultats de la recherche

Les recherches confirment largement les deux hypothèses ci-dessus et classent ce modèle parmi les programmes '*additifs*'.

Les programmes bilingues de transition de sortie tardive sont considérés comme '*additifs*'.

- Les recherches menées parmi les étudiants immigrés aux Etats-Unis ont montré le temps nécessaire pour bien apprendre une langue étrangère : il leur fallait environ deux ans pour acquérir les habiletés correspondant à leur tranche d'âge et requises pour communiquer en anglais ; par contre, malgré les conditions optimales dont ils jouissaient, ils avaient besoin de 6 à 8 ans pour acquérir les habiletés académiques requises pour apprendre efficacement dans cette langue. (*Cummins, 1994*)

- La LM, quant à elle, doit être renforcée pendant pas moins de douze ans, c'est-à-dire pendant au moins six ans d'enseignement formel, pour permettre de bons résultats dans la langue étrangère (*Dutcher, 1995*).
- Or, les conditions d'apprentissage en général sont incomparablement meilleures aux Etats-Unis qu'en Afrique. C'est pour cela que les spécialistes estiment que les écoliers africains ne sauraient apprendre une langue qui leur est étrangère plus rapidement que leurs pairs américains et recommandent de choisir ce modèle d'enseignement bilingue de préférence à ceux décrits plus haut ; ils suggèrent de se servir de la LM pendant de six à huit ans, tout en introduisant la LO en parallèle. (*Heugh, 2006*)

Il faut environ douze ans pour maîtriser sa langue maternelle à l'oral et à l'écrit.

4.4 Commentaires

Voici les réflexions que l'on peut faire au sujet d'un modèle bilingue de transition de sortie tardive.

- Ce modèle devrait être recommandé aux gouvernements africains comme étant le plus performant pour les élèves.
- Pour le moment, de nombreux pays ne se considèrent pas en mesure de l'adopter, en particulier en raison du manque de matériels didactiques adaptés et d'enseignants formés de manière adéquate.
- Il ne devrait pas être facile non plus de convaincre les parents d'élèves de l'appliquer étant donné que beaucoup ne reconnaissent pas vraiment leur LM comme le canal d'apprentissage à privilégier pour leurs enfants.
- Il est plus que jamais capital pour tous les acteurs concernés de se familiariser avec les systèmes éducatifs qui encouragent ou ont encouragé l'emploi systématique de la LM des élèves tout au long du primaire.
- Parfois, grâce à leur volonté de rester loyal à deux langues, certains individus parviennent à compenser les limites d'un enseignement bilingue de transition de cycle court ; leurs réactions face à leur bilinguisme peuvent cependant être mitigées, comme le montre le témoignage suivant.

Pour le moment, peu de pays multilingues africains sont disposés à adopter ce modèle bilingue.

Activités

- *Vos observations d'enseignant confirment-elles les résultats de la recherche en ce qui concerne le temps nécessaire pour apprendre une langue étrangère dans les écoles africaines ?*

- *Quelles seraient les principales mesures à prendre au niveau des autorités éducatives de votre pays pour pouvoir l'appliquer ?*
- *Pensez-vous que ce modèle d'enseignement bilingue de transition de cycle long pourrait être accepté dans votre école ?*
- *Quelles résistances prévoyez-vous de la part des parents d'élèves ?*

5 Résumé

Ce chapitre a présenté quelques-unes des grandes options pédagogiques qui sont offertes aux pays africains multilingues.

Les programmes monolingues d'immersion dans une langue étrangère à l'apprenant, qui ne lui permettent pas d'uti-

Encadré 7 : « Comment es-tu devenu bilingue ? »

« On me demande de répondre à cette question, moi qui suis malgache, qui vis et travaille depuis longtemps en deux langues, le malagasy, ma langue maternelle, et le français.

Il faut dire que beaucoup de ceux qui, comme moi, sont passés par le modèle éducatif en vigueur du temps de la colonisation, ont échoué à l'école ; ceux qui s'en sont bien tirés doivent donc tourner et retourner la question dans leur for intérieur avant de pouvoir affirmer que le bilinguisme est bien une norme que devrait atteindre tout système éducatif moderne aujourd'hui en Afrique.

Car, être bilingue, c'est être à l'aise dans l'utilisation de la langue maternelle et d'une langue étrangère et ce aussi bien à l'oral qu'à l'écrit. Or, une des conditions incontournables pour réussir le bilinguisme passe par l'existence d'écrits dans la langue maternelle, faute de quoi le bilinguisme ne saurait être cette utilisation aisée et équilibrée de deux langues en présence.

En ce qui me concerne, moi qui suis issu d'un système éducatif pratiquant le bilinguisme soustractif, car favorisant indirectement l'assimilation, c'est à force de lire et d'écrire beaucoup dans les deux langues que j'ai pu devenir bilingue. Aujourd'hui, je me sentirais incomplet si je ne maîtrisais qu'une seule langue.

Je dois cependant préciser que, faute de pouvoir pratiquer le français dans la vie quotidienne, je le parle comme je le lis et l'écris. Je ne le parle de manière ni naturelle, ni spontanée ; il s'agit plutôt de ma part d'un parler sorti des livres plutôt que sorti de véritables situations de communication.

Il me semble qu'il y a peu de vrais bilingues. Finalement, je pense qu'être bilingue, c'est lire, écrire et parler deux langues de manière équilibrée, et c'est ce que je fais. »

(*Randimby Rafalarahy, témoignage personnel, Antananarivo, 2006*)

« ***C'est à force de lire et d'écrire dans mes deux langues d'enseignement que j'ai pu devenir bilingue.*** »

liser ses connaissances et expériences, sont encore largement appliqués dans les écoles africaines, en dépit de résultats scolaires désastreux pour les enfants parlant une langue africaine à la maison.

Les programmes de transition de sortie précoce sont considérés comme '*soustractifs*'.

Les programmes bilingues de transition de sortie précoce sont relativement fréquents sur le continent africain ; pourtant, la recherche les considère comme '*soustractifs*' dans la mesure où le passage à la LO comme langue d'enseignement s'effectue trop tôt.

Les programmes bilingues de transition de sortie tardive, par contre, sont fortement recommandés et devraient être considérés par les gouvernements africains comme un idéal à atteindre chaque fois qu'ils ne se voient pas en mesure de les appliquer dans l'immédiat.

Pour éviter les rejets massifs et pouvoir être mis en œuvre de manière efficace, les programmes d'enseignement bilingue demandent qu'on prépare soigneusement le terrain dans divers domaines et auprès de divers acteurs et partenaires de l'éducation : c'est justement ce dont traite le chapitre suivant.

6 Concepts clés de ce chapitre

Comme dans le chapitre précédent, réfléchissez sur chacun des concepts ci-dessous et remémorez-vous les informations données à cet égard dans le chapitre ainsi que les enseignements que vous en avez tirés pour vous-même.

Programme d'immersion dans une langue étrangère
Programme de transition de sortie précoce
Programme de transition de sortie tardive
Modèles soustractifs/additifs
Mythes au sujet de l'acquisition des langues

7 Suggestions bibliographiques pour ce chapitre

Lectures conseillées

Alidou, H. & Brock-Utne, B. (2006), Expérience 1 : Pratiques d'enseignement. Enseigner dans une langue familière aux élèves. In : *Optimiser l'apprentissage et l'éducation en Afrique – le facteur langue : Etude/bilan sur l'enseignement en langue maternelle et l'éducation bilingue en Afrique subsaharienne.* Libreville : ADEA/GTZ/Unesco

Brock-Utne, B. & Alidou, H. (2006). Expérience 2 : Élèves actifs - Apprentissage dans une langue connue. In : *Optimiser l'apprentissage et l'éducation en Afrique – le facteur langue : Etude/bilan sur l'enseignement en langue maternelle et l'éducation bilingue en Afrique subsaharienne.* Libreville : ADEA/GTZ/Unesco

Heugh, K. (2006). Théorie et pratique : Modèles de langues d'enseignement en Afrique : recherche, conception, prise de décision et résultats. In : *Optimiser l'apprentissage et l'éducation en Afrique – le facteur langue : Etude/bilan sur l'enseignement en langue maternelle et l'éducation bilingue en Afrique sub-saharienne.* Libreville : ADEA/GTZ/Unesco

Lectures complémentaires en anglais

Baldauf, R.B. & Kaplan, R.B. (2004). *Language Planning and Policy in Africa.* Clevedon : Multilingual Matters

Bamgbose, A. (2000). *Language and exclusion: The consequences of language policies in Africa.* Muenster-Hamburg-London : LIT Verlag

Brock-Utne, B. (2000). *Whose Education for All? The Recolonization of the African Mind.* New York : Falmer

Dutcher, N. (1995). *The Use of First and Second Languages in Education. A review of International Experience.* Washington : World Bank, Pacific Islands Series

Hornberger, N. (2003). *Continua of biliteracy. An Ecological Framework for Educational Policy, Research and Practice in Multilingual Settings.* Clevedon : Multilingual Matters

Lambert, W. E. & Tucker, G. R. (1978). *Bilingual Education of Children. The St. Lambert Experiment.* Rowley, Mass. : Newbury House Publishers

Skutnabb-Kangas, T. (2000). *Linguistic Genocide in Education - or Worldwide Diversity and Human Rights?* Mahwah, N. J., London : L. Erlbaum Ass.

Chapitre 3
Environnement propice à un enseignement bilingue

La création d'un environnement propice à l'enseignement bilingue ne peut se faire qu'avec le soutien actif des parents d'élèves.

****

Les contenus en bref

- Lecture préliminaire : *« Nous allons soutenir notre école ! »*
- Des décisions politiques pour l'enseignement du français
- Travaux linguistiques concernant les langues africaines
- Travaux pédagogiques : programmes d'enseignement, élaboration de matériels didactiques, formation des maîtres
- Mesures d'information et de sensibilisation

****

Le soutien des parents est indispensable pour mettre en oeuvre un programme d'enseignement bilingue.

1 Lecture préliminaire : *« Nous allons soutenir notre école… »*
Depuis 1999, la GTZ prête son appui technique au Ministère de l'Éducation tchadien pour un enseignement bilingue, dans le cadre du PARSET, le '*Programme d'Appui à la Réforme du Secteur Éducatif au Tchad*', soutenu financièrement par la Banque Mondiale. Un des responsables de ce projet éducatif souligne l'importance du soutien donné par les parents d'élèves.

« Les parents d'élèves de ces écoles se chargent de vérifier que maîtres et élèves arrivent ponctuellement à l'école, et qu'ils y travaillent. Voici la réflection de M. Zigoube, président des APE à Poutchilli : « *Nous pensions que tout ce qui se passe à l'école était l'affaire du maître ; maintenant que vous avez expliqué notre rôle, nous allons soutenir notre école.* »

Les parents participent aussi activement aux réunions d'information, de réflexion et de prise de décision. Lors des tests d'évaluation de fin d'année, les membres des APE sont présents à côté des inspecteurs et conseillers pédagogiques. A ce propos, voici deux réactions qui m'ont fortement touché.

Cela se passait en juillet 2003, à Lagon. Après la présentation des résultats de tests comparatifs passés dans les écoles expérimentales bilingues et dans les écoles classiques, l'inspecteur de l'enseignement de base s'adressa aux directeurs des écoles publiques : '*Etes-vous satisfaits de tels résultats ? Comment se fait-il que le résultat de la dernière école du PARSET dépasse celui de la première école publique, alors que ces écoles sont tenues par des maîtres communautaires non formés ? Je pense qu'il nous faut adopter cet enseignement bilingue, dans la langue locale, puis en français !*'

Cette déclaration émanant d'une autorité eut pour effet de rassurer et de motiver encore davantage les parents d'élèves.

Il convient de démontrer les avantages d'un enseignement bilingue.

Lors de cette réunion, on avait par ailleurs invité quelques élèves pour lire à voix haute des textes pris au hasard, en français et en moundang. Les parents étaient ravis de cette démonstration. Certains d'entre eux embrassèrent les animateurs du projet en leur disant : '*Continuez ! C'est ça que nous voulons, nous allons soutenir cette expérimentation !*' »
(*Augustin Bingiwiki, témoignage recueilli à Pala, novembre 2004*)

De tels résultats ne sont pas fortuits ; ils résultent au contraire de travaux extensifs, réalisés par de nombreux acteurs et partenaires du système éducatif tchadien, aussi bien dans les équipes de recherche que sur le terrain. Ce témoignage montre par ailleurs que, bien qu'il représente souvent un grand défi, l'enseignement bilingue peut s'implanter et porter des fruits si sa mise en œuvre a été bien planifiée et suivie.

Les programmes d'enseignement bilingue requièrent un environnement propice.

Ce chapitre traite justement des travaux de préparation et d'accompagnement dont vont dépendre non seulement les apprentissages scolaires en général mais, très précisément, l'apprentissage de la LO du pays, qu'il s'agisse du français, de l'anglais, du portugais ou bien encore, comme dans l'encadré 9 ci-dessous, de l'arabe. Les informations qu'il contient sont utiles pour les enseignants des classes multilingues : elles les aident à se familiariser avec les mesures requises pour créer un environnement propice à l'enseignement de la LO en contextes multilingues.

2 Des décisions politiques pour l'enseignement du français

La reconnaissance officielle de l'enseignement bilingue de la part des gouvernements africains a des répercussions importantes sur le traitement du français dans les classes multilingues du continent. En l'absence de décisions dont les principales sont présentées et commentées dans l'encadré de la page suivante, il est difficile de créer un contexte qui permette d'enseigner cette langue de manière satisfaisante aux élèves qui ne la parlent pas.

Des décisions politiques sont souvent indispensables pour pouvoir enseigner la LO dans les écoles multilingues d'Afrique.

Activités

Lisez l'encadré de la page suivante, puis considérez les décisions politiques prises par votre pays en ce qui concerne l'emploi des langues africaines à l'école et posez-vous ces questions :

- *Parmi les aspects traités dans l'encadré 8, quels sont ceux qui ont été pris en considération par les autorités de mon pays ?*
- *Pourquoi certains de ces aspects ont-ils été négligés ?*
- *Quelles ont été les principales conséquences des décisions politiques prises par mon pays au sujet d'un enseignement bilingue ?*

De nombreux aspects doivent être considérés pour pouvoir mettre en place un programme d'enseignement bilingue.

Encadré 8 : Pour la mise en œuvre d'un enseignement bilingue

S'ils veulent aller au-delà de déclarations d'intention en ce qui concerne l'enseignement bilingue, les gouvernements africains se doivent de prendre les aspects suivants en considération :

- *Clarté des buts du cadre de politique éducative*

  Ceux-ci peuvent se référer à l'unité nationale à travers une langue unificatrice, au développement national à travers la formation de toutes les couches de la société, à l'efficacité pédagogique, à la transmission de valeurs culturelles et morales ou bien encore au bien-être émotionnel de l'élève (*Se reporter à la lecture préliminaire du chapitre 1*). L'absence de buts clairement formulés pour un enseignement bilingue ouvre la voie à des interprétations diverses, ce qui en affaiblit immanquablement la mise en œuvre.

- *Choix des langues africaines d'enseignement*

  Parmi les langues africaines parlées sur leur territoire, les gouvernements peuvent en déclarer un certain nombre langues d'enseignement. Parfois, toutes ces langues entrent effectivement à l'école : c'est le cas en Namibie où les 13 langues reconnues d'enseignement le sont bien devenues dans la pratique. La plupart du temps, cependant, seules quelques-unes parviennent à se doter de matériels éducatifs et devenir effectivement langues d'enseignement : au Ghana, sur une soixantaine de langues parlées, vingt-huit sont standardisées et utilisées dans des programmes d'éducation informelle, onze sont reconnues comme média d'instruction durant les trois premières années de scolarité, et seulement cinq (*twi, ewe, dagbani, gonja et ga*) se trouvaient dotées de manuels et de guides en 2003. Il faut souligner que le choix éminemment politique des langues d'enseignement a des répercussions directes sur l'enseignement de la LO dans les écoles multilingues.

- *Choix du modèle d'enseignement bilingue*

  Les gouvernements optent généralement de manière plus ou moins explicite pour un des modèles éducatifs décrits dans le chapitre précédent. Cependant, on relève souvent un certain manque de précision dans les textes en ce qui concerne l'emploi alterné des deux langues en classe. Sur le terrain, enseignants et parents vont souvent préférer les modèles d'enseignement bilingue dits soustractifs, surtout s'ils sont insuffisamment informés au sujet de l'acquisition des langues. Certains craindront qu'une approche de type FLE, se limitant aux aspects communicatifs basiques de la langue, entraîne une baisse de niveau, comme c'est le cas au Sénégal, en raison d'une méthode antérieure mal comprise et mal appliquée.

Les travaux qui conditionnent la mise en oeuvre de programmes bilingues ne sont pas seulement linguistiques.

- *Attitudes vis-à-vis des langues*
  Les langues africaines ayant été dévalorisées et exclues de l'administration, de la justice et de l'éducation, elles sont souvent perçues comme un frein aux apprentissages et à la mobilité sociale. Or, il est difficile d'introduire un enseignement bilingue sans le soutien des enseignants et des parents (*Cf. Encadrés 9 et 10 ci-après*). Il revient donc aux politiciens de bien évaluer la situation à cet égard et, le cas échéant, d'appliquer des mesures d'information, de sensibilisation et de revalorisation de ces langues pour leur permettre de franchir le seuil de l'école.

Revaloriser les langues et cultures locales, cela fait partie des travaux préliminaires à la mise en oeuvre de programmes bilingues.

- *Création d'organismes d'exécution*
  Les déclarations politiques en faveur d'un enseignement bilingue doivent être suivies de décisions administratives et financières. Il s'agit, entre autres activités, de créer des organismes pour planifier l'enseignement bilingue, pour sensibiliser les populations et pour matérialiser les décisions politiques en mesures éducatives précises. Ce sont là des travaux dont l'ampleur est parfois sous-estimée par les autorités politiques ; il n'est donc pas étonnant que certains gouvernements ne soient pas parvenus à concrétiser leur volonté politique. Parmi ceux-ci, citons Madagascar où la malgachisation de l'enseignement n'a pas eu lieu comme le prescrivait la Charte de la Révolution Socialiste Malagasy de 1975.

3 Travaux linguistiques concernant les langues africaines

Certains travaux linguistiques, souvent de grande ampleur, font aussi partie de la création d'un environnement propice à l'enseignement de la LO en milieux multilingues. En effet, pour garantir la qualité des apprentissages scolaires, il importe que la LM des élèves soit un moyen de communication fiable, précis et différencié. Cela suppose que cette langue soit dotée d'un alphabet cohérent et consistant, de règles d'orthographe claires et d'un vocabulaire adéquat, et que ces travaux linguistiques soient acceptés par les locuteurs. Si tel est le cas, les élèves seront alors en mesure d'opérer comparaisons et déductions entre leurs deux langues d'enseignement.

Nous n'entrerons pas dans le détail des travaux de description et standardisation des langues africaines. Nous nous contenterons, à partir d'un témoignage concernant l'écriture d'une langue tchadienne, d'illustrer la nécessité de procéder avec soin pour transcrire la LM de l'élève ; comme le décrit l'auteur de l'encadré suivant, la cohérence des choix en ce domaine conditionnera l'ensemble des apprentissages scolaires.

« *Le fait de changer d'écriture, comme de changer de langue, est lourd de signification émotive et culturelle.* » (J. Goody, 1994)

Pendant longtemps, l'éducation était réservée à une petite élite masculine dans le royaume du Ouaddaï.

Encadré 9 : Lire en maba

« Le maba est une des rares langues non sémitiques de l'Afrique sub-saharienne à être transcrite en caractères arabes. Pour pouvoir saisir les raisons de ce choix d'écriture, il faut connaître l'histoire de la région.

Le royaume du Ouaddaï existe depuis le début du 17ème siècle. Les habitants de ce royaume, les Maba, parlent une langue nilo-saharienne. Mais dès le début de cette civilisation, qui fut une des plus brillantes de l'Afrique sub-saharienne et qui connaissait l'écriture, l'éducation a été un privilège strictement réservé à une petite élite masculine. Un des obstacles qui '*protégeait*' l'accès à l'éducation est qu'il fallait d'abord apprendre l'arabe pour pouvoir apprendre à lire. Ainsi, les chefs religieux et les chefs politiques étaient les gardiens du savoir.

Pendant la colonisation, les Français ont voulu promouvoir l'éducation du plus grand nombre, mais en instituant un obstacle encore bien plus grand : la connaissance du français ! Les Ouaddaïens ont alors refusé l'école. Ils cachaient leurs enfants en brousse pour éviter d'avoir à les y envoyer ; les fiers guerriers du Ouaddaï haïssaient cordialement l'occupant, ses coutumes étranges et sa langue barbare.

Depuis 1960, les choses sont en train de changer lentement, surtout en ville. Les gens comprennent les avantages d'une bonne éducation en français ou en arabe. Mais à la campagne, le refus de l'école est encore là et le taux d'analphabétisme atteint des sommets, surtout parmi les femmes. En 1993, l'Association SIL (*anciennement Summer Institute of Linguistics*) a signé un contrat de coopération avec le gouvernement en vue du développement écrit de la langue maba et de l'accès à l'alphabétisation et à une éducation de base des villageois du Ouaddaï. Une première linguiste, Mme Doris Weiss, procéda à une analyse phonologique approfondie de la langue maba qui permit de cerner les exigences linguistiques d'une représentation orthographique de la langue. Lorsque ma collègue et moi sommes arrivées en 1996, nous avons donc tout d'abord procédé à une enquête auprès des intellectuels de la région. Nous leur avons demandé s'ils préféraient une orthographe basée sur les caractères latins ou sur les caractères arabes.

Comme ils nous ont assurées que l'apprentissage du français était la porte obligée pour accéder au pouvoir et que tous les villageois désiraient l'apprendre, une orthographe cohérente en caractères latins fut établie, les villageois consultés à ce moment-là exprimant aussi le désir d'apprendre le français. Avec une équipe d'enseignants de la région, je me suis donc attelée à la création du matériel didactique nécessaire.

Lorsqu'un projet se heurte à des obstacles religieux, sociaux et historiques...

Mais quand il s'est agi de commencer sérieusement l'alphabétisation, j'ai dû me rendre compte que la méfiance de la population rurale était bien plus forte que le désir d'apprendre... Notre projet de développement se heurtait à des obstacles religieux, sociaux et historiques :

- Dans un contexte religieux où l'éducation est liée directement au sacré, nous proposions de renoncer à l'arabe, la '*langue du Coran*', pour passer à une éducation **en langue maternelle**.
- Dans un contexte social où l'éducation est intimement liée au pouvoir et réservée à une petite élite masculine, nous préconisions **une éducation pour tous les villageois**, y compris **les femmes**.
- Dans un contexte historique où les Maba ne pardonnent pas aux Français d'avoir détruit leur empire, nous avions choisi une **écriture latine** dont les caractères ressemblaient dangereusement aux caractères de l'écriture de l'ancien colonisateur...

Ecrire en caractères latins représentait un immense saut culturel pour les Mabas ruraux du Tchad.

Il n'est pas étonnant qu'un concept si révolutionnaire n'ait pas réussi à s'imposer... Comment surmonter tous ces obstacles ? Il n'était pas possible de les supprimer tous, mais quand nous nous sommes rendu compte que l'écriture maba en caractères latins présentait trop de difficultés pour les villageois à cause de l'immense saut culturel qu'elle supposait, des recherches ont été entreprises pour voir s'il était possible d'utiliser les caractères arabes.

Le problème était qu'il n'existe pas d'alphabet phonétique international en caractères arabes et que, si la langue maba emprunte environ 40% de son vocabulaire à l'arabe pour des raisons historiques, la structure de la langue la classe dans la famille des langues nilo-sahariennes. Il y a des sons du maba qui n'existent pas en arabe. Comment les transcrire ? D'autre part, c'est une langue beaucoup plus vocalique que l'arabe (*langue sémitique basée sur les consonnes*). Il est absolument primordial d'écrire toutes les voyelles courtes en maba, alors que l'arabe n'écrit guère que les voyelles longues, sauf dans les textes sacrés ou juridiques. Dans ses recherches, ma collègue Antje Maass s'est appuyée entre autres sur les travaux du professeur de linguistique Dr. Abdallah Mahammad, un Maba qui enseigne actuellement à l'université de Khartoum, et a décidé d'appliquer rigoureusement le principe qu'il défendait aussi pour tous les phonèmes consonantiques :

UN phonème = UN signe.

Ceci permet de greffer le '*chekil*' (signe vocalique) au-dessus du phonème en question de manière claire et lisible (...) Pendant plusieurs mois, nous nous sommes souvent demandées s'il était bien raisonnable de faire tant d'efforts pour être en mesure d'écrire une langue avec des caractères qui ne sont pas encore tous reconnus au niveau international. Mais heureusement, les résultats ne se sont pas faits attendre et nous ne regrettons pas notre choix.

Est-il raisonnable d'écrire une langue avec des caractères qui ne sont pas encore tous reconnus au niveau international ?

Maintenant, moi qui ai pourtant une formation de linguiste et d'enseignante et ai transcrit de nombreuses brochures avec ces caractères, quand je constate que je lis toujours à la vitesse d'un enfant de neuf ans, je commence à comprendre les difficultés que les villageois

Dans les pays sahéliens, beaucoup d'hommes ont fait quelques années d'école coranique.

rencontraient à apprendre à lire en caractères latins... D'ailleurs, si les femmes sont souvent totalement analphabètes, la plupart des hommes ont fait quelques années d'école coranique et connaissent au moins les lettres arabes, même s'ils sont incapables de lire un journal. Après toutes ces réflexions, le texte de gauche du syllabaire maba est écrit désormais comme le texte de droite:

Tamuray kaa tunuŋ
kan osurun waway.
Ab Tamuray niteg ti.
Tamuray jaa, edigin
ŋoŋgun, gulen tatay.

تَمُرَيْ كَا تُنُع كَن أُسُرُن
وَوَيْ. أَب تَمُرَيْ نِتَق
تِ. تَمُرَيْ جَا، أَدِقِن
يَغُن قُلَّن تَتَيْ.

Voici un petit exemple des changements que l'adoption de cette écriture a amenés. Au mois de décembre 2002, les chefs de canton ont désigné des '*volontaires*' pour participer à notre formation d'alphabétiseurs. Les gens sont arrivés de brousse, n'osant guère désobéir à la convocation de leur chef de canton, mais les visages étaient un peu fermés. Cependant, pendant les dix premières minutes de l'atelier, quand mon collègue tchadien a ouvert les travaux en langue maba et a écrit quelques mots au tableau dans cette langue, l'expression des visages a changé et la stupéfaction a fait place à un intérêt toujours plus intense...

Voilà qu'on leur donnait une leçon d'andragogie en maba ! Et qu'on leur expliquait des jeux de lecture et des exercices en maba ! Et voici que le '*point*' devenait '*tutuudag*' ('petit trou dans le sable'), la '*virgule*' devenait '*owlukalag*' ('petite queue') et le '*point-virgule*' devenait «'*utuudag owlukalag meleg*' ('petit trou dans le sable qui a une petite queue'), tout ceci en caractères arabes ! Bref, en faisant preuve de beaucoup d'imagination et de sens pratique, mes collègues tchadiens amenaient le maba à l'école ! Et les '*volontaires désignés d'office*' se sont montrés si enthousiastes qu'ils n'ont jamais manqué un cours pendant les deux semaines de cet atelier !

Petit à petit, des classes d'alphabétisation pour les adultes s'ouvrent dans les villages. Le saut culturel leur paraît moins effrayant désormais, même si toutes les barrières sociales ne sont pas encore abattues.

La défense des langues et cultures locales peut libérer de grandes énergies.

Nous avons toujours beaucoup de peine à atteindre les femmes. Mais nous commençons également actuellement un programme d'apprentissage de la lecture et de l'écriture en langue maternelle à l'intention des élèves du CP et nous espérons que le temps viendra à bout des dernières réticences des Maba dans le domaine de l'éducation. »

(*E. Zurcher, responsable du volet alpha du projet maba, Association SIL, mars 2005, Abéché*)

Activités
A partir du témoignage ci-dessus, réfléchissez aux travaux linguistiques effectués sur les langues africaines parlées dans votre pays et répondez aux questions suivantes.

- *Quels sont les systèmes d'écriture utilisés pour transcrire les langues africaines parlées dans mon pays ?*
- *Certaines de ces langues ont-elles connu une modification de leur alphabet ? Pour quelles raisons ? Quelles en ont été les principales conséquences pour le traitement du français en classe ?*
- *Dans quelle mesure les décisions concernant l'alphabet et l'orthographe de la langue maternelle de vos élèves répercutent-elles sur leur apprentissage du français ? Expliquez votre réponse !*

4 Travaux pédagogiques : programmes d'enseignement, élaboration de matériels éducatifs, formation des maîtres

Très peu d'enseignants africains ont été formés à un enseignement bilingue.

Si les décisions politiques et les travaux linguistiques décrits plus haut sont indispensables à l'introduction d'un enseignement bilingue en Afrique, ils restent lettre morte aussi longtemps qu'ils ne sont pas accompagnés de travaux pédagogiques d'une grande ampleur.

Il s'agit en premier lieu de développer des programmes d'enseignement qui fixent les compétences à atteindre par matière scolaire et par année et donnent des indications sur les principes de base de l'enseignement et de l'apprentissage, sur l'emploi des langues d'enseignement ainsi que sur le suivi et l'évaluation. Les programmes d'enseignement bilingue n'ont pas toujours la qualité requise. Pourtant, certains documents, comme le programme d'enseignement bilingue des quatre premières années scolaires élaboré par le Ministère de l'Education namibien, peuvent être considérés comme des modèles en la matière, qui pourraient faire tache d'huile en Afrique.

Le cadre de référence pédagogique ainsi établi doit être complété par l'élaboration de matériels didactiques en deux langues. Manuels et guides ne sont pas indispensables à une éducation de qualité. Pourtant, si en France *« les manuels doivent redevenir les instruments de travail qu'ils n'auraient jamais dû cesser d'être »* (*Les programmes de l'école, 2003*), que dire des langues africaines si peu souvent écrites ? Ces ouvrages offrent eux aussi partout et toujours *« de multiples occasions de lectures et de recherches autonomes que ne permet pas la multiplication de photocopies, expression du*

Les travaux pédagogiques qui matérialisent les politiques linguistiques sont d'une grande ampleur.

savoir fragmenté. » (*idem*). La production de manuels et guides dans les langues africaines est souvent prise en charge par les autorités nationales ; quant à l'élaboration de matériels didactiques en langue européenne, et précisément ici en langue française, elle est traitée dans la dernière partie de ce guide.

La formation initiale et continue des enseignants fait impérativement partie de la mise en oeuvre de programmes bilingues.

Enfin, l'introduction d'un enseignement bilingue a aussi des conséquences importantes sur la formation initiale et permanente du corps enseignant. Les répercussions les plus profondes des changements de politique linguistique se font sentir en classe, au jour le jour, dans les pratiques d'enseignement. La formation initiale des enseignants leur ayant rarement permis de se familiariser avec un enseignement bilingue, ceux-ci requièrent une formation complémentaire *ad hoc*. Pour beaucoup, il s'avère nécessaire de commencer par apprendre à lire et écrire des textes dans leur LM. S'en suivent des cours théoriques sur l'apprentissage en général, l'initiation à l'écrit dans la langue maternelle et à l'enseignement/apprentissage des langues secondes et étrangères.

Ce qui se résume ici en quelques mots implique des changements radicaux d'attitudes, d'habitudes et de convictions souvent bien ancrées, qui nécessitent des programmes de formation de grande envergure.

Activités

Adaptez l'information du point ci-dessus à votre pays et répondez aux questions suivantes :

- *Existe-t-il dans mon pays des programmes d'enseignement bilingue auxquels les enseignants du primaire peuvent facilement participer ? Quelle a été mon attitude face à ces programmes jusqu'à présent ? Pourquoi ?*
- *Existe-t-il pour ma région des manuels et des guides dans les deux langues d'enseignement, au moins pour les trois premières années scolaires ? Quel usage en ai-je fait jusqu'à présent ? Comment puis-je enrichir ma bibliothèque de classe ?*
- *Quelles sont les possibilités de formation continue en matière d'enseignement bilingue à ma disposition ?*

Pas de programmes bilingues sans le soutien actif des parents !

5 Mesures d'information et de sensibilisation

Enfin, la création d'un enseignement propice à l'enseignement bilingue exige le soutien actif des parents, lequel ne peut s'obtenir qu'à travers des mesures destinées à les informer et les sensibiliser aux avantages de cette approche pédagogique ;

Informer les parents au sujet de l'enseignement bilingue est l'une des grandes tâches des enseignants.

celles-ci peuvent consister en consultations répétées auprès des familles, entretiens entre enseignants et parents d'élèves, invitations aux intéressés à venir assister à des cours, démonstrations des compétences en lecture et en écriture devant le village ou bien encore en concours d'écriture avec les écoles avoisinantes.

L'information et la sensiblisation des parents d'élèves ne sont pas toujours prises en compte dans les programmes d'enseignement bilingue ; cette faiblesse est souvent imputable à l'ampleur des travaux de recherche, d'élaboration de matériels didactiques et de formation des enseignants qui, dans de tels programmes, incombent la plupart du temps à des équipes de spécialistes restreintes.

Etant donné l'importance de ce volet dans un programme d'enseignement bilingue, nous reproduisons, sur la page suivante, un témoignage montrant une manière d'affronter les résistances envers l'emploi des langues africaines à l'école et l'enseignement du français comme langue officielle.

6 Résumé

Un enseignement bilingue dans les classes multilingues d'Afrique peut sembler une évidence. Il n'en est rien pourtant ; bien au contraire, pour que celui-ci ait des chances de s'imposer dans les écoles du continent, il est indispensable de mener une série d'activités préparatoires de grande ampleur.

La première de celles-ci est de caractère politique : après avoir officialisé un enseignement bilingue, les autorités se doivent de prendre des décisions qui auront de grandes répercussions sur le traitement du français. Il s'agira de choisir

Beaucoup d'adultes sont surpris qu'on puisse apprendre à l'école dans les langues africaines.

Encadré 10 : Voir pour croire

« Le taux d'analphabétisme chez nous, au Tchad, est élevé. Les causes en sont multiples. Moi, je pense que l'analphabétisme est dû en grande partie au rejet de la langue maternelle comme langue d'enseignement.

Cette attitude s'explique aisément. Tout d'abord, beaucoup de parents ne reconnaissent tout simplement pas l'importance de l'école. D'autres ne peuvent pas concevoir qu'on puisse y apprendre autrement qu'en français. Etant donné que dans notre région on a appris à lire et à écrire dans cette langue depuis que l'école existe, on est convaincu du bien fondé de l'emploi du français à l'école, même pour enseigner à de jeunes enfants qui n'en comprennent pas un mot.

De telles convictions sont difficiles à ébranler. Selon mon expérience, les parents et même certaines autorités éducatives ne peuvent les modifier que si on leur démontre l'avantage pour un élève du primaire à comprendre ce qu'il doit apprendre.

Voici justement un exemple dont j'ai été moi-même témoin. Il y a environ dix ans, on désigna une sœur oblate pour alphabétiser les adultes en langue massa dans la région de Bongor. Cependant, certains parents lui suggérèrent de s'occuper plutôt de leurs enfants que d'eux-mêmes. La sœur sélectionna donc trois écoles de la région, où elle pratiqua un enseignement bilingue : elle utilisait la langue massa pendant environ 80% du temps, et la langue française en complément.

Pendant les deux premières années de cette expérience, la sœur ne reçut aucun soutien des agents de terrain, conseillers pédagogiques et inspecteurs : personne n'y croyait ! L'un des animateurs pédagogiques, qui habitait dans l'un des trois villages sélectionnés, prit même la peine d'inscrire ses propres enfants dans l'école voisine, où l'on pratiquait un enseignement traditionnel en français.

Dès la fin de la première année, cet animateur se rendit compte que le niveau de lecture des élèves qui apprenaient en massa était supérieur aux autres ; il demeura cependant sceptique et attendit encore un an. A la fin de la seconde année d'expérience, il organisa un test et fut très étonné des résultats. Les élèves lisaient si bien qu'il décida de réinscrire ses enfants dans l'école du village. Non seulement cela mais, se trouvant affecté dans un nouveau poste, il confia ses enfants à un tuteur pour leur permettre de continuer à apprendre en langue massa et en langue française !

Les innovations pédagogiques provoquent souvent la méfiance des parents d'élèves... et des enseignants.

Cet exemple n'est pas le seul du genre. En général, les gens veulent voir avant de croire, même si les choses peuvent paraître évidentes. Ce qui m'attriste, c'est qu'ainsi on freine souvent les bonnes innovations, on les condamne à périr avant même qu'elles aient pu éclore ! »
(*Etienne Fikaoussou, communication personnelle, Bongor, 2004*)

les langues d'enseignement et le modèle d'enseignement bilingue, puis de créer certaines instances d'exécution.

Le choix de l'alphabet utilisé pour transcrire la LM aura des répercussions sur le traitement de la langue officielle.

Pour assurer un enseignement de qualité, des travaux linguistiques sont également indispensables pour garantir que la LM des élèves devienne un moyen de communication fiable. Une importance particulière doit être donnée à l'alphabet, étant donné que le traitement du français comme langue étrangère aux apprenants dépendra des décisions prises à ce sujet.

Des travaux pédagogiques de grande ampleur s'imposent alors, à savoir : développer des programmes d'enseignement adéquats, élaborer des matériels éducatifs dans les langues concernées, former les enseignants en conséquence et procéder à des travaux de suivi/évaluation dans les écoles.

Pour terminer, les divers partenaires et acteurs de l'éducation, en particulier les parents d'élèves, doivent être informés des avantages de l'enseignement bilingue dans les écoles multilingues.

C'est alors et alors seulement, une fois créé un contexte favorable, que les enseignants seront en mesure d'enseigner le français dans les écoles multilingues de manière efficace ; le dernier chapitre de cette première partie aborde diverses manières pour eux de bien s'y préparer.

7 Concepts clés de ce chapitre

Une fois encore, attardez-vous sur chacun des dix concepts suivants, vous remémorant à la fois vos expériences personnelles et les informations que ce chapitre vous a fournies à ce sujet, et commentez vos réponses, si possible, en groupe.

Décisions politiques requises pour un enseignement bilingue
Mesures administratives et financières pour la mise en œuvre de l'enseignement bilingue
Mesures d'information et de sensibilisation des acteurs et partenaires de l'éducation
Revalorisation des langues et cultures africaines
Soutien des parents d'élèves
Transcription des langues africaines
Développement de programmes d'enseignement bilingue
Elaboration de matériels didactiques en deux langues
Formation des enseignants à un enseignement bilingue
Mesures de suivi et d'évaluation des écoles bilingues

8 Suggestions bibliographiques pour ce chapitre

Lectures conseillées

Galdames, V., Walqui, A. & Gustafson, B. (2004). *L'Ecole Vivante. Enseigner la langue maternelle dans un programme d'éducation bilingue*. Niamey : Inwent/2-PEB

Lectures périphériques

Chatry-Komarek, M. (1994). *Des manuels scolaires sur mesure. Guide pratique à l'intention des auteurs de manuels scolaires pour le primaire dans les pays en développement*. Paris : L'Harmattan

.-. (1997). *Langues africaines : vers une édition scolaire*. Paris : L'Harmattan

Goody, J. (1994). *Entre l'oralité et l'écriture*. Paris : PUF Ethnologies

Lezouret, L. *Les stratégies d'apprentissage des langues en contexte plurilingue : étude menée dans le cadre de la formation initiale des professeurs de francais langue étrangère au Ghana*. (A paraître)

Lectures complémentaires en anglais

Bamgbose, A. (2000). *Language and Exclusion : The Consequences of Language Policies in Africa*. Muenster, Hamburg, London : LIT Verlag

Dahlström, L. (2000). *Namibian Educators Research their own Practice. Critical Practitioner Inquiry in Namibia*. Windhoek : NIED

Ministry of Education (2005). *Curriculum for the Lower Primary Phase*. Windhoek : NIED

Olson, D. R. & Terrance, N. (Éds.) (2001). *The making of literate societies*. Oxford : Blackwell

Chapitre 4
L'enseignant, moteur et pivot du changement

S'il est vrai que l'enseignement bilingue et celui du français en contextes multilingues dépendent de décisions politiques, c'est de l'enseignant, de ses convictions, attitudes et compétences qu'en dépend le succès.

****

Les contenus en bref

- Lecture préliminaire : *« J'étais bon enseignant ... »*
- Apprendre en formation initiale
- Valoriser une communication authentique en classe
- Acquérir les compétences requises pour enseigner le français dans le cadre d'un enseignement bilingue
  - *Compétences professionnelles relatives à la langue officielle*
  - *Compétences relatives à la méthodologie du FLE*
  - *Compétences relatives à la relation pédagogique*
  - *Compétences relatives aux relations interpersonnelles au sein de la communauté éducative*
- Apprendre en formation continue
- Stratégies pour une formation continue en Afrique

****

Le Ghana possède des manuels et des guides en cinq langues locales, pour trois matières différentes, et ceci pour les classes de CP, CE1 et CE2.

1 Lecture préliminaire : « *J'étais bon enseignant...* »
ASTEP est un projet éducatif rattaché au Ministère de l'Education ghanéen et soutenu par l'Agence de Coopération Technique Allemande (GTZ). Chargé de renforcer la qualité de la formation initiale des enseignants dans les écoles normales du pays, ASTEP a développé des méthodologies pour améliorer l'enseignement de trois disciplines fondamentales dans les trois premières années du primaire, la lecture, les mathématiques et les sciences, et ce en cinq langues nationales différentes.

Depuis des années, les membres du département responsable de la formation des enseignants au Ghana, le '*Teacher Education Division*', assurent en ce sens les interfaces avec les professeurs des 38 écoles normales du pays. Voici comment deux responsables analysent la qualité de leur enseignement.

« *Quand j'enseignais en école normale, je me conformais aux programmes d'enseignement et m'efforçais d'en atteindre les objectifs.*
- *J'essayais de connaître mes étudiants, estimant que c'est là une des conditions essentielles d'un bon enseignement : je pouvais alors mieux m'adapter à leur profil et les traiter en conséquence.*
- *Je pensais à leur bien-être émotionnel ; j'étais ému par certains d'entre eux et je m'efforçais de trouver la stratégie la plus efficace pour les atteindre.*
- *J'aimais plaisanter ; je faisais disparaître sécheresse et froideur de la classe pour qu'ils quittent les cours heureux.*
- *J'avais le savoir et j'aimais le transférer.*
- *J'apprenais des échanges avec mes collègues enseignants.*
- *Beaucoup de mes étudiants sont directeurs d'école.* »

Le second énumère ses qualités d'enseignant comme suit.

« *J'aimais mes étudiants.*
- *J'enseignais les contenus graduellement, sans hâte.*
- *Je captivais mes étudiants avec des histoires, des proverbes, des jeux de mots.*
- *Je sentais que j'avais une mission morale.* »

(Chatry-Komarek, entretiens avec Kwadwo Kyei-Baffour et Gideon Ahoholu, Koforidua, février 2004)

Identifier ses qualités d'enseignant est le premier pas vers l'amélioration de ses pratiques pédagogiques.

Les entretiens ci-dessus sont révélateurs de convictions pédagogiques très différentes.

Certaines réflexions reflètent une vision traditionnelle de l'apprentissage selon laquelle le professeur dit aux apprenants ce qu'ils ont, selon lui, besoin de savoir, assuré que ceux-ci ne mettront pas son savoir en question. Enseigner est alors considéré par l'enseignant comme un art plus que comme une science. Il s'agit de mener les étudiants sur le chemin du savoir, en s'appuyant entre autres sur son charisme personnel. Bien qu'adhérant à cette vision traditionnelle, les deux professeurs cités ci-dessus essaient cependant aussi d'être des facilitateurs : en s'efforçant de mettre leurs étudiants à l'aise, ils les aident à identifier leurs propres besoins d'apprentissage et à se tourner avec confiance vers leur formateur comme source d'information et comme soutien.

Les bons enseignants aident leurs étudiants à identifier leurs propres besoins d'apprentissage.

Les trois chapitres précédents ont traité de différents aspects qui conditionnent la mise en œuvre d'un enseignement bilingue et la qualité de l'enseignement du français dans les écoles multilingues africaines. Ce dernier chapitre de la première partie aborde un aspect décisif en la matière : la formation des enseignants et l'amélioration de leurs pratiques pédagogiques.

Les apprentissages formels en école normale et la formation continue des enseignants du terrain sont censés préparer ceux-ci à un acte éducatif devenu très complexe. Les enseignants africains ont besoin de recourir à des connaissances issues de sciences multiples pour asseoir leurs pratiques pédagogiques, au même titre que leurs pairs dans les pays industrialisés. Cependant, s'ils veulent assurer des apprentissages de qualité en français parmi des élèves de langue maternelle africaine, il leur faudra faire appel non seulement aux apports de la pédagogie, bien entendu, mais aussi à ceux de sciences aussi diverses que la politique, la psycholinguistique, l'éducation comparée et la didactique des langues pour y parvenir.

Nous ne prétendons pas résumer ici l'abondante bibliographie sur le sujet mais plutôt donner quelques pistes et impulsions pour mieux préparer à un enseignement bilingue de qualité dans les écoles multilingues africaines, à travers divers témoignages, citations et réflexions. Ce point sera d'ailleurs repris et précisé dans les deux dernières parties de cet ouvrage.

Ce chapitre donne quelques pistes pour se préparer à un enseignement bilingue.

Activités

Référez-vous aux deux témoignages ci-dessus et donnez une réponse aux questions suivantes.

- *Quelles sont mes principales qualités d'enseignant et quelles sont mes faiblesses ?*
- *Quelles mesures de formation m'ont permis de mieux exercer ma profession ?*
- *Quelles sont les expériences pédagogiques qui m'ont permis de repenser et d'améliorer mes pratiques d'enseignement ?*
- *Quelles mesures puis-je prendre pour continuer à me former comme enseignant du primaire dans une école multilingue ?*

2 Apprendre en formation initiale

Un double défi : former des professeurs de base à la fois suffisamment nombreux et suffisamment compétents.

Voici tout d'abord certaines observations concernant la formation initiale des enseignants dans les écoles normales africaines.

Face à une démographie galopante, de nombreux gouvernements du continent se voient confrontés à un double défi : former des professeurs de base à la fois suffisamment nombreux et suffisamment compétents. En dépit des résultats de recherche et des recommandations en faveur d'une formation qualitative plutôt que quantitative (*ADEA, 2004*), force est de constater que certains gouvernements choisissent de former rapidement un grand nombre de professeurs pour œuvrer auprès du plus grand nombre d'enfants.

De ce fait, les écoles normales ne parviennent généralement pas à réunir les conditions propices aux innovations pédagogiques. Beaucoup d'entre elles dispensent une formation restée traditionnelle, favorisant des apprentissages théoriques, basés sur la mémorisation, un savoir se réduisant à des pratiques stéréotypées, souvent coupées des réalités scolaires actuelles et mal adaptées aux besoins et possibilités des élèves-maîtres. De plus, pour des raisons budgétaires, cette formation se trouve souvent réduite à l'extrême, les professeurs se voyant contraints d'assurer une mise à niveau des connaissances de leurs étudiants dans les matières fondamentales avant de pouvoir les préparer à leur métier d'enseignant. Rien d'étonnant donc à ce que beaucoup de ces professeurs estiment que le niveau des jeunes élèves-maîtres est en baisse constante.

Certaines écoles normales optent pour un enseignement modulaire.

Pourtant, on relève des efforts notables pour améliorer la qualité de la formation des élèves-maîtres en Afrique. C'est ainsi que certaines écoles normales s'orientent aujourd'hui vers un enseignement modulaire (*Cf. définition succinte ci-contre*), taillé sur mesure pour répondre aux besoins et aux possibilités des étudiants ; cette option permet l'application d'une pédagogie active, où les cours magistraux sont complétés par des travaux de groupe, des débats, la confrontation des opinions, des jeux de rôles ou par des recherches sur le terrain suivies d'exposés. Par ailleurs, les modules aident à parer au mieux à la pauvreté généralisée des bibliothèques des écoles normales. Ceci explique pourquoi les jeunes enseignants nigériens avec lesquels nous nous sommes entretenus au sujet de leur formation initiale dénoncent un manque général de préparation à enseigner mais tiennent aussi à valoriser certains aspects de leur formation théorique (*Cf. Encadré 12*).

L'enseignement modulaire est un contenu d'enseignement planifié et dispensé sous forme de modules. Le module, quant à lui, est la subdivision autonome d'un programme d'étude ou de cours.

En ce qui concerne la formation pratique dispensée en école normale, de nombreux pays, parmi lesquels le Ghana et le Niger, s'efforcent d'envoyer les élèves-maîtres en zones semi-urbaines et rurales pour effectuer des stages de formation, en dépit de grands problèmes financiers, logistiques et culturels que pose inévitablement cette option.

A ce sujet, Evodie Zurcher, enseignante et formatrice dans le cadre d'un programme d'enseignement bilingue mené au Tchad (*Cf. Encadrés 2 et 9*) note justement comme obstacle important à l'enseignement du français dans les écoles africaines l'absence généralisée de modèles pratiques pour les enseignants. Elle précise que les élèves-maîtres ont trop peu souvent l'occasion de faire des stages auprès de maîtres chevronnés : les formateurs d'enseignants, quant à eux, conseillers pédagogiques ou inspecteurs, peuvent généralement analyser le déroulement d'une classe et faire à ce propos des remarques et suggestions pertinentes à l'enseignant. Cependant, trop peu d'entre eux sont en mesure de faire en plus de bonnes démonstrations, de bonnes leçons modèles.

E. Zurcher suggère donc de mettre l'accent sur la formation théorique et pratique de ces formateurs d'enseignants comme une des solutions pour améliorer la qualité de l'enseignement primaire en Afrique et celui du français en particulier.

Il est recommandé de mettre l'accent sur la formation des formateurs d'enseignants.

Dans l'encadré qui suit, elle explique ce que peuvent apporter de tels stages pratiques de formation, en analysant ceux qu'elle a elle-même effectués comme élève-maître.

Importance des stages pratiques durant la formation des élèves maîtres

Encadré 11 : *« Ce que j'ai appris de plus utile pendant mes quatre années d'école normale »*

« En dépit de la qualité de la formation qu'on m'a donnée en école normale, j'estime que ce sont les quatre stages pédagogiques, passés à observer et à prêter main forte à des enseignants expérimentés, qui m'ont été le plus utiles pour ma carrière d'enseignante.

- *Diverses approches pédagogiques*

  Observer et enseigner aux côtés d'un enseignant formateur permet au stagiaire de constater qu'il n'y a pas de méthode unique pour enseigner une discipline particulière.

  Il est important qu'il discerne parmi les diverses options pédagogiques auxquelles il est confronté celle qui va lui permettre d'être performant en classe tout en restant authentique. C'est ainsi que l'enseignant de CP chargé d'initier les élèves à l'écrit décidera peu à peu, grâce à des séances d'observation et de pratiques, de l'approche méthodologique qui convient à ses préférences et à celles de sa classe. Il en sera ainsi pour toutes les autres matières.

- *Culture de classe*

  Le stagiaire peut aussi constater que le rapport créé par l'enseignant avec ses élèves contribue à instaurer une ambiance particulière. L'atmosphère de curiosité, confiance et sérénité, qui est un préalable aux apprentissages de qualité, dépend beaucoup de lui. L'observation de mes professeurs de stages m'a été très profitable ; pourtant, seuls deux d'entre eux ont été des modèles à suivre, les deux autres étant plutôt des contre-modèles, marqués de partialité et de manque de générosité.

- *Préparation et évaluation des cours*

  Travailler avec un professeur de stage bien formé permet d'apprendre à préparer ses cours et à les évaluer ensuite. Le stagiaire apprend à planifier le contenu de ses cours et à fabriquer les matériels didactiques requis; il s'habitue aussi à s'observer pour pouvoir relever les points forts et les faiblesses de son enseignement.

- *Organisation et gestion de la classe*

  Enfin, le stagiaire peut apprendre comment optimiser les apprentissages à travers une bonne organisation de classe, en particulier à travers une bonne gestion du temps d'apprentissage et un bon équilibre entre les travaux individuels et les travaux de groupe.

  En ce sens, j'ai beaucoup appris d'un professeur de stage qui gérait sa classe suivant sa maxime favorite : '*Un enfant de six ans a une capacité de concentration d'environ un quart d'heure seulement !*' ».

(*Communication informelle, Abéché, 2005*)

Les stages pratiques permettent d'apprendre à modéliser.

Encadré 12 : Ce que nous avons appris... et ce qui a manqué
Priés d'évaluer informellement la qualité de leur formation initiale en école normale, les jeunes enseignants d'une école appliquant un enseignement bilingue dans les environs de Dosso, au Niger, nous en ont indiqué les points forts et les points faibles comme suit.

• *Aspects de notre formation que nous valorisons particulièrement*
- Importance d'aimer son métier d'enseignant pour bien le pratiquer ;
- Nécessité de bien aimer les enfants et de dialoguer ouvertement avec eux ;
- Utilisation d'une approche interdisciplinaire dans la formation ;
- Présentation et mise en œuvre de procédés et méthodes diverses, avec un accent particulier mis sur les méthodes actives d'enseignement ;
- Importance d'une collaboration étroite avec les parents ;
- Démonstration d'une bonne utilisation du tableau.

• *Principales lacunes de notre formation en école normale*
- Manque d'exemples et d'applications pratiques ;
- Trop peu de travaux de groupe ;
- Manque d'information pour apprendre à '*capter l'attention des élèves*' ;
- Trop peu d'exercices de calligraphie ;
- Pas de préparation suffisante pour gérer le saut d'apprentissage entre les classes de CE et celles de CM ;
- Formation plus adaptée aux zones urbaines que rurales ;
- Prise de conscience insuffisante des lacunes de formation et des défis propres à la profession.

(*Chatry-Komarek, entretiens informels, novembre 2005*)

La formation continue devrait pourvoir aux principales lacunes de la formation initiale.

Créer une atmosphère de classe propice à l'apprentissage, cela peut s'apprendre !

Les maîtres devraient être formés dans le respect de la langue et de la culture de leurs futurs élèves.

3 Valoriser une communication authentique en classe

Dans les pays africains multilingues, les écoles normales affrontent un défi particulier : préparer les élèves-maîtres à un enseignement répondant au profil linguistique et culturel des élèves du primaire, tout en respectant les instructions officielles, notamment celles relatives aux langues d'enseignement.

Peu d'écoles normales sont en mesure de relever ce défi avec succès, la formation qu'elles dispensent à leurs étudiants s'articulant rarement avec le cadre linguistique et culturel de leur pays. C'est ainsi que, si certains pays encouragent l'expérimentation de programmes d'enseignement bilingue et l'élaboration de manuels scolaires correspondants, les écoles normales n'ont pas souvent les moyens financiers et les ressources humaines nécessaires pour modifier leur programme de formation en conséquence. Dans ces cas-là, les élèves-maîtres se préparent à enseigner dans la LO, l'anglais, le français ou le portugais, comme s'il s'agissait de la LM de la majorité de leurs futurs élèves, et ceci même là où seule une minorité urbaine la maîtrise. Ils se trouvent dès lors insuffisamment préparés à enseigner dans des contextes multilingues, à assurer l'éducation de leurs élèves comme la définit B. Charlot (2005) : « *L'éducation est droit au sens, elle est droit aux racines, elle est droit à un avenir. L'éducation est droit à l'universel, droit à la différence culturelle, droit à l'originalité personnelle* ».

La modification des programmes de formation initiale des enseignants, incontournable pour garantir ce type d'éducation dans le primaire, dépend de nombreux paramètres, en partie traités dans le chapitre précédent. Nous nous contenterons donc de souligner ici encore une fois l'importance de la qualité des échanges en classe comme condition pour garantir des apprentissages de qualité, ce qui signifie l'inévitable recours à une langue familière à l'élève pour communiquer.

La qualité des échanges en classe conditionne la qualité des apprentissages.

Voici en ce sens, sur la page suivante, en guise de rappel des informations données dans le chapitre 2 et comme matière à réflexion, le profil d'un bon enseignant ; à souligner que l'auteur place au premier rang des qualités de cet enseignant sa capacité d'établir le dialogue avec élèves, parents et collègues, tout en précisant qu'établir des relations authentiques avec les élèves est la condition préalable à tout enseignement.

Encadré 13 : Profil des bons enseignants

- Des qualités personnelles qui leur permettent de développer des relations humaines authentiques avec élèves, parents et collègues et de créer ainsi des classes démocratiques et justes socialement ;
- Des dispositions d'ouverture envers l'apprentissage ; la maîtrise d'au moins trois grandes bases du savoir concernant les contenus disciplinaires, le développement humain et l'apprentissage ainsi que la pédagogie ; l'habileté à utiliser ce savoir pour guider la science et l'art de ses pratiques d'enseignement ;
- Un répertoire de pratiques d'enseignement destinées à stimuler la motivation des élèves, à renforcer leurs performances dans les habiletés de base, à développer chez eux la métacognition et à former des apprenants réflexifs ;
- Des dispositions favorables à la réflexion et la recherche de solutions aux problèmes ; la conviction que l'enseignement est un processus pour toute la vie et qu'il faut faire l'analyse de situations et utiliser son savoir professionnel pour renforcer l'apprentissage des élèves et améliorer la qualité de l'école.

(*Traduit de R. Arends, 2001*)

Le profil ci-contre a été établi pour l'enseignant américain ; pensez-vous qu'il puisse aussi s'appliquer à l'enseignant africain en contextes multilingues ?

4 Acquérir les compétences requises pour enseigner le français dans le cadre d'un enseignement bilingue

Venons-en à présent plus précisément aux principales compétences requises pour enseigner le français dans le cadre d'un programme d'enseignement bilingue.

Les programmes de formation insistent sur la professionnalisation du métier pour rendre l'enseignant efficace. Ce vocabulaire, emprunté au monde de l'économie et du travail, se justifie par rapport à l'investissement de l'Etat dans la formation. Les tâches qui incombent à cet enseignant ne sauraient donc se limiter à la seule transmission de savoirs, dans une relation verticale du maître à l'élève. Au contraire : chaque enseignant est engagé non seulement dans la vie de l'école, mais aussi dans celle de la communauté (*quartier, ville, village*).

L'enseignant est l'acteur principal de la dynamique du développement et de la croissance du taux d'alphabétisation ; son rôle déborde de beaucoup le cadre de la classe. Améliorer ses pratiques d'enseignement consistera donc pour lui à être toujours en éveil sur ses propres compétences, sans cesse renouvelées par l'expérience, par la discussion avec ses

Les tâches de l'enseignant ne se limitent pas à la seule transmission des savoirs.

L'enseignant peut améliorer ses pratiques pédagogiques, entre autres par des lectures personnelles.

collègues, par les séances de formation continue, par l'autoanalyse et les pratiques d'autoformation (*Cf. témoignage reproduit ci-après dans l'encadré 14*).

Les compétences à acquérir par l'enseignant de français, que nous commentons brièvement ci-après, peuvent de ce fait être identifiées comme suit :

- Compétences professionnelles relatives à la LO ;
- Compétences relatives à la méthodologie du FLE ;
- Compétences relatives à la relation pédagogique ;
- Compétences relatives aux relations au sein de la communauté éducative.

4.1 Compétences professionnelles relatives à la LO

L'enseignant doit faire preuve d'une maîtrise de la langue française qui lui permette de démontrer ses capacités à contribuer efficacement à un enseignement bilingue répondant aux aspirations des politiques de son pays. Trois dimensions semblent importantes pour recruter et former des enseignants de FLE :

- la capacité à utiliser la langue française dans la classe et hors de la classe, dans des situations formelles et infor-

Encadré 14 : Enseigner le français aux enfants

« Moi, j'aime le métier / être professeur, avant j'aimais pas/ parce que mon professeur lui il nous a mis une idée négative dans la tête/ quand on ne comprenait pas le français / quand il vient en classe / il veut qu'on reproduise exactement /// ce que lui il veut // beaucoup se sont dégoûtés ils sont partis /// donc j'ai vu qu'enseigner le français aux enfants // c'est amener les enfants eux /// avoir une patience /// pour les enfants eux /// essayer de leur faire comprendre le français // et non pas essayer de leur faire comprendre ce que // ou dire ce que vous vous voulez qu'ils disent. »

(*Lezouret, entretien avec une élève-maître de français, École Normale de Somanya, Ghana, 2004*)

melles incluant les principales composantes de la compétence de communication langagière : compétence linguistique, compétence sociolinguistique et compétence pragmatique à l'oral comme à l'écrit ;
- la capacité de parler des pays francophones, des pays membres de la CEDEAO, de la France, à propos des éléments historiques, politiques, économiques et socioculturels de ces sociétés ;
- la capacité à analyser le rôle des langues nationales dans la construction de compétences langagières en français, au moyen de notions sur les modes d'apprentissage des langues en contexte multilingue (*répertoire linguistique, compétences dans chaque langue, alternance, interlangue, emprunts, acquisition, apprentissage...*)

On attend de l'enseignant qu'il fasse preuve d'une bonne maîtrise de la langue qu'il prétend enseigner.

Notons que cette dernière compétence est souvent perçue de manière intuitive sous l'expression « *C'est la langue locale qui gène !* ». Il semblerait que le statut des langues en présence soit en cause, mais aussi la formation qui n'a pas explicité les processus cognitifs mis en jeu lorsque l'apprenant intègre des éléments (*phonétiques, syntaxiques, sémantiques*) dans un énoncé en langue étrangère.

4.2 Compétences relatives à la méthodologie du FLE

La formation initiale et continue doit donner la possibilité à l'enseignant de montrer par ses performances ses capacités à :
- planifier, organiser et enseigner des nouveaux contenus ;
- faire des analyses scientifiques de situations face au changement de méthodologie.

Les élèves-maîtres sont appelés à déconstruire leurs représentations de l'enseignement/apprentissage de la langue, bâties lors de leur parcours d'apprenant, pour être en mesure de comprendre et d'expliquer les attitudes et productions de leurs élèves. L'analyse des situations tiendra compte de l'âge, des prérequis, des représentations des élèves, de la motivation et de la présence de francophones dans la communauté, pour apporter des remédiations et des activités de consolidation à partir de supports, outils réels ou adaptés, dans un souci d'efficacité de l'action. Cette adaptabilité sera renforcée par :
- la connaissance des différentes méthodologies relatives aux méthodes utilisées dans le pays ;
- les principes de ces différentes méthodologies.

De plus, cet enseignant doit avoir les compétences nécessaires à la méthodologie du FLE.

L'enseignant sera de plus capable de comprendre ses élèves et de s'intéresser à eux.

4.3 Compétences relatives à la relation pédagogique

Il s'agit tout d'abord de :

- comprendre et s'intéresser aux apprenants, à leurs représentations de la langue étrangère, ainsi qu'aux processus d'apprentissage des langues qu'ils mettent en œuvre à leur stade de développement ;
- comprendre et valoriser les différences individuelles et s'intéresser à la psychologie appropriée à l'apprentissage du FLE.

Le programme d'enseignement bilingue demande à l'enseignant de s'intéresser au répertoire linguistique des élèves, à la façon dont ils ont appris les langues, pour les aider à maîtriser les stratégies qu'il leur faut mettre en œuvre dans l'apprentissage de la langue étrangère. Ces capacités visent la gestion de la classe à grands effectifs, la connaissance des diversités culturelles, le mode de groupement et l'organisation des tâches.

L'enseignant doit adapter ses communications en français (*input*) au niveau des élèves. La vie de la classe et de l'école sera l'objet de situations authentiques de communication et d'informations ainsi que les actes de parole présentés comme supports à l'apprentissage. Sa formation lui permettra de démontrer la maîtrise des différentes techniques d'évaluation et de les utiliser pour encourager les apprenants auxquels il apprend à apprendre *(feedback)*. Cette capacité sera travaillée à partir de la connaissance des modes, moyens et objets d'évaluation divers, dans une perspective d'aide à l'apprentissage.

4.4 Compétences relatives aux relations interpersonnelles au sein de la communauté éducative

L'enseignant devra enfin démontrer par son comportement une image de soi positive, une sensibilité et une compréhension des autres telle que son empathie influence positivement la projection des apprenants dans leur futur.

Il conviendra en particulier d'adapter ses communications dans la langue étrangère au niveau des élèves.

Le professeur de français sera attentif aux difficultés des élèves et aux attentes des parents et de l'administration en les motivant à apprendre le français, dans la perspective d'ouverture à l'autre et de développement de compétences pratiques, dictée par les finalités du projet d'enseignement bilingue. Il sera en ce sens conscient des grandes responsabilités qui lui incombent vis-à-vis de l'établissement, des parents, de la communauté et de l'administration. Il montrera en particulier que l'apprentissage du français participe à l'Education pour Tous dans la mesure où il permet d'accéder aux autres savoirs, de s'ouvrir aux autres par des aptitudes à communiquer, tout en respectant les divers aspects de leur identité.

L'apprentissage du français participe à l'Education pour Tous.

5 Apprendre en formation continue

La formation initiale de tout enseignant n'est qu'un point de départ qui peut et doit être complété par l'expérience quotidienne en classe, par des échanges avec collègues et parents, par l'application de diverses méthodologies et par l'emploi de divers matériels didactiques.

Pour l'enseignant, le premier pas à faire pour améliorer ses pratiques pédagogiques consiste souvent à réfléchir sur sa propre vision de l'enseignement : de telles analyses ont pour but de l'aider à réduire l'écart entre ce qu'il fait en classe et ce qu'il croit y faire. Il peut y parvenir en échangeant ses idées avec des collègues ou en leur faisant part de ses interrogations, en observant et en réfléchissant avec eux, de manière à prendre part à un processus de réflexion et repousser au maximum les limites de ses propres possibilités. Au cours de ces travaux, il ne s'agira pas d'évaluer ou de contrôler des performances, mais plutôt de réfléchir sur les réalités scolaires, d'identifier des stratégies d'enseignement pour les mutualiser, ou bien encore de réexaminer des convictions et des attitudes personnelles pour décider s'il convient de les modifier.

La formation continue doit donner l'occasion de mutualiser les bonnes pratiques pédagogiques.

Pour matérialiser ces réflexions et illustrer combien la formation continue se doit d'être à la fois profonde et multiple, nous reproduisons dans l'encadré suivant six types d'intervention ; il s'agit là d'une incitation pour aider l'enseignant à positionner ses compétences d'intervenant et de facilitateur, indispensables à tout bon enseignant, pour être en mesure de les améliorer. Précisons que ce n'est qu'une des nombreuses pistes à suivre dans le cadre d'une formation continue pour l'amélioration progressive des pratiques pédagogiques. La gestion des réunions de formation pour les enseignants en service a fait l'objet de recherches intéressantes dûment documentées sur des aspects multiples, tels que l'adoption de l'innovation, la gestion des grands groupes d'adultes ou bien encore les conditions facilitant l'apprentissage des enseignants.

De quelle manière intervenez-vous dans un groupe ?

Encadré 15 : Analyse des interventions en six catégories
Voici un relevé des manières d'intervenir dans la communication avec un groupe d'individus, qu'il s'agisse de supérieurs hiérarchiques, de collègues ou d'étudiants. Analyser son style d'intervention est un préliminaire important aux changements de conviction et d'attitude.

1. *Autoritaires*
   Prescriptives (*donnant des conseils*)
   Informatives (*donnant des informations*)
   Provocatrices (*confrontant tout en soutenant*)
2. *Facilitatrices*
   Cathartiques (*faisant apprendre à partir d'émotions*)
   Catalytiques (*faisant réfléchir à haute voix pour se connaître*)
   Contribuant à faire progresser (*faisant naître l'estime de soi*)

(*Traduit de K. Head & P. Taylor, 1997*)

6 Stratégies pour une formation continue en Afrique

Dans leur recherche de stratégies idoines pour assurer une formation continue de qualité, certains pays africains ont tiré profit des travaux de recherche cités plus haut. Ils ont su identifier les voies et moyens qui permettent aux enseignants en service d'être ouverts à certaines innovations, de chercher des voies pédagogiques alternatives et de s'investir autant que possible pour parfaire leurs connaissances professionnelles. Au cours de leurs réunions périodiques de formation, les enseignants peuvent s'adonner à diverses activités : démonstrations ou leçons modèles suivies de débats, échanges à propos du traitement à donner à certaines unités d'un manuel scolaire, présentation et explication d'aspects pédagogiques particuliers.

L'AFA à Madagascar et les CAPED du Niger appliquent deux stratégies de formation continue, bien adaptées aux besoins des enseignants du terrain.

Deux stratégies de formation continue méritent d'être citées dans ce cadre : l'AFA (*Auto-Formation Assistée*), mise en œuvre à Madagascar il y a une dizaine d'années pour soutenir l'application d'un enseignement bilingue dans les écoles primaires du pays (*Komarek, 1994*) et les CAPED, réunions de formation des enseignants du terrain organisées actuellement au Niger. L'AFA et les CAPED fonctionnent sur les mêmes principes de base de l'andragogie. Ces programmes travaillent de manière décentralisée, formant les enseignants par district, leur donnant la parole plutôt qu'à leurs conseillers pédagogiques ou à leurs inspecteurs. Les enseignants sont encouragés à identifier leurs principales difficultés et à faire appel à l'expérience professionnelle de leurs collègues pour y apporter solution. Ils apprennent à construire progressivement une confiance mutuelle dans leurs échanges en vue d'améliorer leurs pratiques pédagogiques.

Cette stratégie de formation décentralisée nous paraît remarquablement bien adaptée aux restrictions budgétaires habituelles dans les pays africains au sud du Sahara. Elle est d'une importance particulière pour les enseignants qui n'ont pas eu de formation initiale et ceux qui enseignent dans des contextes multilingues sans avoir été formés à cet effet en école normale. L'encadré qui suit illustre bien les potentialités de cette stratégie, particulièrement pour les jeunes enseignants faisant partie d'un programme bilingue.

La formation continue doit permettre aux enseignants de combler les déficits inévitables de la formation initiale.

Encadré 16 : « *On peut beaucoup apprendre les uns des autres !* »
« Je prends part à une session de CAPED au Niger. Une trentaine d'enseignants des écoles environnantes y participent, beaucoup d'entre eux sans grande expérience professionnelle. C'est le village de Moulélan-Guidan Fako, dans la région pédagogique de Tamaské, qui nous accueille. Les parents d'élèves qui nous reçoivent indiquent qu'ils ont préparé à manger et qu'ils vont prier pour le succès de nos travaux. Les deux maîtres d'une école bilingue vont présenter une leçon modèle à leurs collègues.

Nous assistons donc à une leçon de mathématiques pour le CP en langue haussa, suivie de travaux d'histoire pour le CM en français. Chaque démonstration est suivie de commentaires animés de la part des enseignants, le conseiller pédagogique et autres responsables éducatifs ne prenant la parole que sur demande. Les participants cherchent des solutions à apporter pour chacun des points contestés.

La réunion se déroule selon les principes de base de l'andragogie : ce sont les enseignants eux-mêmes qui prennent leur formation en main et dirigent les débats, se traitant mutuellement comme des professionnels responsables, désireux d'apprendre à partir de situations réelles, capables d'identifier leurs besoins de formation et s'appuyant sur leurs expériences pour en assimiler de nouvelles. Les heures passent dans la hutte couverte de branchages qui sert de classe de CP, sans que la trentaine de personnes qui s'y entassent s'en rendent compte !

A la fin de la journée, un jeune enseignant, étonné et ravi que de tels échanges professionnels puissent être si fructueux, s'exclame : '*J'ai plus appris en quelques heures qu'en un an d'école normale ! Je n'aurais jamais pensé qu'on puisse tant apprendre les uns des autres !*' Dans la salle, beaucoup sont du même avis. »
(*Chatry-Komarek, observation personnelle, mars 2006*)

Les formations des enseignants du terrain doivent se dérouler selon les principes de base de l'andragogie.

7 Résumé

S'il est vrai que l'enseignement bilingue et celui du français en contextes multilingues dépendent de décisions politiques, c'est de l'enseignant, de ses convictions, attitudes et compétences qu'en dépend le succès, car il est le pivot du changement... mais lui donne-t-on toujours les moyens de l'opérer ? Il est en tout cas intéressant d'analyser les caractéristiques de la formation qu'il reçoit en Afrique pour comprendre les défis qu'il affronte dans sa classe et au-dehors.

Dans de nombreux pays, la formation initiale est théorique et éloignée des réalités scolaires actuelles. On note cependant une importance croissante donnée aux pratiques d'une pédagogie active (*par exemple à travers un enseignement modulaire*) ainsi que de grands efforts pour s'assurer que les élèves-maîtres se familiarisent avec leur profession à travers des stages pratiques effectués dans les écoles de la région. En dépit de ces indéniables améliorations, il est rare que les écoles normales du continent assurent une formation à l'enseignement en contextes multilingues ; beaucoup se contentent de préparer à un enseignement dans la LO concernée, en anglais, en français ou en portugais.

Quant à la formation continue, elle revêt une importance capitale pour beaucoup d'enseignants en service. Elle permet à ceux-ci non seulement de systématiser leurs expériences professionnelles et d'approfondir leurs connaissances, mais aussi et surtout de combler le hiatus fréquent entre leur formation initiale et les réalités scolaires. Certaines stratégies de formation continue des enseignants, qui appliquent les principes de base de l'andragogie, permettent de créer une atmosphère de confiance entre les enseignants, les aidant à tirer un profit mutuel de leurs expériences et à trouver à leurs difficultés des solutions adaptées à leurs réalités.

Ces réflexions au sujet de la formation initiale et continue des enseignants africains devraient elles aussi contribuer à créer un cadre favorable à l'enseignement du français dans les milieux scolaires africains multilingues, la suite de cet ouvrage indiquant précisément comment y procéder.

8 Concepts clés du chapitre

Remémorez-vous les informations contenues dans ce chapitre en vous orientant d'après les concepts clés suivants :

Contenus de la formation initiale
Pédagogie active
Stages de formation pratique
Principes de la formation continue
Compétences requises pour enseigner le français comme langue étrangère aux apprenants
Former des praticiens réflexifs
Mutualiser les bonnes pratiques

9 Suggestions bibliographiques pour ce chapitre

Lectures conseillées

ADEA (2004), *La quête de la qualité : à l'écoute des expériences africaines***.** Compte-rendu de la biennale de l'ADEA (Grand Baie, Maurice, 3-6 décembre 2003)

CRAP-Cahiers Pédagogiques (2005), *Enseigner, un métier qui s'apprend.* Paris, n° 435

Pastiaux, G. & Pastiaux, J. (1999), *Précis de pédagogie.* Paris : Nathan/Repères pratiques

Perrenoud, Ph. (2001), *Développer la pratique réflexive dans le métier d'enseignant.* Paris : ESF

De Vecchi, G. (2000), *Aider les élèves à apprendre. Profession Enseignant.* Paris : Hachette Éducation

Lectures périphériques

Altet, M., Paquay, L. & Perrenoud, Ph. (2002), *Formateurs d'enseignants. Quelle professionnalisation ?* Bruxelles : De Boeck Université

Barth, B.-M. (2001), *L'apprentissage de l'abstraction.* Paris : RETZ

Charlot, B. (2005), L'Education de Base pour Tous en Débat. In : *L'éducation de base pour tous dans la Francophonie à l'heure de la Mondialisation.* Paris : L'Harmattan, Cahiers africains de recherche en éducation

Donckèle, J.-P. (2003), *Oser les pédagogies de groupe. Enseigner autrement afin qu'ils apprennent vraiment.* Namur : Erasme

Knowles, M. (2005), L'apprenant adulte. In : *Précis de pédagogie*. Paris : Nathan, Repères Pratiques

Komarek, K. (1994), *Auto-Formation Assistée. Stratégie de formation continue des enseignants*. Antananarivo : Projet TEF'Boky (*document de travail*)

Moumouni, A. (1964, 1998), *L'éducation en Afrique*. Paris : Présence Africaine

Pelpel, P. (2003), *Accueillir, accompagner, former des enseignants. Guide de réflexion et d'action*. Lyon : Chronique Sociale

Lectures complémentaires en anglais

Arends, R. I. (2001), *Learning to teach*. McGraw Hill

Head, K. & Taylor, P. (1997), *Readings in Teacher Development*. Oxford : Macmillan Heinemann.

2

Préliminaires pour un enseignement de qualité de la langue officielle

Présentation des contenus de la deuxième partie

Les rapports sont unanimes : en matière d'Education, l'Afrique subsaharienne est caractérisée par le dénuement éducatif massif. En dépit de taux d'alphabétisation en hausse, il existe encore un fossé énorme entre le nombre d'élèves qui terminent l'école et le nombre de ceux qui, parmi eux, maîtrisent un minimum de compétences cognitives.

La réalisation de l'Education pour Tous dépend fondamentalement de la qualité de l'éducation disponible (*Unesco, 2005*). Or, de grandes disparités perdurent à l'intérieur d'un même pays ; de fait, les évaluations internationales montrent que les élèves des zones rurales et de milieux socio-économiques défavorisés demeurent vulnérables, notamment à la question linguistique.

Si l'amélioration de la qualité des enseignements augmente sensiblement avec les dépenses scolaires, le niveau de qualification des enseignants et les équipements scolaires, ces efforts plutôt quantitatifs restent insuffisants.

Ce qui vaut pour l'ensemble des matières du secteur de base prend un relief particulier quand on s'intéresse à la qualité de l'enseignement/apprentissage du français, qui est la langue officielle de nombreux pays africains multilingues et la future langue d'enseignement au collège ou au lycée.

En Afrique, il est important de comprendre de quelle manière l'enseignement du français s'inscrit dans la société et dans les programmes d'enseignement.

La première partie de cet ouvrage interrogeait les lecteurs sur la relation entre langue et éducation, reflétée dans la politique linguistique de leur pays. Cette deuxième partie les invite à examiner leur relation au français dans le contexte linguistique où ils évoluent, leur relation à la langue officielle de leur pays, héritée de la colonisation, ainsi que leur relation à la didactique de cette langue particulière, souvent mal adaptée aux apprenants.

Quels sont les obstacles à l'amélioration de l'enseignement du français en Afrique ?

- Le premier chapitre de cette partie fait une brève analyse de la situation ; il s'intéresse notamment aux obstacles qui se posent à l'amélioration de l'enseignement du français, langue étrangère pour beaucoup, à la fois langue de la colonisation, langue de l'espace francophone et langue internationale, et se penche sur les représentations de cette langue et sur sa didactique.
- Le deuxième chapitre traite de la question de l'appropriation de la langue étrangère et analyse les interrogations que cette finalité suggère au sein du triangle didactique.
- Le troisième chapitre donne des informations plus académiques sur les différentes théories de l'enseignement/apprentissage du Français Langue Etrangère (FLE) ainsi que sur les entrées en lecture en Afrique francophone. Le lecteur est amené à réfléchir sur sa pratique personnelle de locuteur et de professeur de français.
- Le dernier chapitre de cette partie propose à chaque enseignant de faire le bilan de ses nombreuses compétences mais aussi de ses lacunes en matière d'enseignement bilingue. Que lui a apporté la formation initiale, son expérience, sa formation continue ? En quel lieu se sent-il en confiance pour livrer ses expériences heureuses ou malheureuses ? Le caractère bilingue des programmes d'éducation de base est-il pris en compte pour faire vivre la classe, la classe de français, le français dans la classe, dans l'école et dans la communauté, avec le même statut que la ou les langues locales, dans le bouquet plurilingue du pays ?

Chapitre 5
Analyse de la situation

Dans les pays multilingues africains, la langue officielle s'apprend souvent dans un espace clos, celui de l'école.

****

Les contenus en bref

- Lecture préliminaire : « *Tu ne me comprends pas ?* »
- Obstacles à un enseignement efficace de la LO
  Peut-on laisser les langues parlées par les élèves à la porte de la classe de français ?
  Peut-on changer les représentations des professeurs ?
  Peut-on former des enseignants experts ?

****

L'enfant africain évolue dans des contextes multilingues.

1 Lecture préliminaire : *« Tu ne me comprends pas ? »*

La première partie de cet ouvrage montre que le contexte africain réserve une multitude de situations de rencontre avec la LO, selon les politiques linguistiques adoptées par les Etats. Cette multiplicité s'accroît si l'on envisage la question du point de vue de l'apprenant et de ses caractéristiques. En effet, l'enfant africain évolue dans des contextes multilingues ; il entre à l'école avec des compétences diverses dans plusieurs langues, qui varient selon des paramètres socio-linguistiques dont le principal est l'appartenance à son milieu, urbain ou rural. A l'intérieur de ces groupes d'appartenance, des nuances peuvent illustrer de multiples différences entre les apprenants face à la LO. Malgré cela, la question de l'usage de cette langue hors de l'école se pose pour tous, comme le montre ce témoignage.

« Rentrée scolaire 2004 en pays dagana, au sud du Burkina Faso. Je me trouve dans un petit village où il n'y a ni eau courante, ni électricité. L'école primaire du village a six niveaux et sept professeurs. Parmi eux, cinq ne sont pas Dagana ; ils communiquent donc en français avec leurs élèves ou plutôt ils développent, comme ils disent, '*toutes sortes de stratagèmes pour se faire comprendre de leurs élèves*'.

L'an passé, grâce à un soutien associatif actif en matériel scolaire, toute la classe de CM2 a eu son brevet. Une belle réussite donc ! Seulement le brevet ne suffit pas pour obtenir son admission à l'école secondaire, située dans la ville d'à côté, à quelques kilomètres à pied. C'est dire que les huit élèves sur une cinquantaine qui l'ont obtenu malgré tout ont été sélectionnés par le professeur et qu'ils sont vraiment parmi les meilleurs éléments de la classe.

J'ai l'occasion de me retrouver seule à seule avec l'une des jeunes admises. Elle vient d'effectuer son début de rentrée scolaire. Elle me montre fièrement son cahier dont les premiers contenus sont très élevés, d'un niveau de début de secondaire européen. Je la fais parler : je lui demande son nom, son âge, la ville où est son école. Après des réponses à ces premières questions, elle ne me répond plus. Ai-je été maladroite ?

Quand le français n'est pratiqué qu'à l'école,

Subitement, une idée me traverse l'esprit. Je lui dis tout doucement : '*Tu ne me comprends pas ?*'. Là, elle acquiesce avec un grand sourire. Par contre, elle est certainement capable

de me réciter par cœur en français une chanson apprise, une leçon, une règle de grammaire. Cette situation est, à mon avis, assez fréquente, hors des grandes villes du pays. »
(Témoignage, Armelle Riché, l'Harmattan, Paris, 2005)

... très peu d'élèves parviennent à le parler couramment.

Pour la majorité des apprenants africains, la LO fait partie d'un paysage sonore exclusivement scolaire. Il ne faut pas voyager très loin de la capitale pour trouver des enfants qui communiquent seulement en langue africaine dans leur vie quotidienne : dans leur foyer, dans la rue ou au marché. C'est au cours de cette pratique qu'ils acquièrent de nombreuses compétences et habiletés langagières, comme le constate ce collégien ghanéen : « *La langue locale, on fait ça dehors et à la maison, mais la langue internationale, on la parle à l'école et en classe, et puis on l'écrit aussi !* » (*Lezouret, communication personnelle, Accra, 2003*).

Cet élève donne, à sa manière, une définition de la LO : c'est une langue internationale qui s'écrit et s'apprend dans un espace clos, celui de l'école. Il pose ainsi la question de la distance entre la langue de la vie et la langue d'enseignement.

Cette distance n'est pas la même pour tous les élèves. Nous avons évoqué la distance à la capitale ; nous pouvons évoquer aussi la distance aux médias (*presse écrite, radios, télévision, accès à Internet*), et la distance à l'image de sa pratique comme le fait cette mère de Côte d'Ivoire : « *Ceux qui ont de la famille en brousse y envoient les enfants : comme ceux qui viennent d'Abidjan ont déjà appris un peu le français, ils sont meilleurs en classe, et le maître s'en occupe plus* ». Dans ce pays, les enfants de la capitale sont plus exposés au français que ceux de la brousse. Ce français est celui de la rue et des médias, celui parlé à Abidjan, parfois éloigné de celui des curricula de formation des maîtres, comme en témoigne la représentation de cet enseignant d'Abidjan : « *Ici, les enfants parlent tous le français chez eux, mais ils le parlent si mal !* »

Pour beaucoup d'élèves africains, la LO ne permet pas de sécurité dans une communication autre que celle des savoirs scolaires.

Chacun expose implicitement une norme intégrée du français : la mère fait référence à la norme propre à la rue à Abidjan (*norme endogène*) ; l'enseignant fait référence à la norme des curricula et des manuels du français standard (*norme exogène*), imposée de l'extérieur de la communauté de ses usagers : il fait référence à l'image qu'il a de la langue à enseigner : la langue française écrite.

Il existe une série d'échelles de mesure pour les langues étrangères.

Pour résumer, la LO est une langue internationale, pratiquée à l'école, à l'oral et surtout à l'écrit. Cette langue ne permet pas de sûreté dans une communication autre que celle des savoirs scolaires. Elle est plus ou moins étrangère selon une série d'échelles de mesure, à partir de critères propres à chaque communauté, pour lesquelles Louise Dabène (*1994*) propose les critères suivants :

- l'utilité ou l'inutilité de son usage ;
- la facilité ou la difficulté de son apprentissage ;
- le prestige accordé à cette langue : langue de culture, langue internationale, langue associée à une littérature ;
- la sympathie ou l'antipathie attribuée à cette langue, selon des expériences individuelles ou collectives.

En dépit de son statut de LO, l'étude des situations didactiques en Afrique ne peut plus ignorer que le français, qui devient plus ou moins rapidement la langue d'enseignement, est aussi plus ou moins langue étrangère au plus grand nombre des apprenants. Cette situation impose une didactique spécifique au contexte, dans le cadre de programmes d'enseignement bilingue, vaste sujet que nous abordons dans ce chapitre.

Activités

- *Quand est-ce que je parle français ? Avec qui ? A quelles occasions ?*
- *Est-ce que je lis régulièrement en français ? Quels sont ces textes ?*
- *Est-ce que j'écris en français ? A qui ? A quelles occasions ?*
- *Maintenant, je pose les mêmes questions à mes élèves. Que puis-je faire de leurs réponses ?*
- *Puis-je établir les séries d'échelles de l'étrangeté de la langue officielle dans mon groupe classe ?*

2 Obstacles à un enseignement effectif de la LO

Pendant des années, le jeune enfant a forgé sa langue, avec parents et amis et aussi en se parlant à soi-même, au cours de jeux par exemple.

Le manque de pratique des élèves et des enseignants au-dehors de la classe de la langue qui ne véhicule pas le plus grand nombre de communications, tant au niveau oral qu'au niveau écrit, constitue un premier obstacle à l'apprentissage et à l'enseignement de cette langue-cible. Dans le cadre de la didactique d'une langue étrangère, est-il le seul ? Le témoignage suivant donne des éléments de réponse à cette question.

Encadré 17 : Enseignement du français à l'école normale
« J'assiste, en compagnie d'un inspecteur, à une classe de français pour des élèves maîtres (EM) qui vont partir après les vacances de Pâques en stage pratique dans une école des environs de Tahoua au Niger.

Aujourd'hui, le professeur traite des '*différentes étapes d'une leçon de lecture en CM*'. Je m'entretiens quelques instants avec lui pendant que les étudiants travaillent en groupes. Le professeur estime que les problèmes qu'il rencontre dans cette discipline tiennent à deux facteurs : le programme d'enseignement qui est trop chargé, et le niveau de français des EM qui est trop faible ; par contre, il pense que ces derniers sont assez bien préparés pour enseigner en CI et CP.

Une fois terminée la mise en commun des travaux de groupe, un débat s'instaure sur les compétences de lecture en classe de CM. Selon le professeur, il peut arriver dans certaines classes qu'aucun élève de CM ne soit en mesure de lire un texte. Je demande aux EM de nous dire à qui ou à quoi on peut attribuer de telles contre-performances.
« *Aux maîtres*, estime un EM ; *certains maîtres sont fainéants.* »
« *Aux parents*, juge un autre ; *ils ne soutiennent pas le maître.* »
« *Aux élèves*, dit un troisième ; *ils ne travaillent pas suffisamment et se cachent pour ne pas répondre.* »
« *Aux méthodes*, soutient un autre EM ; *on commence par l'oral, et les élèves connaissent le texte par cœur avant même de le lire.* »
« *Aux grèves des enseignants*, suggère un autre ; *les élèves n'ont pas le temps d'apprendre.* »
Finalement, une EM propose timidement : « *A la langue ! Les élèves ne comprennent pas suffisamment le français !* »
(Chatry-Komarek, communication informelle, mars 2006)

Pourquoi les élèves des écoles africaines ne peuvent-ils pas tous lire couramment un texte français en classe de CM ?

Nous avons évoqué, à travers le terme de distance, un grand nombre de situations, en liaison avec une pluralité de situations didactiques, engendrées soit par un manque de pratique de la LO, soit, dans les grandes villes, par la pratique d'une langue jugée éloignée de la langue scolaire, normée, celle de la littérature classique, du dictionnaire et des programmes.

La relation didactique relie l'enseignant, l'enseigné et l'objet enseigné. Les obstacles à un enseignement effectif de la langue étrangère ne portent pas seulement sur les apprenants et sur la langue, mais aussi sur les enseignants. Nombre d'entre eux sont issus d'une formation qui ne tient pas compte du contexte dans lequel l'enseignement s'effectue, pas plus que des compétences linguistiques des apprenants. Ils éprouvent un certain mal-être face aux enfants qui ne parlent pas du tout

La relation didactique relie l'enseignant, l'enseigné et l'objet enseigné.

« La planification linguistique en Afrique doit se faire en tenant compte de plusieurs facteurs comme le multilinguisme, l'héritage colonial, le rôle de l'éducation en tant qu'agent du changement social, l'impact important de l'analphabétisme et l'intérêt pour la communication, l'intégration nationale et le développement. » (Ayo Bamgbose, cité par E. Wolff, 2006)

cette langue. La formation souvent éclatée des professeurs de langue et des enseignants du secteur de base ajoute à cette confusion des paradoxes, comme dans ce collège du Ghana, pays multilingue, où est affichée, dans chaque classe, l'injonction de ne parler que la langue officielle comme suit : « *Speak English !* » (*Collège St Louis, Kumasi*).

Un autre paradoxe est mentionné par certains professeurs comme une des grandes difficultés d'enseignement/apprentissage de la LO ; il revient sous plusieurs actes de paroles, faisant écho à la réflexion d'un professeur de collège de Tamalé, au nord du Ghana : *« C'est la langue maternelle qui gêne ! »*.

Les obstacles à un enseignement/apprentissage efficace de la LO, résumés dans les difficultés rapportées par les professeurs, font apparaître plusieurs conflits de représentations :

- entre les langues locales et la LO ;
- entre la LO parlée et la LO écrite ;
- entre les normes d'usage et la norme de la langue qui doit être enseignée ;
- entre la communication et la grammaire ;
- entre l'acquisition et l'apprentissage.

Ces conflits sont entretenus par les différentes politiques linguistiques et éducatives dont les instigateurs connaissent le '*pouvoir de distinction*' (*Bourdieu*) qu'assure la maîtrise des langues étrangères, coloniales, européennes et internationales. Le changement social et le développement passent par un changement des représentations et des pratiques. Au niveau de la communauté, cette question peut être abordée par l'enseignant du primaire, certes ; celui-ci doit toutefois être convaincu que l'application de politiques linguistiques et l'emploi de langues d'enseignement adéquates peuvent vraiment transformer le '*facteur linguistique*' en un grand atout pour le développement durable et pour l'allègement de la pauvreté.

2.1 Peut-on laisser les langues parlées par les élèves à la porte de la classe de français ?

Pourquoi l'élève doit-il pouvoir utiliser sa LM en classe ?

Abordons à présent plus précisément les obstacles les plus courants à un enseignement effectif de la LO ; penchons-nous d'abord sur les choix linguistiques opérés par l'enseignant en classe et sur les répercussions qui en découlent pour ses élèves.

Quand l'enseignant interdit aux élèves d'utiliser leur(s) langue(s) maternelle(s), il les prive :

- de leur identité ;
- de leurs compétences langagières ;
- de leurs habiletés linguistiques ;
- de leurs stratégies d'apprentissage.

Commentons brièvement ces quatre points.

J'apprends avec mon identité

En Afrique, l'identité est portée en premier lieu par la langue du foyer et celle de la communauté (*Lezouret, 1999*). Ce fait est celui de tous les élèves du monde. Aucun apprenant ne peut laisser sa/ses langue(s) maternelle(s) à la porte de la classe : de la même manière qu'il a de petits yeux, de grands pieds, la peau plus claire que sa sœur, il parle également une ou plusieurs langues avec des compétences diverses dans chacune d'entre elles.

Ne pas pouvoir utiliser sa LM équivaut à être privé de son identité.

Une première initiation à l'apprentissage de la langue étrangère consiste à reconnaître ce fait ensemble, à nommer, par exemple, le plus grand nombre possible de langues parlées et écrites dans le monde, pour être ainsi en mesure de mieux accepter la sienne propre. Cet exercice permet de reconnaître qui apprend le français dans le monde, dans des situations multilingues, avec des identités différentes. Nul ne change d'identité sociale par le simple fait d'entrer dans une classe de langue étrangère.

J'apprends avec mes compétences langagières.

Depuis ma plus tendre enfance, avec la ou les langue(s) que je parle, je sais :

- prendre la parole dans un groupe ;
- saluer les grands et les petits ;
- demander un renseignement ;
- prendre congé de quelqu'un ;
- faire répéter quelqu'un ;
- me moquer, etc.

Depuis leur plus tendre enfance, les enfants apprennent en se servant de leur LM.

J'apprends avec mes habiletés langagières.

Depuis ma plus tendre enfance, je sais également, et parfois dans plusieurs langues :

- distinguer divers sons et les reproduire ;
- reconnaître des intonations ;
- isoler les mots de la chaîne parlée ;
- expliquer leur position dans la phrase ;

- raconter une histoire ;
- désigner des choses dans des langues différentes ;
- désigner une même chose avec différents mots, etc.

J'arrive à l'école avec des stratégies d'apprentissage.

C'est aussi dans sa LM que l'enfant a développé des stratégies d'apprentissage.

C'est ainsi que

- je connais des comptines par cœur ;
- je fais des jeux pour bien me rappeler ;
- je mémorise dès que j'ai entendu une fois ;
- je peux demander une explication à un adulte ;
- je sais généraliser ;
- je sais faire des relations ;
- je peux déduire une règle de plusieurs relations ;
- j'aime jouer avec l'adulte ;
- j'apprends beaucoup avec mes amis ;
- je sais imiter plusieurs personnages ;
- j'essaie des jeux de mots ;
- je crée des mots avec mes amis, etc.

En privant l'élève de toutes ses capacités '*d'être apprenant*', le professeur augmente ses propres difficultés à enseigner et diminue la motivation et la compréhension de ses élèves.

Activités

- *Est-ce que je parle la langue de mes élèves ?*
- *Est-ce que j'accepte l'usage de cette langue en classe de français ? Comment et pour en faire quoi ?*
- *Les erreurs des élèves ont-elles un rapport avec leur langue maternelle ? Comment réagissent mes élèves quand ils font ces erreurs ?*
- *Ai-je repéré de telles erreurs chez des collègues ou des amis ?*
- *Comment puis-je traiter ces interférences dans la classe de français ?*

2.2 Peut-on changer les représentations des enseignants ?

« La langue française que l'enfant va comprendre va le différencier de ceux qui n'ont pas été à l'école. »

Considérons tout d'abord la réponse que donne un élève-maître nigérien à la question 'Pourquoi enseigne-t-on le français au Niger où l'on parle davantage les langues nationales ?' *« On enseigne le français dans des pays comme le Niger où l'on parle davantage les langues nationales pour éveiller les gens, parce que nous tous, nous savons que le français est une langue très bonne. Quand on inscrit un enfant à l'école, la langue française que l'enfant va comprendre va le différencier de ceux qui n'ont pas été à l'école. Pour cela, le français est une langue très importante.* » (Halimatou Ali Djibo, 2006)

L'école doit impérativement fournir aux élèves l'occasion de s'exprimer entre eux dans leurs deux langues d'instruction.

Ce témoignage illustre bien à quel point les choix linguistiques que l'enseignant fait dans sa classe sont le résultat d'apprentissages, expériences et convictions personnelles diverses. Pour mieux cerner ce qu'on appelle ses '*représentations*', nous en aborderons à présent quatre aspects, à savoir :

- la représentation des langues ;
- la représentation de la LO à enseigner ;
- la représentation de l'enseignement/apprentissage de la LO ;
- les représentations de la relation pédagogique.

Représentation des langues

L'enseignant qui interdit de parler la LM le fait de bon aloi. Il a acquis son statut grâce à une certaine maîtrise de la LO, langue internationale, langue coloniale, proche du centre dans la '*galaxie des langues*' (*Calvet, 1999*). L'usage de la LO lui assure une certaine distinction par rapport aux locuteurs des langues locales, utilisées par ses élèves. L'enseignant accorde à cette langue une certaine représentation, forgée dès l'enfance dans son milieu social et institutionnel et renforcée par des politiques linguistiques plus ou moins cohérentes.

Sa formation a corroboré ou altéré cette idée qui lui fait voir, dans l'usage de la LM, un frein à l'apprentissage de la langue étrangère, et appréhender les différentes langues en présence sur une échelle de valeurs qui fonctionnent à son insu. Ce sont ses représentations des langues, héritées de l'Éducation, de l'Histoire et des planifications linguistiques opérées dans son pays.

Du point de vue linguistique, il n'existe pas de hiérarchie entre les langues : toutes sont des moyens de communication. Toutefois, dans de nombreux pays, la formation des enseignants participe à renforcer ces représentations par le morcellement des enseignements et surtout par une formation

„Du point de vue de la sociologie politique, l'ensemble des langues peut être représenté comme une vaste galaxie. Les langues sont reliées entre elles par les locuteurs bilingues. Dans cette galaxie, des sous-groupes sont constitués par des langues périphériques non reliées entre elles mais toutes reliées par des bilingues à une langue centrale".
(L. J. Calvet, *Pour une écologie des langues du monde*, Plon, 1999)

des professeurs de langues locales, distincte de celle des professeurs des autres langues étrangères.

Ainsi s'établit une hiérarchie, comme celle que nous avons observée à l'Institut Universitaire de Winneba, au Ghana. Trois formations de professeurs pour le lycée s'y côtoient : celle des professeurs de langues nationales, celle des professeurs d'anglais et celle des professeurs de français, deuxième langue étrangère dans le pays. Les étudiants appelés à enseigner qui l'éwé, qui le gâ, qui le dagari, qui le dagomba se plaignent souvent de l'arrogance des étudiants de français qui, eux, prétendent se trouver au sommet de la pyramide de l'image du plurilinguisme au Ghana, représentée dans le graphe ci-dessous.

Représentation de la langue officielle à enseigner

Comme la précédente, cette représentation a un impact important sur les choix linguistiques de l'enseignant. Elle est souvent forgée par le curriculum. C'est ainsi que de nombreux programmes sont basés sur une méthodologie traditionnelle, listant les éléments formels de la langue : les déterminants, le nom, le pronom, le verbe, etc. Ils privilégient ainsi le fonctionnement de la langue comme structure, au détriment de la langue comme moyen d'expression, de communication et d'action sur autrui.

Les professeurs se sentent très à l'aise avec cet enseignement de la grammaire, car son fonctionnement est décrit

A propos des langues étrangères au Ghana : le haussa, pourtant langue médiatique, ainsi que l'arabe, y ont le statut de langues étrangères. L'espagnol, l'allemand et le russe y sont enseignés au niveau du département des langues étrangères de l'Université de Legon, à Accra.

Encadré 18 : Adaptation de la pyramide de A. Yegblemenawo
In : *Problématique de l'enseignement/apprentissage du français (oral) en milieu scolaire institutionnel ghanéen. Perspectives de résolution.* **(Thèse, Besançon, 2000)**

Langues étrangères
Français
Anglais, langue officielle
1 ou 2 langues véhiculaires
7 langues médiatiques
11 langues institutionnelles
15 langues standardisées
61 langues nationales

en détail dans les manuels. Cet enseignement agit d'ailleurs comme un rempart entre les trois acteurs de la relation pédagogique : l'enseignant, l'élève et la langue. L'enseignant se sent protégé : centrer son enseignement sur la grammaire lui permet de ne pas révéler ses difficultés dans l'usage courant de la LO.

Les professeurs se sentent à l'aise avec l'enseignement de la grammaire. Et leurs éléves ?

Représentation de l'enseignement/apprentissage de la LO

Dans le contexte de l'enseignement/apprentissage du français, l'enseignant va mettre en relation des élèves avec des savoirs un peu particuliers, puisqu'ils sont relatifs à une langue qui va devenir langue d'enseignement et langue de médiation de tous les autres savoirs du programme.

Il est donc important que, dès le début de l'apprentissage, élèves et enseignants soient conscients qu'il ne s'agit pas d'acquérir seulement des connaissances sur cette langue, mais aussi des savoir-faire et des savoir-être. Dans cette relation pédagogique, l'enseignant africain est le pivot principal du changement des représentations.

Il faut avoir identifié ses propres représentations pour pouvoir les modifier.

La relation pédagogique

Les élèves enseignants arrivent en formation avec des savoirs sur la pratique de leur futur métier, construits au cours de leurs propres apprentissages, à l'école et dans le groupe social. Ces images intériorisées participent à l'élaboration du projet professionnel. L'élève enseignant commence à enseigner selon ses propres expériences d'apprenant.

Ainsi, ces images fonctionnent comme des outils pour affronter la réalité et orientent les conduites : elles sont l'un des moyens à partir desquels les enseignants adoptent un comportement d'enseignement et d'apprentissage. Les contenus de la formation initiale vont le conforter dans ce projet ou lui apporter des solutions supplémentaires, nouvelles. La formation doit mettre en conflit ces représentations avec les réalités de chaque situation didactique à l'heure actuelle.

Pour ne plus reproduire les schémas traditionnels de la classe de français, l'apprenti professeur doit être en mesure de mettre à jour ses propres représentations des langues en présence, de la LO, de son rôle dans la classe, pour analyser la nouvelle relation qu'il peut instaurer entre les élèves et l'objet d'apprentissage un peu particulier dans la mesure où celui-ci deviendra médium d'apprentissage : la LO (*Cf. encadré 19*).

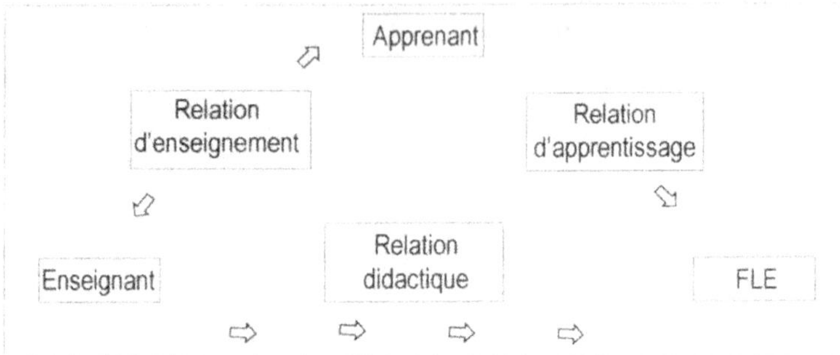

Encadré 19: La relation pédagogique
Source : *Dictionnaire actuel de l'Education, R. Legendre, Larousse, Paris, 1993, 4ème édition*

Activités

- *Est-ce que j'accorde la même importance aux langues locales qu'à la langue officielle ?*
- *Que pensaient mes parents et mes professeurs de l'usage de la langue officielle ? De ou des langues du foyer (autour du feu où chauffe le plat) ?*
- *En quelle langue ai-je appris à lire ?*
- *Comment ai-je appris le français ? Ai-je appris dans la joie ? Qu'est-ce qui me plaisait dans cet apprentissage ?*
- *De quel enseignant ai-je le meilleur souvenir ? Pourquoi ? Est-ce que j'enseigne comme il enseignait ?*
- *Est-ce que les élèves apprennent le français comme je l'ai appris ?*
- *Qu'est-ce que je pense des programmes d'enseignement bilingue ?*
- *En quoi ces programmes modifient-ils l'enseignement/apprentissage de la langue officielle ?*

2.3 Peut-on former des enseignants experts ?

De nombreux pays africains sont confrontés à un souci majeur : former la quantité nécessaire d'enseignants pour couvrir les besoins tout en formant des enseignants efficaces.

Seul le dialogue entre les langues en présence peut conduire à des apprentissages pérennes.

Jusqu'à présent le retour sur investissement est négatif au regard de la qualité des enseignements/apprentissages. Les atermoiements dans la mise en œuvre des politiques linguistiques permettent à l'élite de maintenir le '*statu quo*' (*Wolff, 2006*). Pour obtenir un enseignement efficace de la LO dans le cadre d'un enseignement bilingue, la formation initiale doit former des enseignants convaincus que seul le dialogue entre les langues en présence peut conduire à des apprentissages construits, des apprentissages pérennes et conscients.

Pour ce qui est de l'enseignement de la LO, les conflits entre communication et grammaire et ceux entre acquisition et apprentissage, que nous commentons brièvement ci-après, relèvent de la formation initiale et continue ; cette formation est à considérer en étroite liaison avec les objectifs et les modes d'évaluation de ces objectifs, tels qu'ils sont énoncés dans les programmes d'enseignement de la LO et de pédagogie.

La formation initiale et continue des enseignants doit leur fournir les outils requis pour un enseignement de qualité de la LO.

Grammaire versus communication

La plupart des enseignants s'accordent sur la nécessité d'enseigner la grammaire, squelette de la langue qui devra être langue de la communication des autres matières dès qu'elle deviendra langue d'enseignement. Beaucoup d'entre eux se rattachent à cette seule entrée dans l'apprentissage de la langue en question. Ils travaillent à ce que leurs élèves possèdent le savoir à la fois le plus facile à transmettre et le moins coûteux à évaluer : les règles de la grammaire française.

Mais le malaise est toujours perceptible : globalement, à l'issue de l'enseignement primaire, beaucoup d'élèves - s'ils n'ont pas déserté avant - sont dans l'incapacité d'avoir une discussion dans cette langue, ou de raconter à l'écrit ce qu'ils ont fait la veille.

Acquisition, apprentissage guidé et appropriation

Selon les tribulations de ses premières années, chacun acquiert naturellement une ou plusieurs langues sans autre effort que celui d'écouter et de parler avec ses premiers interlocuteurs.

Cet enseignant ne se contente certainement pas d'enseigner la LO uniquement à travers les règles de grammaire de cette langue !

Les élèves africains ont une grande expérience dans l'acquisition de langues orales en milieu ouvert.

Généralement, c'est à l'école qu'on apprend à lire et à écrire une de ces langues et, plus ou moins rapidement selon la politique linguistique du pays, dans la LO, qui est la future langue d'enseignement. Au naturel de l'acquisition de langues orales en milieu ouvert, la didactique des langues oppose le formel de l'apprentissage de l'écrit en milieu dit fermé : la classe.

Dans notre contexte, l'enjeu est bien l'appropriation de la lange orale et l'acquisition du savoir lire et écrire, dans une situation de plurilinguisme. L'opposition établie par Krashen (*1988*) entre acquisition et apprentissage a engendré des représentations qui laisseraient croire que l'acquisition aboutit à une maîtrise aisée, finie et intériorisée de la langue ; à l'opposé, l'apprentissage n'amènerait les apprenants qu'à des pratiques rapportées, instables. Or, tous les praticiens de classe de langue, ainsi que les professeurs de langue étrangère, s'accordent pour dire que les choses ne sont pas aussi caricaturales.

La distinction entre acquisition et apprentissage repose sur la théorie chomskyenne de l'intériorisation innée d'une certaine grammaire. Nous emprunterons ici à Daniel Coste (*2002*) l'expression '*d'apprentissage guidé*' comme articulation entre apprentissage et acquisition, qui doit conduire à une appropriation de compétences langagières.

Enseigner à apprendre à lire est une chose complexe. Acquérir des compétences orales et écrites dans la LO interroge les différentes acceptions du terme '*acquisition*', relevant de processus différents dont la formation ne peut faire l'écueil dans le cadre de l'enseignement bilingue.

Comment acquérir des compétences orales et écrites dans la LO ?

En contexte plurilingue, la formation devrait s'efforcer d'apporter des réponses aux deux questions posées par Coste, à savoir :

- *« En quoi et à quelles conditions un apprentissage (guidé) contribue t il de manière spécifique à l'acquisition (intériorisée) d'une langue ?*
- *En quoi un apprentissage (guidé) de langue apporte-t-il aussi d'autres acquisitions intéressant le progrès et la complexification des compétences langagières ? »*

Activités

- *Est-ce que je parle la langue de mes élèves ?*
- *A quel niveau sont recrutés les professeurs de base dans mon pays ?*
- *A quel âge suis-je devenu professeur ? Quelle a été la durée de ma formation initiale ? Est-ce que je bénéficie d'une formation continue ?*
- *Si j'ai des questions sur ma pratique, à qui puis-je les poser ?*
- *Est-ce que j'ose demander de l'aide à mes collègues ?*
- *Est-ce que j'aime enseigner le français ?*
- *Suis-je à l'aise pour communiquer avec les élèves ? Dans quelle langue est-ce que je communique avec mes collègues ?*

3 Résumé

Nombreux sont les élèves africains qui entrent dans l'apprentissage du français sans aucune connaissance de cette langue, hormis le rituel « *Bonjour ! Ça va ?* ».

Les programmes d'enseignement bilingue offrent la possibilité de complexifier les compétences langagières déjà multiples chez les élèves, et ce, à condition de lever quelques obstacles dont les représentations des langues en présence, de l'enseignement/apprentissage de la langue officielle, de la formation des enseignants à la didactique des langues, dans leur contexte et dans le cadre d'une planification linguistique stable.

4 Concepts clés

Relisez ce chapitre, puis faites un bref commentaire sur chacun des concepts suivants, en travaillant si possible deux par deux :

Représentations de la langue maternelle des apprenants
Représentations de la LO à enseigner
Représentations de l'enseignement de la LO
Compétences langagières
Habiletés langagières
Identité
Compétences professionnelles
Stratégies d'apprentissage
Acquisition
Grammaire et communication
Apprentissage guidé
Relation pédagogique

5 Suggestions bibliographiques

Lectures conseillées

Dabène, L. (1994), *Repères sociolinguistiques pour l'enseignement des langues*. Paris : Hachette

Baillauques, S. (1996), Le travail des représentations dans la formation des enseignants. In : PAQUAY, L., ALTET, M., CHARLIER, E. & PERRENOUD, P. (Eds), *Former des enseignants professionnels, Quelles stratégies ? Quelles compétences ?* Bruxelles : De Boeck Université

Wolff, E. (2006), Contexte et histoire : politiques linguistiques et planification en Afrique. In : *Optimiser l'apprentissage et l'éducation en Afrique : le facteur langue. Etude-Bilan sur l'enseignement en langue maternelle et l'éducation bilingue*. Libreville : ADEA/GTZ/Unesco

Lectures périphériques

Coste, D., Quelle(s) acquisition(s) dans quelle(s) classes(s) ? In : *Acquisition et Interaction en Langue Etrangère* [En ligne]. L'Acquisition en classe de langue. Mis en ligne le 14 décembre 2005. Disponible sur : http://aile.revues.org/document747.html.

Morin, E. (1999), *Les sept savoirs nécessaires à l'éducation du futur*. Paris : Seuil

Ngalaso, M. & Ploog, K. (1998), « *Le français des scolaires abidjanais : la revanche de la rue sur l'Ecole ?* ». In : Francophonies africaines, BATIANA A. & PRIGNITZ G. Dynamiques sociolinguistiques. Université de Rouen : Dyalang

Lezouret, L. (1999), « *Dénomination de l'étranger en langues locales au Ghana.* ». In : Bulletin 'Ghana Association of French Teachers' (GAFT), L'étranger est celui qui ne parle pas notre langue. (*Etude menée au Ghana*)

Lecture complémentaire en anglais

Krashen, D. & Terrel, D. (1983), *The Natural Approach. Language Acquisition in the classroom*. Hertfordshire : Prentice Hall International, (UK) Ltd.

Chapitre 6
S'approprier la langue étrangère

Comment procéder pour que les élèves aiment la langue officielle de leur pays au point de l'intégrer progressivement à leur identité sociale ?

****

Les contenus en bref

- Lecture préliminaire : *Compétences pour enseigner en français dans les écoles multilingues africaines*
- Qu'est-ce que s'approprier une langue étrangère ?
- Des langues pour communiquer
  - *Schéma de Jakobson*
  - *Théories de l'information de Shanon et Weaver*
  - *La nouvelle communication*
- Plurilinguisme et compétence de communication
  - *Compétence linguistique*
  - *Compétence sociolinguistique*
  - *Compétence discursive*
  - *Compétence pragmatique*

****

L'enseignant de CM doit-il avoir plus de capacités langagières que son collègue de CP ?

1 Lecture préliminaire : Compétences requises pour enseigner en français dans les écoles multilingues africaines

« Le professeur estime que les problèmes rencontrés à l'école dans cette discipline (le français) tiennent principalement à deux facteurs : le programme d'enseignement qui est trop ample et le niveau de français des élèves maîtres qui est trop faible ; par contre, il pense que ces derniers sont assez bien préparés pour enseigner en classes de CI et CP. »
(*Extrait de l'encadré 17, chapitre 5*)

La logique de ce cadre de l'éducation est sûrement légitime au regard des besoins que connaît le Niger mais pose la question du niveau d'appropriation de la langue visée pour enseigner. Les premières années demandent-elles chez l'enseignant moins de capacités langagières que les autres ? L'interlocuteur devine ici une certaine représentation de la formation, peu compatible avec les objectifs d'amélioration de la qualité des enseignements si l'on se place dans le cadre du programme de '*l'Education pour Tous*' (*Dakar 2000, Arusha 2001, Maurice 2003, Libreville 2006*), et plus généralement au service du développement durable.

En ce sens, le présent chapitre tente de répondre aux questions suivantes :

- Quelles sont les compétences langagières requises pour être enseignant ?
- Quelle émotion, quelle relation, quelle humanité peut apporter l'enseignant qui ne connaît que les rudiments relatifs aux programmes des premières années du primaire ?
- Quelle vie peut-il apporter dans la classe de français ?
- Quel est le degré d'appropriation nécessaire pour raconter une histoire aux premiers niveaux ?
- L'enseignant sera-t-il assez serein pour narrer une histoire si lui-même ne connaît pas les temps du passé alors que, très certainement, il domine la narration des légendes qui ont nourri son enfance ?
- Comment faire pour aimer cette langue au point de la faire sienne, de l'intégrer à son identité sociale ?
- Comment faire pour la pratiquer au point d'être capable de la faire apprécier aux apprenants ?

Quel est le niveau d'appropriation de la LO pour pouvoir la faire apprécier aux apprenants ?

2 Qu'est-ce que s'approprier une langue étrangère ?

L'usage courant du verbe *'s'approprier'* est *'faire sien, s'adjuger, s'emparer d'une chose ou d'un bien'*. Au sens figuré, il s'agit de *'l'art d'acquérir une qualité, un pouvoir'*.

La maîtrise de la LO permet d'acquérir un pouvoir symbolique de distinction face aux locuteurs des langues locales.

Dans le cadre de la LO, plus ou moins étrangère, coloniale et internationale, l'appropriation permet d'acquérir un pouvoir symbolique de distinction face aux locuteurs des langues locales, un pouvoir qui me permet d'apprendre et de communiquer au-delà de mon groupe, dans chaque région de mon pays, dans la sous-région et au-delà. Ce pouvoir me permet de communiquer à l'oral, lors de rencontres formelles ou fortuites, mais aussi par écrit, pour obtenir des informations et travailler, pour entrer en relation et exprimer mes émotions, pour mon plaisir, pour communiquer avec le monde entier dans le cadre des nouvelles technologies, etc.

Je fais mienne la langue de l'Autre lorsque je peux communiquer mes idées, mes opinions, mes émotions dans cette langue, introduite dans mon pays par la colonisation et restée langue officielle après l'Indépendance. Je la partage alors avec tous ses locuteurs dans le monde.

Nous examinerons plus tard quelles sont les classes qui permettent une appropriation des compétences : écouter, parler, lire, écrire en français. Mais, hors de la classe, des ressources existent pour activer sa propre motivation à s'approprier la LO : la radio, la télévision, la chanson francophone et le cinéma sont très présents en Afrique dans les chefs-lieux de province. Certains possèdent une Alliance Française ou un Centre Culturel, lieu de propagande coloniale pour les uns, lieu de rencontres et de palabres, et lieu de création pour d'autres. Il est vrai que nombre de personnes n'ont ni le loisir ni le temps d'aller dans ces lieux et que d'autres n'osent pas ou n'ont pas l'habitude de s'y rendre. Beaucoup pensent que ces endroits sont réservés à une élite intellectuelle ou artistique, alors qu'en réalité ils sont ouverts à tous ! Les médiathèques et les bibliothèques sont bien fournies et permettent un accès à Internet.

L'enseignant doit s'efforcer de s'exprimer dans une langue française contemporaine.

Le candidat au professorat doit être *'friand'* de ces lieux : en toutes occasions, il doit oublier son livre de grammaire et son dictionnaire pour éveiller ses sens à l'usage et la pratique de la langue française, afin de communiquer, à l'oral et à l'écrit, dans une langue française contemporaine.

Les langues sont des instruments de communication.

3 Des langues pour communiquer

La communication désigne la fonction évidente des langues : les langues sont des instruments de communication. Trois schémas, commentés brièvement ci-après, ont modélisé la réalité de ce système entre personnes, contenus et contextes :

- le schéma de Jakobson ;
- les théories de l'information de Shanon et Weaver ;
- la nouvelle communication.

3.1 Schéma de Jakobson

La communication y est considérée comme un transfert d'information (*message*) entre un émetteur (*destinateur*) et un récepteur (*destinataire*), selon un code, via un canal. Le référent du message est ce dont il parle, le contexte auquel il renvoie. A chacun des pôles de ce schéma est attribuée une fonction du langage, ce qui peut se visualiser comme suit :

• Fonction		• Pôle
Dénotative ou référentielle	↔	Information
Expressive ou émotive	↔	Emetteur (E)
Conative	↔	Récepteur (R)
Phatique	↔	Maintient le contact entre E et R (canal)
Métalinguistique	↔	Code
Esthétique	↔	Message

Entre enseignant et apprenants s'installe souvent ce qu'on a appelé une '*communication inégale*'.

3.2 Théories de l'information de Shanon et Weaver

Celles-ci visent à répondre aux questions suivantes : *Qui dit quoi ? A qui ? Comment ? Pourquoi faire ?*

Ces théories ont permis l'observation des relations dans la classe, et notamment la *communication inégale* (*François, 1991*) qui s'établit entre enseignant et apprenants.

Ces théories ont également permis de s'intéresser à la langue commune ainsi qu'aux notions de probabilité et d'incertitude que produit le message sur l'interlocuteur, en l'occurrence l'apprenant.

3.3 La nouvelle communication

Celle-ci intègre une conception plus dynamique de la communication où l'information se construit, s'échange, se négocie dans le cadre d'une interaction sociale. La communication qualifie la raison d'être du langage.

En sémiologie (*sciences des signes*), la communication intègre, outre le code utilisé (*langue du groupe ethnique, langue des signes pour les sourds, braille pour les aveugles, langue officielle, etc.*), les gestes, la posture, le regard des interlocuteurs et les techniques de communication (*par exemple, morse, internet*).

La communication est un comportement social soumis à des rites et des contraintes culturelles.

Par ailleurs, l'anthropologie nous apprend que la communication est un comportement social soumis à des rites et des contraintes propres à des cultures. Ici, chaque lecteur pourra trouver un exemple de dysfonctionnement qui l'a placé en mauvaise posture dans une interaction. Ces '*fautes*' culturelles, dont nous donnons deux exemples sur la page suivante, sont souvent plus graves que des erreurs linguistiques.

La sociologie, l'ethnologie et la psychanalyse (*Bateson, Waztlawick et collège de Palo Alto*), ont aussi nourri la sociolinguistique et permis d'approfondir la question du statut des interlocuteurs en tant que sujets, et des normes réglant un grand nombre de communications. (*Se référer à l'encadré ci-dessous*)

Encadré 20 : L'acrostiche SPEAKING de Hymes

En 1974, Dell Hymes propose le modèle désormais connu sous l'acrostiche *SPEAKING* comme suit :

- **S** (*Settings*) : se réfère à la situation de communication, par exemple : la classe ;
- **P** (*Participants*) : qui parle à qui ?
- **E** (*Ends*) : quels sont les résultats obtenus ?
- **A** (*Acts*) : désigne les séquences d'interaction, avec leurs contenus ;
- **K** (*Keys*) : se rapporte à l'importance de l'intonation et ou de la gestuelle utilisées ;
- **I** (*Instrumentalities*) : désigne les canaux (lettre, téléphone, face à face) ;
- **N** (*Norms*) : se rapporte aux normes culturelles d'interaction ;
- **G** (*Genres*) : s'agit-il d'un récit, d'une conversation, d'une lecture publique ?

Vous est-il arrivé d'observer ou de commettre des '*fautes culturelles*' de communication ?

Encadré 21 : Un exemple de 'faute' culturelle
« En poste dans une école normale, je négociais, en ma qualité de directrice d'un projet de coopération, l'emploi du temps de nos professeurs auprès du directeur. La conversation était vive et, quand je posai le poing sur le bureau pour appuyer mon argumentation, mon interlocuteur bondit de sa chaise pour se rendre à l'Eglise du campus. Je sus par la suite que, selon lui, une femme ne pouvait tenir tête à un homme de son statut. Mon geste avait été si injurieux qu'il tenait à se purifier devant Dieu. »
(*Lezouret, expérience personnelle, 2001*)

Encadré 22 : A propos des normes culturelles d'interaction
Une élève égyptienne, revenant de Belgique et convoquée par la directrice d'un grand lycée *'de langue française'*, fut giflée, puis expulsée sur le champ de l'établissement. Pourquoi ? La jeune fille avait argumenté auprès de la directrice en la regardant dans les yeux ! Cette jeune lycéenne ne connaissait pas les normes d'une telle situation de communication dans la communauté des lycéens égyptiens : baisser les yeux et la tête, garder les bras derrière le dos, se contenter d'acquiescer en attendant que la colère de la directrice retombe.
(*Lezouret, témoignage, Lycée El Haram, 1994*)

Toute interaction est ainsi gérée par la situation sociale et les valeurs véhiculées par une communauté, lesquelles se traduisent au moment et au lieu où les interlocuteurs prennent la parole selon leur statut.

En didactique des langues, ces avancées théoriques sur la communication ont conduit à s'intéresser non seulement aux compétences linguistiques, mais aussi à la compétence de communication à la base de la liste des actes de parole du Niveau Seuil : je peux avoir des compétences linguistiques dans une langue, sans pouvoir les mobiliser dans une situation sociale de communication spécifique. Ainsi, dans le témoignage d'Armelle Riché, reproduit au début du chapitre 5, il n'est pas sûr que l'élève ne comprenne pas la visiteuse française, peut-être est-elle bloquée dans une communication inégale.

Au cours d'un entretien avec un employeur potentiel s'établit souvent une „*communication inégale*".

4 Plurilinguisme et compétence de communication

Chomsky a recherché des structures innées du langage naturel.

Les théories précédemment exposées venaient critiquer Noam Chomsky (*1966*), fondateur de la grammaire générative transformationnelle. Chomsky a recherché des structures innées du langage naturel et introduit le terme de compétence linguistique (*opposé à la performance*) pour désigner les connaissances innées, ou du moins intuitives, des règles de grammaire qu'un locuteur natif idéal a dans sa langue pour produire et reconnaître des phrases correctes.

Dell Hymes (*1974*) critiqua ce réductionnisme et introduisit, à partir du modèle SPEAKING, la compétence de communication, laquelle renvoie à quatre composantes que nous commentons ci-après :

- la compétence linguistique ;
- la compétence sociolinguistique ;
- la compétence discursive ;
- la compétence pragmatique.

4.1 La compétence linguistique

Il s'agit de la maîtrise des classes de mots et des règles de fonctionnement permettant de construire une phrase linguistiquement correcte. C'est essentiellement cette connaissance qui est visée par de nombreux programmes d'enseignement de langue étrangère et enseignée dans de nombreuses classes. Grammaire, traduction et exercices structuraux sont les tâches que l'on retrouve au centre de la méthode traditionnelle, centrée sur cette compétence. Pour le français, elle renvoie aux règles et exceptions, comme la suivante : '*Devant m, b, p, le n devient m, sauf dans bonbon, bonbonne, embonpoint et néanmoins. Exemple : ampoule, ambulance, emmener, ombrage, etc.*'

4.2 La compétence sociolinguistique

La compétence sociolinguistique permet d'adapter son discours à la situation de communication.

La performance (*production d'une phrase juste*) peut refléter une compétence linguistique convenable sans pour autant convenir à la situation de communication. Voici, pour illustrer notre propos, une conversation entre une orthophoniste et une élève sourde : O : « *Que fais-tu ce soir après l'école ?*

E : *Je marche sur le trottoir.* »

L'orthophoniste pouvait-elle se satisfaire de cette réponse ? Oui ! D'un point de vue linguistique, la phrase est absolu-

La compétence sociolinguistique permet de comprendre l'implicite contenu dans une interlocution.

ment correcte. NON ! Car, du point de vue de la sociolinguistique, la réponse n'est pas fondée. Quand on demande à un élève ce qu'il va faire après l'école, on attend une autre réponse, selon le contexte dans lequel cette question est posée, comme suit.

- *Je vais garder les chèvres ;*
- *Je vais au club de gymnastique ;*
- *Je vais chez le dentiste ;*
- *Je vais chercher de l'eau ;*
- *Je vais m'occuper du bébé ; etc.*

La compétence sociolinguistique recouvre la capacité à comprendre l'implicite contenu dans une interlocution, en tenant compte des paramètres de la situation : statut des interlocuteurs, lieu de l'interaction, enjeu de la discussion, distance, posture, mimogestuelle, regard, intonation, choix du registre de langue, syntaxe et vocabulaire appropriés.

Notons que cette dimension du langage était déjà présente dans les méthodes audio-orales et par la suite dans l'approche communicative.

4.3 La compétence discursive

Cette capacité recouvre deux éléments importants dans la compréhension et la production des textes ou des discours : la cohésion et la cohérence. Toutes deux obligent à s'intéresser aux conditions d'énonciation des discours et aux contraintes qu'elles entraînent dans la production et l'interprétation.

Si, dans le discours, intervient la communication non verbale (*gestes, mimiques, regard*), le récit n'est pas moins porteur de marques discursives comme la ponctuation, le choix d'une syntaxe plus ou moins complexe, avec des phrases verbales ou non verbales, des phrases simples ou complexes, un vocabulaire et des expressions familières courantes ou soutenues. La compétence discursive touche tous les aspects de la langue dans un cadre supérieur à la phrase. Elle concerne tous les apprenants en lecture et en écriture de textes.

Un discours doit répondre aux exigences de la cohésion et de la cohérence.

Un texte ou un discours est cohérent de deux manières :

- Le producteur ne s'est pas trompé d'interlocuteur ;
- Le texte produit est cohérent à lui-même, soit cohésif.

La notion de cohérence est plus large que celle de cohésion. Elle s'intéresse au cadre institutionnel de la communication et aux choix que ce cadre impose. Le meilleur exemple en est la lettre : je n'écris pas à mon cousin de la même manière que j'écris à l'Inspecteur d'Académie ; la structure même des deux lettres sera différente.

La notion de cohésion, quant à elle, renvoie au texte lui-même, à son organisation. Le premier niveau est celui des anaphores et des connecteurs ainsi que des accords qui assurent l'intelligibilité d'un discours ou d'un texte. La compréhension d'un texte recouvre la compétence à identifier ces procédés : à ce dessein, il sera intéressant d'envisager l'apprentissage simultané de la lecture et de l'écriture ; nous parlerons de '*l'apprentissage guidé de la lecture-écriture*'.

Encadré 23 : Ai-je compris ?

Quels sont les éléments qui font que le texte suivant n'a pas de cohésion ?

'Cette nuit, le vent a déplacé les dunes. Elle soufflait fort car je ne pouvais pas avancer. Donc le sable pénétrait tous les pores de ma peau.'

Sa cohérence pourrait être examinée dans le cadre de son émission : journal intime, mot d'excuse, lettre, message à un collègue, etc.

Sa cohésion nécessite la correction du pronom anaphorique '*elle*', censé rappeler le vent, et le connecteur '*car*' qui ne convient pas : la cause et la conséquence sont inversées. De plus, '*donc*' n'a rien à faire ici. La ponctuation, quant à elle, peut servir la cohésion du texte, pour insister sur la force du vent et le pouvoir que les éléments prennent ainsi sur l'individu ; en ajoutant les 'deux points', la proposition vient illustrer les propos précédents.

Pour être cohésif, ce texte devrait donc être modifié comme suit : *'Cette nuit, le vent a déplacé les dunes. Il soufflait si fort que je ne pouvais pas avancer : le sable pénétrait tous les pores de ma peau.'*

La notion de cohésion renvoie au texte lui-même.

4.4 La compétence pragmatique

Cette compétence fait appel au savoir-faire et au savoir-être plus qu'au savoir en référence à la compétence linguistique. La compétence pragmatique renvoie aux règles d'usage, de type social et culturel, et aux stratégies à mettre en œuvre dans une interaction. Cette compétence sociale est bien connue des enfants plurilingues, particulièrement en Afrique, comme l'illustre l'encadré de la page suivante.

Ce n'est pas tant en classe que l'on peut développer cette compétence que dans les interactions sociales. Jeux de rôles et simulations peuvent aider à l'acquérir ou la renforcer, sans remplacer toutefois la situation authentique de communication.

La compétence pragmatique renvoie aux règles d'usage de type social et culturel.

En Afrique plus qu'ailleurs, le multilinguisme est la norme.

Encadré 24 : A Niamey, dans une cour

J., professeur d'Education physique au lycée français Lafontaine, et moi-même sommes invités par Naimo, enseignant tchadien, chez lui. Naimo parle le sar, l'arabe, le haussa et le français. Il a épousé deux femmes, Atawa du Togo et Adissa du Burkina Faso. Atawa a pour langue maternelle l'ewe, et parle aussi le more, le sar, le zerma, le haussa et le français. Adissa a pour langue maternelle le more, elle parle de plus le haussa et le français et dit se débrouiller en sar et en ewe.

Atawa a un garçon, Kweku. Celui-ci n'a pas encore cinq ans, mais il parle quatre langues et nous montre qu'il a intégré de nombreuses dimensions de la compétence pragmatique :

- Il s'accroche à sa mère pour geindre et demander en ewe la faveur de goûter le premier le plat qu'elle prépare.
- Il reste à distance de la dame qui aide la maisonnée pour lui demander en haussa le récipient dans lequel il recevra sa nourriture.
- Son père l'appelle en français, il arrive aussitôt et lui demande en français de l'autoriser à goûter le mets. S'en suit une interaction sur un acte de parole de refus avec argumentation et connivence dans le jeu et la langue avec son père qui lui accorde finalement ce droit.
- Adissa lui demande en more de rapporter le récipient à la dame chargée de la vaisselle, ce à quoi il acquiesce et répond en more.

A cette époque, fort étonnée d'une telle performance, je fis part de ma surprise à Naimo qui m'expliqua en riant le naturel de la situation. Pour lui et sa famille, il n'y avait là rien d'extraordinaire, tous possédant des compétences diverses dans des langues qui répondaient à différents besoins de communication.

(*Lezouret, expérience personnelle, Niamey, 1986*)

A noter que cette compétence englobe les autres : pour communiquer efficacement, je dois mobiliser savoir, savoir-faire et savoir être. Dans un contexte multilingue, elle touche aux registres interculturels. Elle est particulièrement mise en cause quand les interlocuteurs n'ont pas le même statut.

C'est ainsi que celui qui se sent inférieur pourra commettre des erreurs linguistiques par souci d'hypercorrection : rajout de liaisons, doublement de l'interrogation, rajout dans la syntaxe ou dans le vocabulaire. Ainsi, lorsqu'un de mes collègues ghanéens encouragea à son fils, collégien, à me demander en français l'autorisation d'utiliser un ordinateur, celui-ci, intimidé de devoir s'adresser pour la première fois à une Française, le fit ainsi : « *Pourriez-vous, Madame, nous donner l'obligeance de nous autoriser à utiliser l'ordinateur ?* »

La peur de faire des erreurs mène souvent à une hypercorrection linguistique.

Quant à celui qui se sent trop à l'aise, il pourra commettre, lui aussi, des fautes culturelles plus ou moins graves, selon le degré de tolérance de son interlocuteur, comme ci-après.

Encadré 25 : Visite de l'Ambassadeur de France
Monsieur T., nouveau principal de l'Ecole Normale de S., a une haute idée de son statut et de son savoir-faire en français ; il voudrait faire de l'Ambassadeur son ami. Il choisit la mauvaise stratégie, appelant l'Ambassadeur par son prénom et le tutoyant :
« M., viens, par ici ! Alors, M., que penses-tu de mon projet ? Tu prendras bien une bière ghanéenne ! La bière ghanéenne, c'est bon. »
Confuse, je dois m'expliquer auprès des deux personnages : l'un ne veut pas comprendre et est d'ailleurs certain d'avoir son Excellence '*dans sa poche*' ! Quant à mon supérieur hiérarchique, qui est tolérant, il a bien compris la stratégie de son interlocuteur, déplacée à son goût. (*Lezouret, expérience personnelle, Ghana, 2000*)

Se sentir trop à l'aise dans une langue étrangère peut également mener à des fautes culturelles.

La compétence pragmatique renvoie aux règles d'usage de type social et culturel. Avec la compétence discursive, celles-ci ont intégré la didactique des langues dans une approche interculturelle, d'où la dénomination de plus en plus fréquente de didactique du '*français langue-culture étrangère*'.

Les enfants africains plurilingues possèdent bon nombre de ces compétences langagières relatives à la compétence de communication. Ils savent ce qu'ils peuvent dire, faire (*Austin, 1970*) ou ne pas faire dans telle ou telle langue car ils en ont expérimenté les conséquences par apprentissage social ; ils ont intériorisé nombre de savoirs sur diverses compétences et actes de parole associés. Ils peuvent en parler, les repérer, les analyser et les comparer. Ils peuvent donc aussi demander et découvrir comment on fait telle ou telle chose en français.

Les jeunes Africains ont de nombreuses compétences langagières.

Activités

- De quelles langues suis-je propriétaire ? Dans combien de langues ai-je des compétences ?
- Ai-je les mêmes compétences à communiquer dans chacune de ces langues ?
- Quelles sont les langues que je peux lire ? Celles que je peux écrire ?
- Quelles sont les compétences de mes élèves ? En quelles langues ?
- Leur ai-je demandé ce qu'ils savaient faire dans leurs langues ?

5 Résumé

L'appropriation de la langue étrangère ne peut être pensée seulement en terme de compétence linguistique selon Chomsky (*connaissance intériorisée des règles du fonctionnement de la langue comme structure*).

Pour que chaque élève intègre la LO à son répertoire verbal, les théories du langage, de la communication et de l'information, associées à une pédagogie active, doivent être à l'esprit du professeur de français dans le cadre d'un programme d'enseignement bilingue, respectueux de chaque langue comme langue d'apprentissage et de culture.

6 Concepts clés

Appropriation
Communication
Compétence de communication
Compétence linguistique
Compétence sociolinguistique
Compétence discursive
Compétence pragmatique
Plurilinguisme et compétence de communication

7 Suggestions bibliographiques

Lectures conseillées

Gadet, F. (1989). *Le français ordinaire*. Paris : Colin

Gadet, F. & Pècheux, M. (1981). *La langue introuvable*. Paris : Maspero

Hymes D. & Coste D., collaborateur. (1991). *Vers la compétence de communication*. Paris : Didier

Lectures périphériques

Austin, J. L. & Langshow, J. (1970). *Quand dire c'est faire = How to do things with words*. Paris : Seuil

Chomsky, N. (2001). *Le langage et la pensée*. (trad. L. J. Calvet). Paris : Payot

Piaget, J. (1979). *Théories du langage, théories de l'apprentissage, le débat entre Jean Piaget et Noam Chomsky*. Paris : Seuil

Chapitre 7 Réflexions théoriques sur l'enseignement/apprentissage d'une langue étrangère

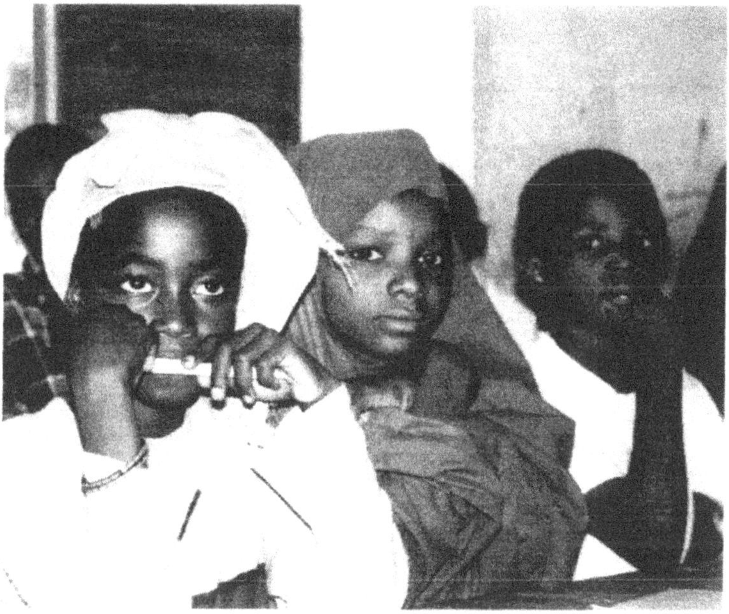

Dans les pays multilingues africains, l'apprentissage de la langue officielle est '*guidé*' par l'enseignant, dans une classe souvent surchargée.

****

Les contenus en bref

- Lecture préliminaire : *Apprendre le français au Ghana*
- L'acquisition un processus inconscient ?
- L'appropriation un processus conscient ?
  - *Qu'est-ce qu'apprendre ?*
  - *Objectifs d'un apprentissage guidé (scolaire)*
  - *Les savoirs déclaratifs*
  - *Les savoirs procéduraux*
  - *Le degré de maîtrise des savoirs*
- Evolution des entrées en didactique
  - *La diffusion du français à l'étranger*
  - *La didactique du français langue étrangère*
  - *Les entrées en didactique de la langue-culture étrangère*

****

La méthode d'apprentissage est décisive pour l'apprentissage des langues étrangères.

1 Lecture préliminaire : Apprendre le français au Ghana
Prié de se prononcer sur la meilleure manière d'apprendre le FLE, voici ce que répond un apprenant ghanéen :
« ... Euh, tout dépend de la méthode d'enseignement ; nous, on n'a pas commencé par la grammaire. On disait n'importe quoi, et dans ce contexte-là, on n'avait pas peur de faire des fautes parce qu'on ne connaissait pas la grammaire. Petit à petit, on disait : '*Non, on ne peut pas dire comme ça, on doit dire comme ça !*' On apprenait la grammaire petit à petit ; et quand on apprend la grammaire sans le savoir, c'est facile ! » (*Lezouret, communication personnelle, Accra, 2003*)

La didactique du FLE suit les évolutions des recherches scientifiques. Les différentes méthodes (*manuels*) sont issues de méthodologies (*théories*), elles-mêmes fruits de la conjonction des théories de l'apprentissage (*psychologie*), de la linguistique (*étude du fonctionnement de la langue orale et écrite*) et de la sociolinguistique (*étude des usages de la langue par ses interlocuteurs dans la communication*), sans omettre les questions culturelles véhiculées par les illustrations et les niveaux de langue.

Cette didactique peut se déployer dans deux contextes très différents, soit dans un pays où l'on parle cette langue (*situation endolingue*), soit dans un pays où la langue parlée est autre (*situation exolingue*).

Dans le chapitre précédent, nous avons souligné que la situation endolingue n'est pas la même pour tous les enfants, notamment en Afrique francophone ; cette situation présente au contraire de fortes disparités selon que les régions sont plus ou moins éloignées de la capitale.

En dépit de telles disparités, la didactique d'une langue étrangère en milieu scolaire ne peut faire l'économie de la distinction fondamentale entre les termes '*acquisition*', '*appropriation*' et '*apprentissage guidé*', termes que nous analysons et commentons dans ce chapitre.

Distinguer l'apprentissage du français en situation endolingue et en situation exolingue.

2 L'acquisition, un processus inconscient ?
Au cours d'une discussion, K., Ghanéen, confie : *« J'ai appris l'anglais et le français à l'école ; à la maison j'ai pris gã. »*. K. emploie les verbes '*apprendre*' et '*prendre*' ; le verbe

En Afrique, le marché permet d'apprendre plusieurs langues dans l'interaction sociale.

'*prendre*' relève de l'acquisition naturelle, sans effort conscient, alors que le verbe '*apprendre*' est associé à l'institution scolaire.

Evoquant la manière dont il avait appris une langue étrangère, un élève-professeur ghanéen exprimait son '*acquisition*' comme suit : « *Non, je ne faisais rien. Il n'y avait aucun effort à faire, sinon parler. J'écoutais, puis je parlais, c'était naturel.* »

On pourrait paraphraser de tels propos comme suit : « *J'ai acquis une ou plusieurs langues sans m'en apercevoir, naturellement, dans l'imitation et l'interaction sociale, avec mes parents, mes grands-parents, les voisins, les visiteurs, au marché ; j'ai appris sans faire d'effort.* »

3 L'appropriation, un processus conscient ?

Pour répondre à cette question, familiarisons-nous tout d'abord avec deux stratégies d'apprentissage d'une langue étrangère.

Ecoutons en premier lieu J., formateur de formateurs au Ghana, nous confier comment il a appris la langue twi : « *Pour le twi, au foot, je criais comme eux pour avoir la balle ; si elle arrivait, ça y est, je savais demander la balle ! Je demandais parfois aux amis de me traduire. C'était moi avec mes amis, c'était ma langue pour jouer avec eux !* »

Dans ce cas, l'apprentissage relève du développement linguistique conscient, de la découverte, de la construction, de l'appropriation d'un savoir-faire. L'appropriation d'une langue étrangère peut être sociale : en ce cas, elle prend place dans l'interaction, comme dans l'exemple ci-dessus ; en milieu scolaire, par contre, elle est le résultat d'un apprentissage guidé.

Qui apprend une langue étrangère définit souvent sa propre stratégie d'apprentissage.

Voyons à présent comment Marianne, Française, qui est allée vivre à Séville et possède quelques rudiments de la langue espagnole, s'y prend pour se perfectionner dans cette langue. Après un mois dans la ville, elle décide de créer son dictionnaire personnel où elle note les éléments de la langue comme elle les entend ou les comprend. En voici un extrait.

Elaborer son dictionnaire personnel fait partie des stratégies d'apprentissage.

Encadré 26 : Exemple d'un dictionnaire personnel pour apprendre une langue égtrangère

A- Agua (nom fém.), «aguacita», «aguita» : L'eau, la vie. Face au soleil.
L'eau, la survie, indispensable. Territoire sec et aride.
« Como el agua », titre de Camaron.
Quartier Santa Cruz, les poètes évoquent deux rues qui se partagent l'entrée d'une placette, un coin frais et fleuri : agua/ vida.

B- Boca (nom fém.) : Bouche
« Hecharse a boca arriba »: Se coucher sur le dos.
« Boca a boca » : Bouche à bouche ?
« Callate la boca » : Tais-toi, ta gueule, ferme-la, selon l'intonation et la situation.

C- Correos : Bureau de poste
«Locutorio», publiphone. Sept centimes la minute vers un fixe en France. Ouvert du lundi au dimanche jusqu'à 22h. Avenida de la Constitución, en face la Cathédrale, porte de gauche.

D- Dios (nom masc.) : Dieu
« ¡ Por Dios ! » : Pardieu !
« ¡ Dios mios ! » : Mon Dieu !

K- Kruis Campo (jeu de mots) : Bière locale, version hollandaise ; joueur de football hollandais.
Certains Sévillans refusent de boire une autre bière que la Cruz Campo. ¡ Sevillano !
Tient son avenue et sa fabrique en montant vers San Pablo.

Les deux stratégies d'apprentissage présentées ci-dessus puisent dans des situations sociales de communication : l'expérience et le ressenti sont aux sources du nouveau savoir-faire. La première est d'ordre affectif, la deuxième, métacognitive, puise dans l'affectif, engendré par l'expatriation.

3.1 Qu'est-ce qu'apprendre ?

Comprendre ce qu'est apprendre permet de guider ses apprentissages.

Les réponses à cette question renvoient, généralement, soit à la modification du comportement (*psychologie comportementaliste*), soit à la modification des connaissances de l'élève (*psychologie cognitiviste*). Pour les comportementalistes, l'apprentissage est la réponse à un stimulus. Pour les cognitivistes, l'apprentissage privilégie la mémoire comme système qui permet l'acquisition de nouvelles informations portant sur l'organisation de l'environnement ou sur les conséquences de ses propres actions sur l'environnement ; c'est la construction des apprentissages.

La psychanalyse nous rappelle qu'apprendre, c'est investir du désir dans un objet ; cet objet est ici la langue d'enseignement, langue coloniale et langue officielle. Une situation d'enseignement est une situation en attente de sens pour celui qui apprend. Ce n'est qu'à la condition d'investir du désir et d'être motivé par cette situation qu'un apprentissage est possible. Pour savoir, il faut avoir envie d'apprendre.

Apprendre, c'est investir du désir dans un objet.

Or, qui peut donner envie d'apprendre le français dans un village où personne ne parle cette langue ? C'est l'enseignant, lui seul et personne d'autre. Il faut donc impérativement qu'il soit un passionné de la langue et un passionné de l'éducation, et qu'il déploie des trésors d'imagination pour motiver ses élèves. Un tel enseignant ne peut adhérer qu'à une définition complexe de l'apprentissage, comme celles données ci-après par Develay, (*1994*) :

- «*Apprendre, c'est trouver du sens dans une situation d'enseignement.*
- *Apprendre, c'est maîtriser une habileté.*
- *Au terme de l'apprentissage, l'apprenant est capable d'une performance nouvelle dont il n'était pas capable au début de l'apprentissage.*
- *Apprendre, c'est savoir, pouvoir faire ou parvenir à être, cette maîtrise n'étant assurée que si elle est transférable à de nouvelles situations.*
- *Apprendre, c'est comprendre pour pouvoir agir dans d'autres circonstances.*
- *Apprendre, c'est créer des ponts cognitifs entre des éléments de savoirs isolés.*
- *L'apprentissage réussi est celui qui établit des ponts avec d'autres éléments de savoirs possédés antérieurement.*
- *Apprendre c'est relier, et non isoler, c'est donc progressivement accéder à une culture qui traduit la cohérence de ces liens.* »

Ces définitions correspondent à celles présentées dans certains guides pédagogiques comme la suivante : « *Le jeune enfant apprend beaucoup mieux dans les situations suivantes :*

- *Quand il comprend ce qu'il fait ;*
- *Quand il aime ce qu'il fait ;*
- *Quand on l'aide à bien comprendre ce qu'il doit apprendre ;*

L'enfant apprend mieux quand il comprend ce qu'il fait.

L'enfant apprend mieux s'il sait qu'il peut prendre des risques et faire des erreurs sans pour autant être puni.

- *Quand il se trouve dans un climat propice à l'apprentissage dénué de crainte ;*
- *Quand il est périodiquement invité à apprendre, soit avec son voisin, soit en petits groupes, et pas seulement sous la direction incessante du maître.* »

(*Introduction du guide du maître de CP pour lire et écrire en langue sar, Ministère de l'Education tchadien, 2005*).

Le résumé que fait Évelyne Charmeux des principales conceptions de l'apprentissage et que nous reproduisons ci-après (*pp. 38-39*) est une aide précieuse pour s'orienter dans les conceptions de l'apprentissage et être ainsi mieux en mesure d'en tirer des enseignements pour le traitement du français.

3.2 Objectifs d'un apprentissage guidé (scolaire)

Demandons-nous à présent quels sont les objectifs d'un apprentissage guidé tel qu'il se produit en classe ; ceux-ci peuvent être définis par les différents types des savoirs et les degrés de maîtrise de ces savoirs (*Galisson & Puren, 1999*). Considérons tout d'abord les différents types de savoirs et distinguons entre

- les savoirs ;
- les savoir-faire ;
- les savoir-être ;
- les savoir-apprendre, tenant compte des cultures et styles d'apprentissage, lesquels ne sont pas forcément en rapport avec l'écrit dans la tradition et les habitus.

Les savoirs déclaratifs

Il s'agit de ceux qui doivent être mémorisés pour être restitués comme les suivants :

- Réciter une poésie ;
- Réciter une règle de grammaire ;
- Réciter les tables de multiplication ;
- Citer les dates de l'Histoire, etc.

Font également partie des savoirs déclaratifs à remettre en mémoire pour accomplir une tâche les savoirs suivants :

- Mobiliser une règle pour corriger une phrase ;
- Retrouver un évènement historique pour expliquer les actions des personnages d'un récit ;
- Réciter à nouveau une table pour trouver le résultat d'une multiplication, etc.

Les savoirs déclaratifs sont mémorisés pour être restitués.

Les savoir-faire procéduraux
Ce n'est plus une connaissance à déclarer qui est demandée ici à l'élève, mais une capacité à penser, une capacité à faire des choses. L'apprenant doit être capable de mobiliser plusieurs actions définies pour accomplir la tâche ; en ce sens, il fera des inférences et autres opérations mentales inconscientes à partir de ce qu'il sait déjà faire, en langue étrangère ou en langue locale. En contexte multilingue, les erreurs de savoir-faire seront révélatrices de la complexification des compétences langagières, par exemple :

- Appliquer une règle de dérivation pour créer un nouveau mot ;
- Généraliser une règle ;
- Construire une règle transitoire.

Les savoirs procéduraux se réfèrent à la capacité de faire des choses.

Les savoir-être
Dans le cas de l'Afrique francophone, les représentations de la langue officielle, de son utilité dans la communauté, de son statut par rapport aux autres langues en présence dans et hors de la classe vont motiver des attitudes engendrant des conduites favorables ou non à son apprentissage.

Les savoir-apprendre
A cette taxonomie, Galisson & Puren (*1999*) ajoutent le savoir-apprendre qui nous semble être la clé du système enseignement/apprentissage en un contexte donné. Les styles d'apprentissage sont ancrés dans des cultures parfois éloignées de l'écrit sur lequel se fait justement très souvent l'entrée dans l'apprentissage de la LO. L'enseignant en contexte pourra se poser la question cruciale : comment enseigner pour apprendre à apprendre ou, pour reprendre Philippe Mérieu (*1987*) : *Apprendre oui, mais comment ?*

Comment faut-il enseigner pour apprendre à apprendre ?

3.3 Les degrés de maîtrise des savoirs
Chaque enseignant a une représentation précise des capacités attendues correspondant à différents types de savoirs et différentes activités mentales d'apprentissage.

Les aspects cognitifs de l'apprentissage ont fait l'objet de nombreuses classifications dont la plus célèbre et la plus contestée est la taxonomie de Bloom : connaissance, compréhension, application, analyse, synthèse, évaluation. Galisson & Puren en proposent quatre. (*Se reporter à l'encadré 28*)

Encadré 27 : Apprendre, quelles conceptions ?
Celles-ci dépendent de la définition que l'on donne au verbe '*apprendre*' !
(*Source : (http://perso.orange.fr/avecEvelineCharmeux/index.htm*)

Apprendre c'est...	**imiter un modèle...**	**écouter un discours...**	**faire...**	**se laisser faire...**	**construire son savoir...**
Point de départ du processus	Un modèle = le résultat idéal à imiter	Un exposé magistral	Le besoin spontané jaillit d'une situation „vraie".	Des micro-exercices très simplifiés, faciles à réussir	Un problème à résoudre posé par la réalisation d'un projet où l'élève est impliqué.
Etapes du processus	Imitation réajustée jusqu'à la perfection, répétitions, révisions	Contrôle de la compréhension, mémorisation, puis application	Recherche par tâtonnements, erreurs, réajustements	Acquisition linéaire de chaque élément à apprendre, renforcement affectif par les réussites	Démarche scientifique: dialectique '*libération/ structuration*'
Types de relation M/E et E/E	Admiration devant la compétence du Maître ou obéissance par crainte de son pouvoir	Conviction et adhésion intellectuelle au prestige du Maître ou par obéissance, par crainte de son pouvoir	Implication personnelle, socialisation par affinités	Dialogue solitaire avec un outil, des consignes ou une machine	Médiation du groupe dans la recherche de stratégies ; enseignant = personne-ressource parmi d'autres
Activité de l'élève	Montage d'habitudes, activités stéréotypées	Connaissance théorique, mémorisation	Tâtonnements plus ou moins expérimentaux, débrouillardise	Intégration solitaire et immédiate d'un comportement quasi réflexe	Mise en oeuvre collective de savoirs-déjà-là, résolution de problèmes, conceptualisation, documentation, entraînement
Type de pédagogie et cadre théorique	Type transmissif	Type transmissif	Type incitatif (*Rousseau, Freinet, Decroly, Makarenko*)	Type conditionnant (*Pavlov, Behaviorisme Watson Skinner*)	Type constructiviste (*Piaget et son école Brunner Vygotsky, etc.*)

Analyse et théorisation des résultats

	Type transmittif		Type incitatif	Type conditionnant	Type constructiviste
Apprendre c'est...	**... imiter un modèle**	**... écouter un discours**	**... faire**	**... se laisser faire**	**... construire son savoir**
Résultat effectif	L'élève peut faire comme on lui a montré.	L'élève sait expliquer ce qu'il faut faire et comment il faut le faire.	L'élève a trouvé lui-même ou en groupe sa solution.	L'élève répond de façon réflexe aux situations comme à des stimuli.	L'élève est capable de choisir et adapter sa solution aux situations rencontrées.
Avantages	Résultats rapides, sécurisation des élèves et des maîtres, tout le monde peut au moins essayer.	Contrôles faciles, récitation pour certains seulement, rapidité	Implication de l'élève et motivation ; satisfaction d'avoir trouvé soi-même	Facilité, pas d'efforts, pas de jugements de valeur, modernisme et technicité	Pas de mise à l'écart, adhésion et motivation de tous
Inconvénients	L'imitation n'est pas toujours facile, il faut adhérer au modèle.	Mise à l'écart de ceux qui ne comprennent pas la pratique, ne suit pas forcément la compréhension	Tout le monde ne trouve pas, la théorisation reste faible ; peu de remises en question, d'où blocages affectifs	Irresponsabilité, conditionnement, d'où illusion de l'autonomie	Les résultats ne se voient pas tout de suite, au contraire.
Effets à long terme	Oubli dès que la répétition cesse ; transfert et adaptabilité quasi nuls ; pas d'acquis véritables	La connaissance reste théorique et peu disponible en situations variées.	Trouvaille solide mais peu d'adaptabilité ; solution qui reste approximative faute de théorisation	Acquis non adaptable difficilement perfectibles ; pas de théorisation ; pas de maîtrise réelle	Solution théorisée, d'où transferts possibles ; maîtrise ouverte et effective

Lezouret & Chatry-Komarek, L'Harmattan, 2007

Examinez les degrés de maîtrise des savoirs proposés par Galisson & Puren.

Encadré 28 : Degrés de maîtrise des savoirs (Galisson/Puren)

Degrés de maîtrise	**Exercices proposés**	**Type de savoir mobilisé**	**Activité mentale d'apprentissage sollicitée**
Mémorisation	Apprendre par coeur	Savoirs de type déclaratifs	Répétition-reproduction
Compréhension	Exercices d'application	Savoir-faire/ utilisation consciente de savoirs de type procéduraux	Conceptualisation-application
Automatisation	Exercices structuraux Exercices à trous	Utilisation inconsciente de savoirs de type procéduraux	Stimulation réponse
Assimilation	Interactions et exercices de création avec prise de risque autorisée	Savoirs/ savoir-faire/ savoir-être/ savoir apprendre	Réutilisation-production

Le niveau 4 est celui de l'appropriation de la langue; il ne sera atteint que progressivement, au prix d'une exposition systématique, régulière et prolongée à la langue-cible.

Les enseignants savent par expérience que ces quatre degrés de maîtrise constituent des passages obligés pour l'apprentissage de nouvelles formes linguistiques. Ils jonglent constamment avec ces quatre niveaux qui font appel à des activités mentales, lesquelles vont mobiliser toutes les opérations du développement de l'enfant, favoriser sa flexibilité cognitive ou, s'ils ne le font pas, enfermer l'élève dans des routines qui ne lui offrent pas la possibilité de mettre à l'œuvre toutes ses capacités d'être apprenant.

Les quatre degrés de maîtrise sont des passages obligés pour apprendre de nouvelles formes linguistiques.

Le type de formation, initiale et continue, les supports utilisés, le manuel et son guide, le niveau d'appropriation de la langue vont donner à l'enseignant une liberté plus ou moins grande dans ses possibilités d'analyse de la situation didactique, une liberté de gestion plus ou moins différenciée des méthodes d'apprentissage.

Activités

- Quelles langues ai-je acquises naturellement sans effort ? Quelles langues ai-je apprises consciemment ?
- Quelles langues ai-je apprises dans les interactions sociales ? Quelles langues ai-je apprises à l'école ?
- En quelles langues suis-je capable d'écrire mon histoire personnelle ?
- Pour moi, qu'est-ce qu'enseigner le français ? Que doivent faire les enfants pour apprendre le français ?
- Comment ont-ils l'habitude d'apprendre ? Est-ce que je sais enseigner pour leur faire apprendre ?
- Quels niveaux de maîtrise ai-je l'habitude de solliciter chez eux ?

Il revient à l'enseignant de bien analyser la situation didactique pour faire les choix pédagogiques pertinents pour l'enseignement du français en contexte multilingue.

4 Evolution des '*entrées*' en didactique du FLE

Pour mieux comprendre ces entrées en didactique, considérons d'abord la diffusion du français à l'étranger dans le passé.

4.1 La diffusion du français à l'étranger

En Europe, entre le XVIème et le XVIIIème siècle, la France a joué un rôle instigateur dans la diffusion du français. Le XVIIIème siècle finit en apothéose, les idées des philosophes humanistes se répandant dans toutes les cours d'Europe.

La politique de Napoléon est un échec, le XIXème siècle commence mal. Les idées révolutionnaires favorisent l'émergence des langues nationales. Tout au long de ce siècle, à la période des maîtres, précepteurs et autodidactes, succède l'idée de l'exigence d'une école en adéquation avec une société en pleine mutation (*industrialisation, capitalisme*). Pour les conservateurs, l'école est le moyen de préserver une culture bourgeoise, une arme pour contrôler l'ordre social après la Révolution et la Déclaration des droits de l'Homme. Pour les progressistes, l'Education est le moyen d'émanciper les couches sociales les plus défavorisées, le moyen de construire une société plus équilibrée et plus juste.

C'est la Troisième République qui instituera l'école obligatoire et gratuite dans une France encore multilingue : de nombreux écoliers apprendront le français à l'école de Jules Ferry (*1880*). Parallèlement, l'expansion coloniale, initiée depuis Louis XIV, connaît heurts et malheurs, notamment en Amérique du Nord. La défaite à Sedan devant la puissance prussienne, l'écroulement de l'Empire ajoutés à l'expansion industrielle économique et coloniale de l'Angleterre et à la croissance de l'Allemagne entraînent une diffusion considé-

La troisième République institue l'école laïque, obligatoire et gratuite.

La troisième République élargit le domaine du français aux cinq continents.

rable de l'anglais et de l'allemand aux dépens du français. La troisième République redonne un essor à la France avec une politique coloniale qui élargit le domaine du français aux cinq continents et esquisse ainsi les assises d'un nouvel espace qualifié par le géographe Onésime Reclus (*1880*) de '*francophonie*'. Dans les colonies, la création d'associations publiques ou caritatives vient suppléer la propagande coloniale et créer un réseau dont le dénominateur commun sera la langue : le français (*Spaëth, 1998*), médium politique de l'unité de l'entreprise coloniale. L'Alliance Française en est la plus connue.

La deuxième guerre mondiale (*1939-1945*) met fin au messianisme français « *d'un pays éclairant le monde, lui montrant la voie en lui disant, en français, le juste* » (*Coste, 1998*). La création en 1945, au sein du ministère des Affaires étrangères, d'une direction des affaires culturelles suivie, très rapidement, de la direction des affaires culturelles scientifiques et techniques, va autoriser la gestion d'un vaste dispositif (*Alliance Française, centres culturels, instituts, écoles et lycées français*) pour la diffusion du français et du savoir-faire français. Ceci prend place dans le cadre de la coopération linguistique et technique et du développement dans le monde, notamment au sortir des Indépendances et de la très douloureuse guerre d'Algérie, dans les pays dits du '*champ*', correspondant aux anciennes colonies. Le lien fort, établi par l'ancien pays colonisateur, va orienter la politique et les politiques linguistiques de la plupart de ces pays, avec des fluctuations pour Madagascar et la Guinée Conakry. Le français reste langue officielle et langue de scolarisation.

Les nouvelles techniques de reproduction du son et de l'image ont marqué la didactique du FLE.

Peu à peu, la diffusion du français va utiliser les voies techniques et technologiques de communication : radio, télévision, messagerie instantanée, visio conférences, visiophonie ; ces techniques de reproduction du son et de l'image en différé ou en instantané vont intégrer peu à peu la didactique du FLE.

4.2 La didactique du FLE

La LO n'est ni LM, ni langue seconde pour tous les élèves africains.

Nous l'avons souligné, depuis les Indépendances, la LO, langue de scolarisation, langue de distinction (*Bourdieu*), n'est ni LM, ni langue seconde pour tous les élèves ; elle reste une langue étrangère à de nombreux apprenants qui la rencontrent seulement à l'école. Nous l'examinons dans cet ouvrage dans le cadre de programmes d'enseignement bilingue additifs.

Encadré 29 : Les débuts de l'Alliance Française

« L'Etat, qui est loin d'avoir accompli en France le programme scolaire qu'il s'est imposé, se trouve dans l'obligation absolue de recourir dans ses colonies à l'initiative privée et plus encore aux bons offices d'institutions telles que l'Alliance Française ou des congrégations religieuses pour remédier aux insuffisances et aux défectuosités de l'enseignement officiel.

Il importe d'insister un peu plus sur la belle œuvre d'initiative privée qui s'appelle l'Alliance Française, fondée le 1er juillet 1883 pour la propagation de la langue française dans les colonies et à l'étranger, organisée dès le début de l'année 1884 et reconnue d'utilité publique en 1886 [...]. Ainsi, dans les colonies, l'Alliance Française est la collaboratrice de l'Etat français, qui est assuré de trouver chez elle le complément de ressources indispensables [...]. Elle a fait sienne le programme que dès 1885 lui traçait Victor Duruy : « *Si l'épée soumet les corps, si la charrue enrichit les peuples, c'est le livre qui conquiert les âmes !* ». Derrière chaque régiment, il faut un instituteur, auprès de chaque fort une école pour préparer : à nos négociants, des agents qui puissent les aider, à notre administration des interprètes qui servent de lien avec les Indigènes, à nos troupes des éclaireurs qui assurent leur marche en pénétrant devant elles dans le pays ennemi [...]. Quand les Indigènes apprennent notre langue, ce sont nos idées de justice qui entrent peu à peu dans leurs esprits ; ce sont des marchés qui s'ouvrent pour notre industrie, c'est la civilisation qui arrive et qui transforme la barbarie. »

(*Extrait de l'introduction pour la commission chargée de préparer la participation du Ministère des colonies à l'Exposition Universelle de 1900*)

L'Alliance Française a été fondée en 1883.

La didactique du FLE est définie par un ensemble de moyens, techniques et procédés qui permettent l'appropriation par les apprenants d'éléments nouveaux de tous ordres, parmi lesquels, il faut distinguer :

- les compétences linguistiques ;
- les compétences communicatives ;
- une manière d'être et des comportements culturels.

Malgré le flou terminologique de l'adjectif '*étranger*', la didactique du FLE en tant qu'objet scientifique trouve ses racines dans l'élaboration du '*français fondamental*' (1954) dont une version pour l'Afrique paraît en 1974 (*Se reporter à l'encadré 30 ci-après*). En 1958, Gougheneim et Rivenc créent le Centre de Recherche et d'Etude pour la diffusion du français. (*CREDIF*) au sein de l'Ecole Normale de Saint Cloud. La même

La didactique du FLE en tant qu'objet scientifique trouve ses racines dans l'élaboration du français fondamental (1954)

Le Dictionnaire du français fondamental pour l'Afrique de J. Davi est paru en 1974.

Encadré 30 : A propos du Dictionnaire du français fondamental pour l'Afrique, de J. David (*1974, Didier, Paris*)

« Le Dictionnaire du Français Fondamental pour l'Afrique » est un dictionnaire de langue dont la visée est essentiellement didactique. L'auteur ne cherche pas à rendre compte de la totalité du lexique mais plutôt d'un vocabulaire fondamental à l'usage d'une communauté linguistique précise. L'ouvrage se fonde sur les méthodes d'analyse de la linguistique moderne qui ont déterminé tant la délimitation du vocabulaire analysé que la méthode de description des unités lexicales. En effet, J. David, suivant la voie tracée par le célèbre linguiste Georges Gougenheim, détermine les unités lexicales qu'il intègre dans son dictionnaire sur le critère de fréquence d'occurrence des unités. Toutefois l'originalité de J. David réside dans le fait qu'il a adapté avec bonheur l'ouvrage de G. Gougenheim au contexte particulier de l'Afrique. J. David tient compte des réalités spécifiquement africaines en intégrant certaines unités lexicales qui font partie de ce que l'auteur a défini comme le « Français fondamental pour l'Afrique ». A ce titre, le dictionnaire est une heureuse réalisation puisque jusqu'à ce jour aucun dictionnaire n'avait tenu compte des besoins particuliers du public africain. J. David intègre des termes aussi variés que des noms de plante (*hévéa*), de légumes (*igname, gombo*) et des termes de la réalité quotidienne (*harmattan, coupe-coupe, boubou, etc.*). Partant du fait qu'une langue est avant tout un moyen de communication, J. David rend compte de l'usage de la langue non par des citations d'écrivains mais par des énoncés représentatifs de la formulation usuelle d'un locuteur. Cette référence à l'usage contemporain en Afrique amène l'auteur à noter des significations contextuelles de telle ou telle unité lexicale. Ainsi, pour le terme « *charlatan* », l'auteur supprime les connotations péjoratives spécifiquement européennes (« *celui qui exploite la crédulité du public* ») pour ne conserver que la signification particulière que ce terme acquiert en Afrique (« *médecin indigène plus ou moins honnête qui utilise la médecine traditionnelle* »).

Si donc l'originalité de cet ouvrage est assurée par le choix d'un lexique représentatif, il faut noter toutefois certaines lacunes. De façon étonnante, le terme « *hivernage* » n'est pas consigné dans ce dictionnaire alors que le terme « *hiver* » est cité. D'autre part, une place importante est accordée au français parlé : ceci apparaît dans la notation systématique de la prononciation d'après l'alphabet phonétique international. C'est donc à la réalité d'une langue vivante que s'attache J. David. A ce titre, il supprime également toute indication

On y trouve le terme '*hiver*', mais pas le terme '*hivernage*'.

étymologique. La conception de ce dictionnaire est essentiellement synchronique. De plus, J. David est conduit à inclure dans son dictionnaire des mots grammaticaux et leurs emplois spécifiques, afin de permettre aux élèves africains, à qui cet ouvrage est destiné, de mieux manier la langue française.

Une lacune d'importance : l'absence de synonymes et d'antonymes qui éclaireraient la signification des termes dans des contextes particuliers.

Toutefois, sur le plan de la description sémantique, il faut regretter que l'emploi de chaque terme ne soit pas suivi systématiquement d'une liste de synonymes et d'antonymes, éclairant sa signification particulière, dans tel ou tel contexte.

Si donc ce dictionnaire répond aux besoins réels d'une communauté linguistique particulière, il faut tout de même noter l'insuffisance de certaines définitions. J. David ne tire pas parti de toutes les observations faites par les lexicologies concernant le recours à la synonymie dans la définition des mots. Il est regrettable que nombre de définitions soient circulaires, comme la définition des mots suivants : *poids : ce que quelque chose pèse ; peser : avoir comme poids ; pointu : qui pique, qui a une pointe ; piquer : faire entrer un objet pointu dans la peau ; pointe : bout d'un outil, d'une arme qui pique, ou ce qui y ressemble.*

Ces définitions sont illusoires et ne peuvent satisfaire un lecteur qui ne connaît pas le sens d'un mot. Il faut ajouter que J. David n'intègre pas les africanismes qui ont fait ces dernières années l'objet d'une vaste enquête. Il se limite à l'essentiel, mais jette les bases d'un travail qui sera repris et approfondi. Le principal mérite de son dictionnaire, c'est la référence à « *l'environnement socio-culturel africain* », à « *l'expérience de l'élève africain* ».

En octobre 1974, une table-ronde, convoquée à Abidjan par les soins de l'AUPELF, s'est longuement penchée sur le problème de l'élaboration d'un « *Dictionnaire du Français d'Afrique* » qui devra être partie intégrante du « *Dictionnaire du Français Universel* ». Allant dans le même sens que J. David, les participants ont estimé que « *les créations lexicales des communautés linguistiques francophones en Afrique constituent un précieux enrichissement du patrimoine linguistique et culturel, non seulement interafricain mais aussi international* », que « *ces créations correspondent à une nécessité d'adaptation au milieu naturel et humain spécifiquement africain* ».

Un organisme a été créé qui devra mener cette tâche à bonne fin. C'est dire que J. David a fait œuvre d'initiateur et que son dictionnaire s'insère dans une vaste entreprise de rénovation pédagogique en Afrique.

J. David a fait œuvre d'initiateur.

(*Mohamadou Kane, Ethiopiques numéro 03, revue socialiste de culture négro-africaine, juillet 1975*) année, le Bureau d'Etude et de Liaison (*BEL*) voit le jour, suivi très rapidement du Centre de Linguistique Appliquée (*CLA*) à Besançon.

Il existe aujourd'hui de nombreux instituts de recherche et de diffusion du français dans le monde.

La création en 1960 de la revue *Le français dans le monde* accompagne des initiatives éditoriales, d'abord dans la publication des commandes officielles, puis celle de revues spécialisées et collections, dirigées par les premiers chercheurs de la discipline. Les acteurs organisent leurs associations (*Société internationale pour l'histoire du français langue étrangère ou seconde, SHIFLES*) ; l'association de didactique du FLE (*ASDIFLE*) anime la réflexion et la pratique du FLE.

La création, aux débuts des années 1980, de diplômes nationaux, comme le Diplôme Elémentaire de Langue Française (*DELF*) et le Diplôme Approfondi de Langue Française (*DALF*), et celle d'une filière universitaire (*licence/mention FLE, maîtrise, DEA, DESS, doctorat*), vont parachever l'institutionnalisation de la discipline aux dépens des institutions sources, le CREDIF et le BEL. Mentionnons ici une filière plus ancienne (*1920*), l'Ecole Supérieure de Préparation des Professeurs de Français à l'Etranger (*ESPPFE*), qui perdura jusqu'en 1980.

Parallèlement, l'affirmation du français dans le monde s'opère grâce au développement d'institutions de la Francophonie telles que l'association des universités partiellement ou entièrement francophones (*AUPELF, 1961*), la fédération internationale des professeurs de français qui coordonne les associations nationales (*FIPF, 1969*) et l'Agence de Coopération Culturelle et Technique, (*ACCT, 1970*). Ainsi se tisse un réseau international qui favorise l'enseignement du français et les mouvements d'étudiants et de chercheurs. La francophonie s'affirme aussi au niveau politique, avec les sommets francophones réunissant les gouvernements « *ayant le français en partage* » (*François Mitterand, 1984*).

La francophonie réunit les gouvernements „*ayant le français en partage*" (Mitterand, 1984)

Longtemps enseignée comme la didactique de la LM, notamment dans les colonies, la didactique du FLE s'est peu à peu dégagée de la pédagogie pure pour intégrer les apports de la linguistique, de la psychologie de l'apprentissage, des théories de l'information et des théories de la communication. C'est ainsi que, depuis la seconde guerre mondiale, la didactique du FLE a évolué selon trois étapes comme suit.

- la linguistique appliquée associée au behaviorisme ;
- les théories de la communication et le constructivisme piagetien ;
- la sociolinguistique et la pragmatique du langage associées aux théories de la cognition.

Petit à petit, la prise en compte du contexte didactique a vu l'élaboration de méthodes spécifiques au contexte (*Egypte, Syrie, Jordanie, Vietnam, Ghana, etc.*) ainsi qu'un certain éclectisme dès lors que l'on s'éloigne du matériel construit coûteux (*méthode*) vers un matériel plus authentique et une activité plus importante de la part de l'apprenant.

Depuis la seconde guerre mondiale, la didactique du FLE a évolué en trois étapes.

4.3 Les entrées en didactique de la langue-culture étrangère

La question de l'entrée dans l'apprentissage de la LO pose de nombreux problèmes aux écoliers africains. Cet enseignement les plonge non seulement dans une autre langue, mais aussi dans une autre culture, et ceci très souvent par le biais violent de l'écrit. Est-ce l'apprentissage d'une langue morte comme le grec ou le latin ? Peut-on lire une langue sans assise langagière suffisante pour mesurer l'écart entre la langue parlée dans divers environnements socio-culturels dont celui du pays et une langue écrite normée ? Voyons à présent les principales entrées en didactique des langues-cultures étrangères.

La grammaire/méthodologie traditionnelle

Cette entrée existe depuis l'Antiquité ; le rôle du maître y est central. Il s'agit d'imiter un code linguistique, si possible celui de textes littéraires. La '*belle langue*' est souvent associée à la méthodologie traditionnelle ou à la grammaire-traduction. En dehors des recueils de textes, les principaux outils d'enseignement sont la grammaire et le dictionnaire bilingue. Quant aux étapes d'une leçon, elles se présentent comme suit :

La '*belle langue*' est souvent associée à la méthodologie traditionnelle.

- lecture du texte ;
- explication des mots difficiles et des principales règles de grammaire, généralement avec recours à la langue de l'apprenant ;
- traduction ;
- exercices ;
- thème d'imitation avec retour sur la langue apprise.

Il s'agit là de la pédagogie du modèle ; lecture, version et thème se font sous l'autorité de l'enseignant, au début à

Quand les enfants doivent apprendre une langue vivante par le seul biais de l'écrit...

partir de phrases isolées qui contiennent la forme grammaticale à étudier, pour déboucher sur l'étude de textes d'auteurs. Comprendre et traduire sont les tâches qui sont demandées à l'apprenant.

La fin du XIXeme siècle voit l'Europe en mouvement avec de nouveaux courants de pensée en relation avec de nouveaux besoins. Ainsi, la philologie va évoluer vers l'apprentissage de langues vivantes. A la primauté de l'écrit va succéder une pédagogie de l'oral pour que l'apprentissage d'une langue serve à réaliser des actions cohérentes (*Martinez, 1998*).

Le lexique/méthodologie directe

L'oral et le lexique sont à la base de la méthodologie directe. Au lieu de parler de la langue, il s'agit de faire parler la langue à partir d'un nouveau concept tourné vers l'apprenant et inspiré de la didactique de la LM : les centres d'intérêts. Les intitulés des leçons ne sont plus, comme dans la méthodologie traditionnelle, l'article, le nom et le verbe, mais bien plutôt la classe, l'école et la maison, pour arriver à des thèmes plus abstraits, comme les goûts. Il ne s'agit pas de recourir à la traduction mais plutôt d'apprendre d'abord à parler en parlant, l'écrit étant pris en considération dans une deuxième étape.

Dans la méthodologie directe, les supports sont les éléments visuels de l'environnement proche.

Les supports sont les éléments visuels de l'environnement proche ; on introduit ensuite les objets, des planches illustrées autour de thèmes extérieurs à l'environnement proche, au village, à la campagne, au marché. Les textes écrits fabriqués en classe sont introduits par la suite.

Cette méthodologie a pour objectif de mobiliser plusieurs activités mentales pour comprendre : deviner, imiter, répéter, mémoriser et assimiler. Elle introduit la méthode interrogative avec un jeu de questions-réponses qui peut circuler de manière

Encadré 31 : Classe de FLE au Ghana en première année de collège

A., maître-formateur, fait une leçon devant ses stagiaires. Au début de la séance, les pupitres sont disposés en demi-cercle face au tableau en un temps minimum et dans un silence impressionnant. Le professeur écrit alors l'intitulé de la leçon : *« Quelle heure est-il ? »*

Il dispose d'une horloge préfabriquée suffisamment grosse, avec des numéros et des aiguilles de couleurs différentes. Il dispose aussi d'un bâton relais qui lui permet de désigner l'élève interrogé. Après une révision par les élèves des expressions : la demi-heure, le quart, moins le quart, le relais est distribué d'élève à élève, qui changent à chaque interrogation les aiguilles de la montre. S'en suit un ballet entre les tables et le tableau dans lequel le maître n'intervient que très rarement : l'élève qui interroge doit être capable de corriger l'interrogé, sinon il demande au maître. Au cours de cette séance d'imprégnation, la phase répétition est bien orchestrée et permet aux nombreux élèves de prendre tous la parole. La classe est active, vivante et cela se perçoit bien dans les yeux des adolescents.

(*Lezouret, observation personnelle, 2001*)

verticale (*maître-élève*) ou horizontale (*élève-élève*). La nécessité de rendre la classe de langue vivante bien vivante permet de retrouver les traces de cette méthodologie au cours de nombreuses observations de classe, comme nous pouvons le voir dans l'encadré reproduit ci-dessus.

La méthode directe a le mérite d'animer les classes de FLE.

La méthode directe a eu le mérite d'animer les classes et de faire réfléchir les enseignants et les cadres de l'Education sur l'approche globalisante et dynamique de l'apprentissage, comme indiqué clairement dans l'Instruction Officielle du 13 septembre 1890 : *« La première chose à donner aux élèves, ce sont les éléments de la langue. [...]La seule règle à observer c'est de ne prendre que les mots concrets répondant à des objets que l'élève a sous les yeux ou qu'il ait vus ou qu'il puisse replacer aisément dans son imagination [...] »*. Sa faiblesse réside dans la progression ; de plus, dans le cadre de l'enseignement/apprentissage du français à l'étranger, se pose la question du contexte culturel à traiter après avoir épuisé l'environnement direct. C'est ce point délicat qu'évoque un professeur de français ghanéen en formation (*2001*) :

Quel contexte culturel traiter une fois que la classe a épuisé l'environnement direct ?

« *Moi je trouve la langue française un peu difficile à apprendre parce que j'apprends / je ne sais pas, comme en espace / il y a beaucoup de vocabulaire que j'écoute mais je ne vois pas ; j'écoute le nom de beaucoup de choses, je prononce mais je ne vois pas.* »

La culture/méthodologie active

Le texte romanesque va devenir le support idéal à la didactique de la langue étrangère.

Après les années 1920, l'objectif culturel devient une préoccupation majeure dès le début de l'apprentissage. La conception de la culture est alors assimilée aux arts et à la littérature. Le texte romanesque sera le support '*idéal*' à la didactique de la langue étrangère : lexique, grammaire, cadres spatio-temporels et culturels. Empruntée à la didactique de la LM, l'explication de texte est le principe majeur de cette approche : lire, repérer, raconter, analyser, interpréter, réagir et transposer sont les tâches qui, dans la lignée de la méthode active, auraient pu être l'objet de relations transversales dans la classe.

Très rapidement et dans de nombreux pays, l'approche culturelle replace le maître au centre du dispositif dans une relation magistrale, avec des dérives vers la méthode traditionnelle, l'enseignement de la littérature servant alors surtout de support à l'enseignement de la grammaire. Les interprétations du maître sont apprises par cœur pour l'évaluation.

La communication/méthodologie audiovisuelle/approche communicative

Au cours du vingtième siècle, avec la multiplication des moyens de déplacements, les conflits mondiaux et régionaux, les besoins langagiers sont ceux de la communication. Les recherches en linguistique et en psychologie de l'apprentissage, associées à l'émergence des technologies de communication, vont faire évoluer la didactique des langues.

La méthode audio orale est basée sur l'oral et la mise en situation, elle fait l'objet d'une progression et d'un dispositif de présentation. La grammaire et le vocabulaire ne sont pas introduits au hasard. Lecture et écriture interviennent ultérieurement. Situation et structure linguistique sont au centre de cette méthodologie fondée sur deux bases : la linguistique structurale et la psychologie béhavioriste ou comportementale. Elle s'appuie sur la technologie, en particulier sur le magnétophone et le laboratoire de langue. Les exercices d'écoute et de répétition et les exercices structuraux doivent permettre une imprégnation permettant le réemploi ultérieur.

De nos jours, les besoins langagiers sont ceux de la communication.

La méthodologie audio orale est basée sur l'oral et sur la mise en situation.

Vers les années cinquante, les critiques s'élèvent contre une méthodologie qui s'est appauvrie, rejetée par les apprenants lassés de la pratique d'exercices fastidieux et coupés de la réalité. Les technologies de reproduction de l'image et du son entrent dans la classe. Elaborées entre 1950 et 1970, les méthodologies audiovisuelles sont le résultat de deux courants de recherche, l'un aux Etats-Unis, l'autre en France. Les activités se construisent autour de l'association de l'image et du son. Les contenus linguistiques suivent une progression.

En France, la description de la langue se fera à partir de l'élaboration du Français fondamental (*1954*), fruit de nombreuses enquêtes auprès d'un échantillon représentatif de locuteurs. La liste du lexique et de la grammaire recueillie est établie sur la fréquence d'apparition, la répartition dans le corpus et la disponibilité (*mot important ou non pour un thème donné*). Ces travaux menés par Rivenc P., associés à la méthode de correction phonétique de Guberina P. à Zagreb, aboutiront à l'élaboration de la méthodologie structuro-globale audiovisuelle (*SGAV*) dont voici les fondements :

- linguistique structurale de la parole (*Bally C.*) ;
- primauté de l'oral ;
- forte utilisation des moyens audiovisuels ;
- exercices structuraux ;
- conception globale de la communication au sein d'une pratique sociale.

Dans les deux cas, le déroulement de la leçon obéit à une même organisation :

- La *présentation* du nouveau contenu s'opère dans une situation de communication à l'aide de supports alliant texte, image et son. L'apprenant doit être en éveil.
- L'*explication* vise l'accès au sens. Le professeur est à l'œuvre : il vérifie la compréhension globale pour diriger les apprenants vers une analyse plus fine, phonétique, morphologique, lexicale ou syntaxique, qui prend du sens dans la situation de communication choisie. En général, la traduction est exclue : pour des raisons d'apprentissage, la langue de l'apprenant est évacuée dans la relation didactique. C'est la phase de prise de conscience des faits langagiers rencontrés et que l'apprenant s'appropriera au cours des phases suivantes.

Le déroulement de la leçon suit une certaine organisation.

La correction phonétique vise à la production de formes acceptables pour la communication.

- La phase de *répétition/mémorisation* permet de fixer et retenir les éléments expliqués au cours des différents exercices : apprentissage par cœur, répétition dans le cours et au laboratoire de langues, dramatisation ; la correction phonétique vise à la production de formes acceptables pour la communication.
- L'*exploitation* a pour objectif la systématisation des faits langagiers présentés par leur manipulation et leur réemploi dans des situations plus ou moins proches. Il est demandé à l'apprenant de faire des inférences, d'appliquer une règle conceptualisée à d'autres situations.
- La *transposition* est de l'ordre du transfert des connaissances qui permet d'évaluer la capacité des apprenants à utiliser leurs nouvelles connaissances dans d'autres situations de communication.

L'accès à une parole au plus près de la réalité sociale sera facilité par l'emploi de '*matériaux sociaux*' (*Galisson*) ou documents authentiques détournés de leur usage social à des fins didactiques. Le décentrage de la compétence linguistique vers un usage plus aisé de la langue dans des situations de communication renouvelées fait émerger la notion des besoins langagiers pour telle situation de communication, et la compétence communicative à développer en conséquence. Les méthodologies audiovisuelle et structuro-globale très structurées ont marqué de nombreux apprenants, qui peuvent réciter leurs premières leçons trente-cinq ans après. (*Cf. encadré 32 de la page suivante*)

Approche communicative

L'approche communicative répond à l'identification des besoins langagiers obtenus après des enquêtes à grande échelle.

L'originalité de l'approche communicative tient à ses contenus, répondant à l'identification des besoins langagiers obtenus après des enquêtes à grande échelle (*Richterich*), répertoriés dans le Niveau Seuil (*Coste D. & collègues, 1976*). Le document renvoie à un ensemble d'énoncés permettant de realiser un acte de parole (*Austin, 1962 ; Searle, 1969*). Le langage permet d'agir sur le réel. La pragmatique du langage met l'intention de l'énonciateur au centre de l'énoncé et définit l'acte de parole comme '*unité minimale de la conversation : un événement de communication constitué de transactions,*

Encadré 32 : Des années plus tard...

« J'ai été en contact avec '*Pierre et Seydou*' et '*New Practical French*' en 1972, quand j'étais en 1ère année de l'école secondaire. On utilisait ces deux méthodes dans beaucoup d'écoles au Ghana à ce moment-là. Il y a une trentaine d'années qu'on utilisait ces méthodes, et je dois avouer que j'en connais encore par coeur quelques répliques et que je peux à ce jour répéter la première leçon sans trop de peine. On nous faisait répéter les dialogues ou textes, si bien qu'on finissait par les connaître par coeur.

Par exemple, voici la première leçon de '*Pierre et Seydou*' :

Seydou: *Bonjour madame. Pierre est ici?*
Madame Kofi: *Oui, il est ici.*
Seydou: *Il travaille ?*
Madame Kofi: *Non, il lit un journal. Viens Pierre. Voici une visite.*
Pierre: *Bien, maman, une minute.*
Ou encore :
Pierre: *Un chat malade prend un café chaud.*
Madame Kofi: *Pierre, tu regardes des dessins stupides et tu ris.*
Pierre: *Oui, je ris et Pierre rit aussi.*

Cette dernière réplique en particulier nous paraissait très intéressante, alors presque toute la classe pouvait la répéter par coeur.

Ces deux méthodes étaient largement diffusées dans les cinq pays anglophones de l'Afrique de l'Ouest : le Ghana, la Gambie, le Libéria, le Nigéria et le Sierra Leone. J'ai appris qu'un coopérant français, en visite dans l'un de ces pays, disait : '*Les anglophones parlent 'Pierre et Seydou' et non pas français* !' Ceci montre à quel point les dialogues de cette méthode, surtout celui de la première leçon, étaient appris par coeur. Les professeurs et la méthodologie employée en ce temps-là l'exigeaient.

Je me rappelle bien qu'après le premier trimestre de la première année à l'école secondaire, je suis reparti dans mon village pour les vacances. Pour montrer à mes amis qui n'avaient pas eu le '*privilège*' d'apprendre le français que '*je pouvais parler français*', je répétais les quelques lignes des premières leçons de la méthode. Mes camarades, croyant que je pouvais réellement parler français après trois mois de cours, me regardaient bouche bée. Certains d'entre eux disaient : '*Tiens, Joseph ! Tu parles déjà le français couramment. Après un an, tu le parleras comme un vrai Français !*' Et moi, j'étais très fier. »

(*Joseph Nuobière, formateur de formateurs à Somanya, Ghana, communication personnelle, 2006*)

On nous faisait répéter des dialogues si bien qu'on finissait par les connaître par coeur.

Au marché, je dois saluer, demander, marchander, accepter, refuser, prendre congé.

d'échanges de séquences, d'actes que les apprenants auront à accomplir dans certaines situations'. Au marché, par exemple, je dois savoir : saluer, demander, marchander, accepter, refuser, prendre congé. Il s'agit donc de maîtriser la compétence de communication et ses différentes composantes :

- la compétence linguistique et para-linguistique (*mimiques, regard, posture, gestes*) ;
- la compétence sociolinguistique (*ne pas se tromper d'interlocuteur, ni de registre de langue*) ;
- la compétence discursive (*message organisé pour un résultat*) ;
- la compétence pragmatique (*règles sociales de l'interaction*).

Cette approche, difficile à mettre en œuvre, a toutefois permis de recentrer l'enseignement/apprentissage sur

- le sens ;
- une pédagogie tournée vers l'apprenant actif dans la communication ;
- une pédagogie moins répétitive avec moins d'exercices formels, plus interactive (*jeux de rôle, simulations*) ;
- les objectifs de la leçon formulés en termes de savoir-faire.

Issue des besoins de communication dans la construction de l'Europe, l'approche communicative a beaucoup servi les formations spécifiques à une profession (*français de l'hôtellerie, français du commerce, français scientifique, etc.*). Entrée dans le cadre scolaire, elle a donné lieu à des caricatures. Transposée à l'étranger, elle donne à repenser toute la culture d'enseignement/apprentissage et de formation des maîtres, en conflit avec leurs représentations de leur rôle et de leur statut dans la classe de langue. Comme le remarque Springer (*1996*), « *Pour que la classe de langue devienne un lieu où l'on communique, il est nécessaire de modifier la relation classique entre le maître et l'élève. Il s'agit de mettre en place différents réseaux de communication de telle sorte qu'une interaction entre l'ensemble des membres du groupe puisse s'établir.* »

L'approche communicative a beaucoup servi les formations spécifiques à une profession.

L'action/perspective actionnelle

Depuis sa parution en 2001, le cadre européen commun de référence sert à la réorganisation de curricula des centres de formation en langue et de nombreux systèmes éducatifs en Europe. Les auteurs parlent de distinction entre usage et apprentissage. L'acte de parole est replacé dans un cadre social plus large où il ne s'agit plus de simuler, mais d'agir ensemble dans une langue étrangère.

L'acte de parole est replacé dans un cadre social plus large où il faut agir ensemble dans une langue étrangère.

C'est le cas du consortium européen aéronautique où Allemands, Anglais, Espagnols, Italiens et Français travaillent ensemble en anglais en France sur des projets communs de développement de l'aviation civile.

Puren (*2005*) parle de « *passage historique* » à une nouvelle entrée en didactique qu'il propose de nommer « *entrée par l'action* ». Au niveau de la classe, cela peut s'apparenter à la pédagogie du projet, initiée par la pédagogie Freinet à l'issue de la première guerre mondiale. Quelques idées maîtresses de la pédagogie de Célestin Freinet (*1896-1966*) sont exposées ci-après dans l'encadré 33. Il s'agit de réaliser ensemble une action en langue étrangère pour la communauté scolaire, voire dépasser celle-ci. Le cadre de l'enseignement bilingue se prête à une telle entrée :

- signaler les différents lieux de l'école en deux langues ;
- préparer un spectacle bilingue ;
- écrire le règlement de l'école, de la classe ;
- correspondre avec une autre classe ;
- lire des histoires aux plus jeunes ;
- faire une enquête auprès du gouvernorat.

La préparation de chaque projet engendre de nouveaux besoins langagiers motivants pour les apprenants dans la recherche active et constructive de la planification de solutions. Est-ce adapté à la pédagogie des grands groupes africains ? Non, répondront la plupart des enseignants. Il n'en reste pas moins que la LO va devenir progressivement la langue d'enseignement/apprentissage de toutes les autres matières. L'apprentissage est un Agir. L'enseignement/apprentissage du français au primaire ne peut se cantonner à l'apprentissage de la grammaire et de l'orthographe. Le futur collégien doit savoir lire et écrire en français dans toutes les matières, en mathématiques, en science, en histoire et en géographie.

Le synoptique de la page 155, effectué par Puren, éclaire l'évolution des méthodologies de l'enseignement du FLE à travers le vingtième siècle. (*Source: PUREN C.http://www.cahiers.pedagogiques.com/IMG/pdf/Tableau_Puren.pdf*)

L'apprentissage est un Agir.

Un cadre de référence des langues vivantes doit se situer par rapport à une représentation d'ensemble de l'usage et de l'apprentissage des langues.

Encadré 33 : Cadre européen de référence

« Un cadre de référence pour l'apprentissage, l'enseignement et l'évaluation des langues vivantes, transparent, cohérent et aussi exhaustif que possible, doit se situer par rapport à une représentation d'ensemble générale de l'usage et de l'apprentissage des langues. La perspective privilégiée ici est très généralement aussi de type actionnel en ce qu'elle considère avant tout l'usager et l'apprenant d'une langue comme des acteurs sociaux ayant à accomplir des tâches (qui ne sont pas seulement langagières), dans des circonstances et un environnement donnés, à l'intérieur d'un domaine d'action particulier. Si les actes de paroles se réalisent dans des activités langagières, celles-ci s'inscrivent elles-mêmes à l'intérieur d'actions en contexte social qui seules leur donnent leur pleine signification. »

(*Conseil de la coopération culturelle, Comité de l'éducation, division des langues, Strasbourg. Cadre européen commun de référence pour les langues. Apprendre, enseigner, évaluer, 2001, p. 15*)

5 Résumé

Apprendre une langue étrangère à l'école relève de l'apprentissage guidé, par un enseignant, dans une classe qui, dans le contexte africain, est souvent surchargée. Son enseignement est, quant à lui, guidé par une méthodologie, acquise par les habitus, ou par la progression indiquée dans le programme ou bien encore par la méthode utilisée dans le système éducatif (*manuel*).

En dépit d'une longue tradition de la diffusion du français en Afrique, nombreux sont les apprenants qui ne peuvent pas s'approprier cette langue. Pendant longtemps, les supports utilisés ont été ceux de la didactique du français langue maternelle, avec une pédagogie centrée sur la langue, sans tenir compte ni des contextes, ni des répertoires linguistiques et culturels des principaux actants, à savoir les apprenants.

Dans le cadre d'un enseignement bilingue, la méthodologie peut guider l'élaboration de méthodes adaptées à des enfants lettrés dans leur LM, aspect traité dans le chapitre 8.

Encadré 34 : Evolution des méthodologies de l'enseignement du FLE à travers le vingtième siècle

ORIENTATION OBJET (LE CONNAÎTRE)
ORIENTATION SUJET (L'AGIR)

Entrée par...	**1 La grammaire**	**2 Le lexique**	**3 La culture**	**4a La communication**	**4b La communication**	**5 L'action**
	Les exemples	Les documents	Les documents	Les documents	Les documents	Les projets
Supports de référence	Phrases isolées fabriquées	Documents visuels et textuels fabriqués (*représentations et descriptions*)	Documents textuels authentiques (*récits*)	Documents audiovisuels fabriqués (*dialogues*)	Tous types de documents authentiques	Documents fabriqués par les apprenants: notes, résumés partiels, comptes rendus, synthèses, exposés, dossiers...
Tâches de référence	Comprendre, traduire, observer, décrire	Expliquer, repérer, raconter	Analyser, interpréter, comparer, extrapoler, réagir, transposer	Reproduire, s'exprimer	S'informer, informer	Agir
Méthodologie de référence	Méthodologie traditionnelle	Méthodologie directe	Méthodologie active	Méthodologie audiovisuelle	Approche communicative	Perspective actionnelle
Périodes de référence	1900	1900-1910	1920-1960	1960-1980	1980-1990	2000-...

Encadré 35 : La pédagogie Freinet : une philosophie

La pédagogie Freinet est avant tout une pédagogie de l'expression et de la communication qui repose sur le principe que c'est en faisant "*pour de vrai*" que l'enfant apprend. L'enseignant favorise donc le foisonnement de situations réelles et laisse la vie entrer dans la classe. Il cherche à saisir toutes les occasions de lier les apprentissages au vécu des enfants.

Le groupe est une entité aussi importante que chacun des membres qui le composent. L'enseignant met donc en place des structures qui permettront une communication réelle et signifiante et qui favoriseront le développement d'un sentiment d'appartenance.

Comme l'enfant joue un rôle actif dans ses apprentissages, il est appelé à construire son savoir tant par l'expérimentation, le questionnement et l'analyse que par la réalisation de projets et l'utilisation de divers moyens de communication. Cette démarche s'inscrit dans un courant pédagogique qui valorise le tâtonnement expérimental. Bien que l'enseignant ne devienne plus, de ce fait, le principal responsable des apprentissages des enfants, il doit toutefois exercer un rôle prépondérant dans l'organisation de la classe, afin que chacun soit en mesure de développer ses multiples talents et de structurer son savoir.

Le tâtonnement expérimental exige qu'on donne à l'enfant la latitude nécessaire dans le temps et dans l'espace pour explorer et apprendre à travers un processus de résolution de problèmes. Nous croyons que les apprentissages qui en résultent revêtent un caractère permanent et transférable. Il ne s'agit donc pas d'une pédagogie de « *la bonne réponse* », ni d'une pédagogie du laisser-faire puisque l'enseignant a la responsabilité d'amener l'enfant à développer progressivement des stratégies efficaces. L'erreur devient donc une façon d'apprendre, de progresser, et non un écueil à éviter.

La pédagogie Freinet se veut également instrumentaliste. C'est pourquoi des structures, des techniques et des outils éprouvés meublent le quotidien du pédagogue Freinet. Tout au long de son cheminement à l'école primaire, l'enfant développera sa potentialité et construira son savoir, son savoir-être et son savoir-faire en prenant appui sur ces différentes ressources. Ces dernières, par leur nature évolutive, permettent ainsi d'assurer un renouveau pédagogique tout au long du primaire et de toujours offrir aux enfants de nouveaux défis.

Comme il s'agit d'une pédagogie de la réalité, les outils utilisés doivent prendre un sens véritable. Ils doivent donc répondre à un besoin réel, issu d'une situation ancrée dans la réalité, et être utilisés dans des situations authentiques. L'apprentissage académique devient donc une conséquence naturelle des expériences vécues par les enfants et non un objectif en soi. C'est pourquoi nous considérons que les contenus des programmes d'étude font partie de l'environnement pédagogique mais ne constituent pas le point de départ de l'intervention éducative. En pédagogie Freinet, on se préoccupe autant du processus d'apprentissage, qu'il soit d'ordre cognitif, social ou affectif, que du résultat. La qualité de la relation et de la communication prend ainsi une dimension et une importance particulières dans la vie de classe.

La pédagogie Freinet accorde une large part aux projets tant personnels que collectifs des enfants. Puisque l'enfant est de la même nature que l'adulte et qu'il apprend mieux lorsqu'il peut faire des choix en fonction de ses intérêts, il va de soi que les projets occupent une place de choix dans la vie de la classe. C'est en faisant l'expérience des diverses étapes qui mènent à la réalisation d'un projet que l'enfant apprendra à devenir plus autonome, à prendre en charge la construction de son savoir et à développer sa potentialité.

En pédagogie Freinet, l'élaboration des projets communs à partir des initiatives et propositions individuelles se discute en conseil de coopération. Cette structure démocratique permet à l'enfant et à l'adulte d'exprimer leurs intérêts personnels et de tenir compte d'autrui dans le désir de faire œuvre commune.

Parmi les projets collectifs, on retrouve entre autres les projets d'expression, tels que la création théâtrale ou artistique, les projets de communication, tels que la correspondance scolaire, la radio étudiante et les voyages-échanges, les projets à caractère communautaire, tels que les nombreux comités d'enfants au sein de l'école ou les projets de relation avec le milieu. C'est à travers le choix que fait l'enfant de s'engager dans l'un ou l'autre de ces projets et dans le type de contribution qu'il décide d'y apporter que se vit l'individualisation de son cheminement. Les projets personnels peuvent bien sûr faire partie du plan de travail de l'enfant pourvu que celui-ci s'engage à partager ses découvertes avec le groupe lors de périodes de présentation.

(**http://www.cslaval.qc.ca/lenvol/ecole/projets/projeduc/projeteducatif**)

7 Suggestions bibliographiques

Lectures conseillées

Cuq, J. P. & Gruca, I. (2006). *Cours de didactique du français langue étrangère et seconde.* Paris : FLE, PUG

Galisson, R. & Puren, C. (1999). *La formation en questions.* Paris : Clé International

Martinez, P. (2004). *La didactique des langues étrangères* (4ème édition). Paris : Que sais-je ? PUF

Porcher, L. (1995). *Le français langue étrangère.* Paris : Hachette

Spaëth, V. (1998). *Généalogie de la didactique du français langue étrangère. L'enjeu africain.* Paris : Didier

Lectures périphériques

Coste, D. (Éd.). (1984). *Aspects d'une politique de diffusion du français langue étrangère depuis 1945. Matériaux pour une histoire.* Paris : Hatier

Coste, D. «*Quelle(s) acquisition(s) dans quelle(s) classes(s) ?*». *Acquisition et Interaction en Langue Etrangère* » [En ligne], Disponible sur : http://aile.revues.org/document747.html.
Mis en ligne le : 14 décembre 2005

Germain, C. (1993). *Evolution de l'enseignement des langues : 5000 ans d'histoire.* Paris : CLÉ

Pêcheur, G. & Vigner (Ed.) (1995). *L'Acquisition en classe de langue.* In : Le français dans le monde « Méthodes et méthodologies ». Paris : Hachette

Puren, C. (1988). *Histoire des méthodologies de l'enseignement des langues.* Paris : Nathan, Clé International

Springer, C. (1996). *La didactique des langues face à la formation des adultes.* Paris : Ophrys

Chapitre 8
Apprentissage de la lecture-écriture en français en Afrique francophone

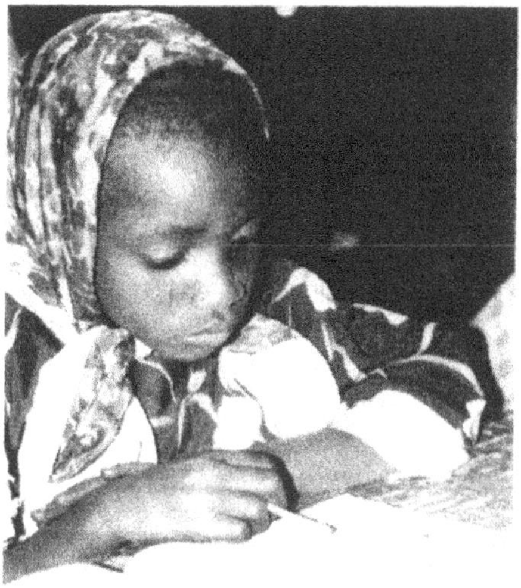

****

Les contenus en bref

- Lecture préliminaire : *Les manuels de mon enfance*
- La lecture
  - *Un exemple de lecture*
  - *Définissons la lecture !*
  - *Apprentissage de la lecture jusqu'au XXème siècle*
  - *La pédagogie coloniale*
- Quand les méthodes se confondent avec les manuels
  - *La méthode syllabique*
  - *La méthode globale*
  - *La méthode naturelle*
  - *La méthode idéovisuelle*
  - *La méthode mixte*
  - *Les méthodes à entrées phoniques*
- Quelle entrée privilégier dans le cadre d'un enseignement bilingue ?
  - *Importance des prérequis langagiers*
  - *Prééminence du sens*
  - *Les contraintes phono-graphiques du français*
  - *La lecture-écriture*

****

Les manuels scolaires sont importants pour les enfants africains qui en possèdent.

1 Lecture préliminaire : *Les manuels de mon enfance*

Constatons tout d'abord le rôle prépondérant que jouent les manuels scolaires dans la vie des enfants africains qui ont l'immense chance d'en posséder, et les répercussions qui en découlent pour toute leur vie, en lisant le témoignage suivant.

« Quand j'étais petite, le premier livre de français qui m'a attirée, parmi les quelques livres que nous avions à la maison, et que j'ai plus tard utilisé à l'école, en classe de 12ème et 11ème, était la 'Méthode Boscher'. On en avait deux exemplaires mais, comme on était huit enfants à les utiliser l'un après l'autre ou en même temps, notre mère en a gardé un pour ne nous laisser que l'autre exemplaire. On a encore le vestige de ce manuel qu'on a utilisé, mais il est maintenant dans un piteux état. L'autre exemplaire gardé précieusement est au nom de mon père et, même s'il manque une feuille, mes deux enfants l'ont aussi utilisé, et probablement mes petits enfants le feront aussi.

Je me souviens bien de ce que j'ai aimé en premier dans ce livre : j'avais et j'ai toujours de longs cheveux, donc je m'identifiais à la fille sur la première et la dernière couverture. En plus, les illustrations sont en couleurs, ce qui fait que ce sont des scènes réelles pour moi. Donc, quand je prenais le livre, c'était pour m'évader dans les différentes scènes qui sont là-dedans, et même quand je le feuillette maintenant, il m'arrive d'éprouver encore les mêmes sentiments et rêves qu'en ce temps-là. Dans chaque scène, je choisissais la fille qui devrait être moi, soit qu'elle avait environ six ans, ou qu'elle était la plus gentille ou la plus serviable selon mon jugement.

Les jeunes enfants adorent les couleurs criardes...

Mes parents étaient des instituteurs dans le privé, dans une mission catholique. Ma mère me rapporte que, comme j'étais leur premier enfant, il leur était arrivé, étant occupés avec leur travail, de me laisser seule, entourée de radio, de jouets, de livres, de biscuits. Ils devaient savoir que les livres avec les couleurs criardes sont les plus adorés des bébés ou enfants, comme la Méthode Boscher, par exemple. [...] Avant d'aller à l'école, je ne connaissais pas de livres, à part la 'Méthode Boscher'. Ma mère m'y apprenait à lire et je trouvais que c'était facile car il fallait seulement lire une combinaison de voyelles, ou de voyelles et consonnes. Donc, j'ai pensé que ce livre était bien car attractif et incitant à la lecture.[...]

Comme je ne comprenais pas tout ce qui était écrit, j'interprétais la signification d'une phrase à partir des images. Prenons le cas de la phrase 'l'avion va vite'. J'ai pensé que, comme l'avion était plus grand que le bateau et le train dans la scène, il allait plus vite. 'Le semeur' était un peu étrange pour moi car on aurait dit un facteur qui semait dans une grande rue. Ma mère me traduisait les textes, à la fin du livre. J'étais assez bonne pour tout ce qui était à retenir par cœur. J'en déduisis que j'avais une bonne mémoire visuelle.[...]

S'aider des images pour deviner la signification d'une phrase.

En grandissant, j'ai aussi appris à l'école le malagasy et je me sentais très à l'aise car je le vivais. Je pouvais lire 'Lala sy Noro' (premier livre de lecture en malagasy) du début à la fin, après les quelques pages de lecture du début. Et je n'ai eu besoin de personne pour me traduire quoi que ce soit.

En passant dans les classes supérieures, il fallait aussi changer de livres. Adieu la 'Méthode Boscher' ! On allait connaître 'Nous lisons' (en 10ème) et 'Je parle, je lis et j'écris' (en 9ème). J'ai encore ces deux livres, même si leur couverture et quelques pages au début ne sont plus là. D'emblée, j'aimais dans ces livres que les noms de certains personnages soient en malagasy, même si ces personnages étaient, à mon avis, trop bien habillés pour être des ruraux et qu'ils n'étaient pas non plus des citadins. J'ai pensé que les livres en couleurs étaient pour les touts petits, donc j'étais fière : j'utilisais des livres pour les grands, car ces deux livres n'avaient pas de couleurs (à part le noir, quelquefois du vert et du rouge).

J'aimais répondre aux exercices de compréhension car il fallait seulement trouver le paragraphe qui pouvait contenir la bonne réponse et on lisait ce qui était écrit. Je préférais les compositions à partir des images car on pouvait dire ce qu'on

Quand on ne comprend pas la signification des images...

voulait, tant que cela collait avec les images. Mais il fallait aussi savoir ce qui était sur les images. Je ne comprenais pas par exemple la signification d'un panneau indicateur rond avec un signe X dedans. J'ai pensé que c'était interdit de s'arrêter à côté ou quelque chose devrait être interdit, alors que c'est l'indication pour un croisement de chemins !

La grammaire me posait quelquefois des problèmes car il ne suffisait plus d'apprendre par cœur, il fallait trouver une certaine logique. Mais si l'institutrice prenait les exercices dans le livre tels quels, on avait toujours des bonnes notes.

Comme j'étais curieuse, je commençais à fouiller dans les livres de mes parents et triais ceux que je pensais être bons pour mon âge et mon intelligence. J'évitais les livres sans illustration, ceux avec des chiffres et des figures géométriques et ceux qui avaient des interlignes trop étroits, avec des petits caractères ou à polices avec empattement (me rappelant trop les travaux faits sur la machine à écrire de mon père qui était directeur d'école, donc trop formels pour moi)

On avait beaucoup plus de livres en français et, au fur et à mesure qu'on passait à la classe supérieure, des livres en malagasy, recommandés pour usage scolaire. »

(Charline Razanadrasoa, Antananarivo, Madagascar, communication personnelle, 2006)

Les manuels scolaires constituent souvent la seule bibliothèque des écoliers africains.

Ce témoignage illustre bien les propos de Pierre Fandio (*2003*) selon qui « *le texte de lecture, en Afrique sans doute plus qu'ailleurs, est un moyen (parfois l'unique) de connaissance et un code d'existence. Il initie aux signes, éveille l'esprit et alimente le goût du savoir. Il subsistera comme trace ineffaçable dans l'adulte qui sortira de l'enfant.* » Quand on sait qu'il constitue souvent la seule '*bibliothèque*' de nombre d'écoliers africains, unique point d'ancrage dans la '*magie de l'écriture*' (*Azeyeh, 1991*), on peut en mesurer la portée et l'influence déterminantes sur la constitution de leur '*habitus*'. En effet, comme l'affirment les sociologues de l'éducation, parmi les actions pédagogiques que subit un individu, les plus décisives sont les plus précoces, celles subies dans son enfance (*Bourdieu, 1987*).

Par ailleurs, le témoignage ci-dessus se fait l'écho de questions traitées dans l'ouvrage *Des manuels scolaires sur mesure* (*Chatry-Komarek, 1994*), en particulier les nombreux paramètres qui contribuent à la lisibilité de l'ouvrage (*Voir à ce sujet l'encadré 36*) et à la motivation des apprenants.

Activités

Relisez le témoignage ci-dessus, puis repérez les aspects de la lecture qu'il contient et comparez-les à vos expériences personnelles, en particulier :

- un attachement pratiquement sensuel (émotions, souvenirs visuels, identification) aux premiers manuels de lecture ;
- diverses stratégies essentielles pour apprendre à lire ;
- des critiques sur l'adéquation des contenus culturels des manuels d'une édition internationale ou locale ;
- l'importance de l'illustration et des couleurs pour la motivation de jeunes enfants à lire et à écrire ;
- les représentations du lecteur de la structure des écrits ;
- les avantages à lire dans sa LM.

Pour mieux comprendre ce qu'est lire, analysez vos expériences personnelles de lecture.

Encadré 36 : Les lisibilités

Les facteurs qui influent sur le déchiffrement d'un imprimé, la facilité et la rapidité de sa lecture sont multiples. '*Tout lire*', cela ne veut rien dire. Il y a de multiples niveaux de lecture dépendant de la visibilité/lisibilité de l'objet imprimé. Voici quelques explications à ce sujet.

- *Lisibilité globale* : La lisibilité globale favorise une lecture '*périphérique*'. Quel que soit l'objet imprimé, on lit d'abord ses formes de présentation et d'introduction. C'est la lecture des titres, des sous-titres, du sommaire ou du texte de présentation situé au dos du livre, ou bien encore de la table des matières, des index ou du thesaurus (*index explicatif mettant diverses notions en relation*). Cette lecture apporte une information synthétique sur le fond et la forme du document ainsi qu'une information analytique sur les questions abordées et sur la structure du document. On peut ainsi, '*à première vue*', se faire une idée d'un journal, de son originalité, de sa cohérence. « *Faites emmerdant, Messieurs, faites emmerdant !* » recommandait le fondateur du '*Temps*' (ancêtre du '*Monde*') qui voulait que son journal paraisse fiable et sérieux.
- *Lisibilité discontinue* : La lisibilité discontinue doit faciliter une lecture de consultation. C'est une activité d'extraction : on lit en fonction de choix et de besoins précis. La page d'un journal doit être un espace favorisant ce type de lecture ; il s'agit en effet d'une surface morcelée qui suppose une lecture discontinue (*horizontale, verticale ou en diagonale*). Le lecteur s'arrête, lit un passage, tourne une page, cherche, revient en arrière.

La lisibilité globale favorise une lecture '*périphérique*'.

Familiarisez-vous aussi avec les lisibilités discontinue, continue et linguistique.

Il importe de faciliter la lecture par l'habillage de l'information ; or, la typographie foisonnante du support permet une lecture de consultation. Dès la première page, le lecteur cherche des indications sur l'essentiel du contenu du journal. En feuilletant, il se retrouve facilement grâce à des '*éléments de repérage*', à commencer par les titres de rubriques ; la titraille, à savoir l'ensemble des titres, intertitres et sous-titres, annonce la structure globale du contenu, permet de découvrir l'argumentation et hiérarchise l'appréhension des informations. Par la force des caractères utilisés, ils se détachent ou jaillissent de la page pour permettre un repérage rapide. Par leurs dimensions respectives, ils organisent l'information.

- *Lisibilité continue* : La lecture continue est une activité d'assimilation : on lit des chapitres entiers, au rythme d'unités pour avoir une compréhension graduelle de l'ensemble. C'est la lecture de A à Z d'un article. Divers éléments peuvent la faciliter, tels que la mise en page (*encadré, illustration, etc.*), la qualité de la typographie (*famille et taille des caractères*) ou bien encore un texte aéré, composé de nombreux paragraphes.
- *La lisibilité linguistique* va jouer aussi un grand rôle. Mais c'est l'intérêt du lecteur qui est ici l'élément clé : c'est en effet ce qui le pousse à lire un article *in extenso*. S'il ne se sent pas concerné par le sujet, il n'y a aucune raison pour qu'il se plonge dans la lecture de l'article.

Attrayant ou non, le manuel scolaire, d'édition nationale ou internationale, demeure un support précieux : il peut, comme pour Charline, être le compagnon d'une vie, servir plusieurs générations, réveiller des émotions, autoriser les auto-apprentissages et servir de lien entre l'école et la maison. Pour l'enseignant, il matérialise le programme d'enseignement, permet de visualiser la méthode d'enseignement, apporte une progression, planifie les contenus d'apprentissage et sert parfois de référence aux maîtres peu formés ou recrutés à un niveau d'apprentissage proche du niveau primaire. Quant au livre en LM, il revalorise la langue et la culture de l'apprenant.

Le manuel scolaire a été et demeure un support précieux.

En LM ou en langue étrangère, quel est le processus qui va « *ranimer dans le travail de la pensée, les signes, qui sans elle, ne sont qu'un peu d'encre sur une page formés et répartis selon un code : l'écriture* » ? (*Dictionnaire Culturel en langue française sous la direction d'Alain Rey/Les Dictionnaires Le Robert, Paris, 2005*)

C'est la question que nous traitons dans ce chapitre.

2 La lecture

Lecture et écriture sont liés, et c'est un travail de la pensée qui va leur donner du sens. Quel est donc ce travail de la pensée que l'on nomme '*lecture*' ? De nombreuses définitions sont à notre disposition pour répondre à cette question mais, avant de les examiner, considérons l'écrit suivant.

C'est un travail de la pensée qui donne du sens à la lecture et l'écriture.

2.1 Un exemple de lecture

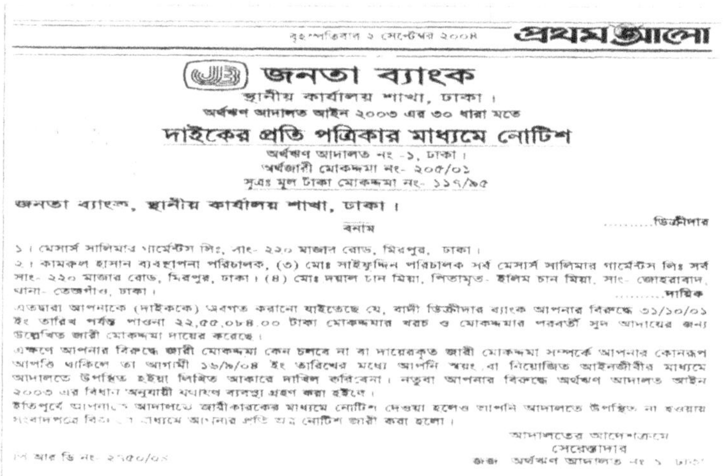

বৃহস্পতিবার ২ সেপ্টেম্বর ২০০৪ প্রথম আলো

জনতা ব্যাংক
স্থানীয় কার্যালয় শাখা, ঢাকা।
অর্থঋণ আদালত আইন ২০০৩ এর ৩০ ধারা মতে
দাইকের প্রতি পত্রিকার মাধ্যমে নোটিশ
অর্থঋণ আদালত নং -১, ঢাকা।
অর্থজারী মোকদ্দমা নং- ২০৫/০১
সূত্রঃ মূল টাকা মোকদ্দমা নং- ১১৭/৯৫

জনতা ব্যাংক, স্থানীয় কার্যালয় শাখা, ঢাকা।
.........ডিক্রীদার
বনাম
১। মেসার্স সালিমার গার্মেন্টস লিঃ, সাং- ২২০ মাজার রোড, মিরপুর, ঢাকা।
২। কামরুল হাসান ব্যবস্থাপনা পরিচালক, (৩) মোঃ সাইফুদ্দিন পরিচালক সর্ব মেসার্স সালিমার গার্মেন্টস লিঃ সর্ব সাং- ২২০ মাজার রোড, মিরপুর, ঢাকা। (৪) মোঃ দয়াল চান মিয়া, পিতামৃত- হালিম চান মিয়া, সাং- জোহরাবাদ, থানা- তেজগাঁও, ঢাকা।
.........দায়িক

এতদ্বারা আপনাকে (দাইককে) অবগত করানো যাইতেছে যে, বাদী ডিক্রীদার ব্যাংক আপনার বিরুদ্ধে ৩১/১০/০১ ইং তারিখ পর্যন্ত পাওনা ২২,৫৫,০৮৪.০০ টাকা মোকদ্দমার খরচ ও মোকদ্দমার পরবর্তী সুদ আদায়ের জন্য উল্লেখিত জারী মোকদ্দমা দায়ের করেছে।

এক্ষণে আপনার বিরুদ্ধে জারী মোকদ্দমা কেন চলবে না বা দায়েরকৃত জারী মোকদ্দমা সম্পর্কে আপনার কোনরূপ আপত্তি থাকিলে তা আগামী ১৬/৯/০৪ ইং তারিখের মধ্যে আপনি স্বয়ং বা নিয়োজিত আইনজীবীর মাধ্যমে আদালতে উপস্থিত হইয়া লিখিত আকারে দাখিল করিবেন। নতুবা আপনার বিরুদ্ধে অর্থঋণ আদালত আইন ২০০৩ এর বিধান অনুযায়ী যথাযথ ব্যবস্থা গ্রহণ করা হইবে।

ইতিপূর্বে আপনাকে আদালতে জারীকারকের মাধ্যমে নোটিশ দেওয়া হলেও আপনি আদালতে উপস্থিত না হওয়ায় সংবাদপত্রের বিজ্ঞাপন মাধ্যমে আপনার প্রতি অত্র নোটিশ জারী করা হলো।

আদালতের আদেশক্রমে
সেরেস্তাদার
জজ অর্থঋণ আদালত নং ১ ঢাকা

পি আর ডি নং- ২৫৫০/০৪

Extrait d'un quotidien au Bengladesh (2005)

Au regard des définitions des '*lisibilités*' données plus haut, voici ce que nous, lecteurs, pouvons comprendre de l'écrit reproduit ci-dessus et pourquoi.

- Le texte a une silhouette, une structure : un titre, des sous-titres centrés, des paragraphes, une ponctuation ;
- Un logo semble accompagner le titre ;
- Le titre est séparé par une ligne du haut de la page qui peut annoncer une rubrique dans le journal ;
- Des caractères mathématiques peuvent être reconnus ;
- Des groupes de caractères sont séparés d'un blanc ;
- On peut noter quatre paragraphes de longueur inégale ;
- Cet article de journal semble signé en bas à droite ;
- Nous constatons des polices de différentes tailles ;

2.2 Définissons la lecture !

Et maintenant, posons-nous la question : '*Avons-nous vraiment lu cet article ?*' Pour y répondre, considérons tout d'abord trois définitions de la lecture.

Il y a diverses définitions de la lecture. Quelle est la vôtre ?

- Pour le *Dictionnaire du français contemporain* (Larousse), lire c'est : « *(1) Parcourir des yeux ce qui est écrit, imprimé, en prenant connaissance du contenu : lire une lettre ; (2) Prononcer à haute voix un texte écrit : lire un discours à la tribune de l'Assemblée ; (3) Identifier les lettres et les assembler pour comprendre le lien qui existe entre ce qui est écrit et la parole : un enfant apprend à lire ; Lire les caractères chinois ; Lire une écriture difficile (syn. : déchiffrer). (4) Pénétrer le sens, grâce à des signes que l'on interprète : lire une carte.* »

  Le dictionnaire fait de la lecture une activité visuelle (1), qu'il oppose à la prononciation à voix haute (2), deux activités essentiellement différentes ; le déchiffrement est relayé en troisième position ; en dernier lieu, la lecture a pour but de pénétrer le sens.

- Selon *Gaston Mialaret*, savoir lire, c'est être capable de : « *(1) Transformer un message écrit en un message sonore suivant certaines lois bien précises ; (2) Comprendre le contenu du message écrit ; (3) Etre capable de le juger et d'en apprécier la valeur esthétique.* » Mialaret mentionne donc un passage obligé par l'oral ; par ailleurs, le sens passe par le jugement et l'appréciation esthétique.

- Enfin, à l'heure où le Ministre de l'Education en France a ouvert une polémique sur l'apprentissage de la lecture à l'école en se situant sur le débat des méthodes, *un collectif d'enseignants* définit la lecture comme suit :
  - *Lire c'est toujours chercher à comprendre, qu'il s'agisse de lire une histoire, de trouver son chemin sur une carte, ou de résoudre un problème de mathématiques ;*
  - *C'est savoir reconnaître des signes écrits qui forment des mots ;*
  - *C'est avoir une connaissance des mots dans leur version orale et écrite ;*
  - *C'est savoir que les mots et les signes de ponctuation s'organisent pour produire des phrases, que les phrases sont organisées pour produire un texte qui a du sens ;*
  - *C'est savoir moduler sa vitesse de lecture et revenir en arrière s'il le faut pour vérifier sa compréhension ;*
  - *Lire, c'est aussi comprendre ce qui n'est pas écrit, faire*

(Extrait de : *Apprendre à lire pas si simple : dossier mis en ligne le 7/07/06 par un collectif d'enseignants et de parents* http://www.snuipp.fr/IMG/pdf/4pages_lesture.pdf.)

appel à ses souvenirs, à des connaissances (essayez, si vous n'êtes pas spécialiste, de comprendre un texte d'électronique ou de chimie), à des expériences personnelles, c'est entrer en relation avec un interlocuteur absent ;

- *Lire, c'est entrer dans le monde des grands, découvrir un monde complexe et s'y confronter ;*
- *Lire, c'est éprouver du plaisir.* »

La querelle des méthodes menée aujourd'hui en France permet à beaucoup de concernés de se repencher sur la définition de la lecture.

Il est remarquable que cette dernière définition, exprimée sous forme d'objectifs centrés sur la compréhension, dépasse l'acquisition d'une technique ; elle fait de la lecture une expérience personnelle, certes, mais dans un monde social complexe qui est celui des adultes. Le plaisir de la lecture est également introduit ici. Cette définition met la compréhension au premier plan, puis expose une conception '*ascendante*' (*Bussienne, 2005*), comme illustré ici.

↑ **Texte**

Phrase

↑ **Mot**

↑ **Signe**

Lire, c'est aussi éprouver du plaisir !

Bussienne mentionne la connaissance orale et écrite des mots ainsi que l'un des éléments structurels de l'écrit : la ponctuation. La mise en relation avec un interlocuteur absent fait appel à la lecture courante qui permet de mettre en perspective le texte lu avec des lectures antérieures, des connaissances personnelles et une mémoire individuelle.

Nous pouvons revenir maintenant sur la question posée plus haut et y répondre comme suit : Nous n'avons pas lu l'article du journal bengali car nous n'avons pas pu en saisir le sens, par méconnaissance du code.

Ajoutons que la querelle des méthodes mise à jour en France permet d'occulter les paramètres sociaux, économiques et culturels du contexte donné. La France multiculturelle du vingt et unième siècle est différente de la France des régions du début du vingtième siècle, même si des similarités subsistent : autrefois, de nombreux écoliers occitans, bretons, alsaciens, basques ont appris le français à l'école ; aujourd'hui, ce sont des Maliens, des Tchétchènes, des Roumains et des Pakistanais qui font cet apprentissage. L'hégémonie de la langue française est toujours à l'œuvre, même si des efforts sont faits pour un apprentissage précoce des langues étrangères

La France d'aujourd'hui est multiculturelle.

européennes situées au centre de la galaxie (*Calvet, 1998*) tels que l'anglais, l'espagnol, l'allemand et l'italien.

Pour conclure, rappelons que deux méthodes ou démarches psychologiques et pédagogiques, continuent de s'opposer

- Celle qui privilégie l'entrée dans l'écrit par le signe écrit ou oral : synthético-analytique dite syllabique (*ascendante*) ;
- Celle qui privilégie l'entrée par le sens : analytico-synthétique ou méthode globale (*descendante*).

En Afrique, l'alphabétisation des femmes, celle des enfants des rues, l'école informelle pour adultes, les programmes d'enseignement bilingue, les répertoires linguistiques des apprenants et des enseignants et la primauté de la culture orale sont autant de paramètres sociologiques à prendre en compte dans le choix d'une méthode de l'apprentissage de l'écrit de la LM et, par la suite, dans celui de la LO.

2.3 Apprentissage de la lecture jusqu'au début du XXème siècle

Pour comprendre les particularités de l'apprentissage de la lecture en Afrique, procédons d'abord à un bref rappel de l'histoire de la lecture en Europe.

Dans la Grèce antique, les élèves commencent par étudier les lettres ; ils en apprennent d'abord le nom, puis le caractère (*graphie*) et la valeur (*distribution*), avant de passer aux syllabes. A Rome, on apprend par cœur les lettres latines, les *abecedarii*, avant de passer aux syllabes : il s'agit de composer toutes les syllabes possibles avant d'épeler les mots qui permettent de déchiffrer des phrases simples. La lecture est d'abord expressive, à haute voix. Dans la Grèce antique, déclamer les textes littéraires équivaut à leur édition. Ils sont conçus en vue d'une lecture orale avec une intonation particulière. La lecture est difficile puisque les mots ne sont pratiquement pas séparés, comme on peut le voir dans ce premier vers de l'Énéide :
ARMAVIRIRVMQVECANOTROIAEQVIRPRIMVSABORIS

Au Moyen-Age, les élèves apprennent à lire pour psalmodier la messe.

Au Moyen-Age, quelques rudiments de la lecture sont enseignés aux élèves pour qu'ils puissent psalmodier la messe ; c'est à cet effet que l'on enseigne la lecture du latin. Au XVIIème siècle, la présentation des textes est plus aérée, avec des blancs typographiques permettant la respiration ; par ailleurs, l'illustration est plus importante, ce qui prouve un changement dans les habitudes de lecture.

C'est alors qu'apparaît un outil très populaire qui permet l'alphabétisation des aristocrates et des bourgeois : l'abécédaire. Celui-ci va, dans une conception ascendante, permettre la lecture mot à mot, silencieuse et individuelle, par l'étude des lettres, puis des syllabes, des mots, des phrases et enfin de petits textes. L'apprentissage est mécanique, fondé sur une unité non linguistique : la lettre. La lecture est l'oralisation de l'écrit.

L'abécédaire a permis l'alphabétisation des aristocrates et des bourgeois.

De la Révolution (*1789*) à la Restauration (*1831*), le manuel, instrument du pouvoir, véhicule idéologique, est sous haute surveillance : c'est l'époque du livre unique. En 1833, sous la pression de la mouvance libérale, l'initiative privée va suppléer les carences de l'Etat et élaborer l'ouvrage qui fait défaut : un livre de lecture courante. C'est le développement des éditeurs (*Hachette, 1826*) et le début de la suprématie de l'économique sur le politique. Peu à peu, la profusion de livres ne permet plus un travail efficace de la commission d'examen des ouvrages, transgressée par les éditeurs. C'est sur le terrain de la pédagogie que les enseignants deviennent peu à peu les prescripteurs des ouvrages qu'ils utilisent (*Choppin, 1992*).

Le XIXème siècle voit la naissance des éditeurs privés.

2.4 La pédagogie coloniale

Rôle des missions religieuses

Jusqu'au XXeme siècle, l'enseignement dans les colonies est l'affaire de missions religieuses préoccupées d'évangéliser les populations plutôt que de les franciser (*Vigner, 1998*). Hurbon (*1977*) précise que « *l'Eglise était dans la colonisation, elle assumait les principes du colonisateur, elle assumait les principes de conquête appelés à désagréger la sauvagerie, elle soutenait le programme de colonisation établi par les métropoles européennes au nom de la civilisation.* »

Les missions adopteront parfois des politiques linguistiques ouvertes aux langues locales, avec un objectif d'efficacité dans la conversion des âmes. Des différences entre les missions catholiques et protestantes subsistent dans l'usage des langues locales comme en témoignent les différences entre pays anglophones et francophones ou bien à l'intérieur d'un même pays. (*Cf. Encadré 37*)

Les missionnaires se sont souvent plus préoccupés d'évangéliser les populations que de les franciser.

L'éducation et l'administration coloniale

En AOF. (*Sénégal, Guinée, Côte d'Ivoire, Dahomey, Soudan, Haute-Volta, Mauritanie, Niger*) la Loi-cadre de 1903

Au XIXème siècle, les missionnaires suisses et allemands transcriront les langues ghanéennes, les missionnaires anglais y mettront moins de zèle.

Encadré 37 : Langues et éducation au Ghana

Au Ghana, les premières écoles fondées dans les châteaux avaient pour objectif de former les commis nécessaires aux marchands européens. Cet enseignement, tout comme celui de la Bible, se faisait en langue étrangère, c'est-à-dire dans la langue de l'occupant. Les missionnaires vont développer l'éducation et s'attacher au bien-être des populations rurales plus reculées de la côte, en utilisant les langues locales. C'est le cas notamment des missions de Bâle (*Suisse*) et de Brême (*Allemagne*). Ces deux missions protestantes traduiront la Bible et des supports pédagogiques en différents langues locales : gâ, ewe, twi, dagme, puis dagbani.

La mission anglaise de Wesley établie à Cape Coast ne mit pas autant de zèle que les deux autres missions à utiliser la langue locale, le fanti, comme médium d'instruction. Ce n'est qu'en 1860 qu'un missionnaire déclara : « *Le but de l'Eglise pourrait être mieux atteint si les élèves, garçons et filles, étaient enseignés dans leur propre langue.* »

Les conversions au christianisme pouvaient être facilitées par l'utilisation du fanti, mais les affaires de l'administration coloniale nécessitaient l'emploi de l'anglais comme médium d'instruction. Ainsi, le fanti était relégué à la prière du soir. Plusieurs documents, dont la Bible et un dictionnaire fanti (*1886*), seront toutefois l'œuvre de missionnaires de Wesley. L'Ecole coloniale va œuvrer au développement d'un système centralisé, notamment au moyen de l'établissement d'un secteur gouvernemental, de curricula en prise avec les nouveaux besoins de la société et par l'adoption de la langue du pouvoir politique, l'anglais.

(Lezouret, 2002, *Un système éducatif en devenir*. In: Statut et diffusion du français au Ghana, Thèse, Paris 8)

fonde l'organisation générale de l'enseignement sur un système éducatif commun qui comprend :

- un enseignement primaire et élémentaire ;
- un enseignement professionnel ;
- un enseignement primaire supérieur et commercial ;
- une école normale commune à l'AOF, qui assure le recrutement des instituteurs indigènes.

Les objectifs de l'enseignement élémentaire sont différents selon la topologie de l'école : école de village, école régionale, école urbaine. Il s'agit avant tout de diffuser le français comme médium politique pour asseoir le pouvoir. L'article 4 de la Loi-cadre mentionne le programme des écoles de village comme suit : « *La langue française parlée ; et accessoirement : la lecture, l'écriture, le calcul et le système métrique ; des leçons de choses portant de préférence sur l'agriculture ; l'enseignement de l'arabe est donné dans les écoles établies en pays musulman.* »

Les prémisses d'un corps administratif scolaire trouvent leur achèvement en 1912 dans la nomination de Georges Hardy comme inspecteur de l'enseignement de l'AOF. Celui-ci, par l'intermédiaire de la création et la diffusion du '*Bulletin de l'Enseignement en AOF*', pose les principes d'une politique scolaire dont le français constitue la pierre angulaire, la matière principale (*Spaëth, 1998*). Trois méthodes d'apprentissage du français ont marqué les débuts de cette volonté d'unifier une pédagogie coloniale :

- la méthode Machuel destinée à l'usage général des colonies ;
- les méthodes utilisées pour les sourds ou les non francophones élaborées par des auteurs français : méthode I Carré (*1889*), méthode Boyer (*1905*) ;
- des méthodes spécifiques aux élèves de l'AOF (*Solonet, 1911 ; Monod, 1915 ; Davesne, 1931*)

En 1912, Georges Hardy pose les principes d'une politique scolaire dont le français constitue la pierre angulaire.

Trois méthodes illustrent la volonté d'unifier la pédagogie coloniale.

Alors que les méthodes utilisées avant 1903 concernaient principalement l'écrit (*lecture et récitation*), la transposition de la méthode directe d'apprentissage des langues vivantes étrangères, en vogue à la fin du XIXème en Europe, bouleverse le système déjà sélectif du système mis en place, en donnant la première place à l'oral. La leçon de langage se confond très vite avec la leçon de choses, comme indiqué dans le Bulletin de l'enseignement en AOF de 1913 : « *A l'école indigène, la leçon de langage est avant tout et d'abord une leçon de choses. L'intelligence ne peut s'exercer à vide, il faut lui fournir des matériaux sur lesquels elle puisse exercer son œuvre. Et ces matériaux, une observation intelligente et méthodique de l'objet à étudier peut seule les fournir.* »

Les circulaires suivantes feront le bilan positif du dispositif de l'enseignement, sur le plan quantitatif mais nuancé sur le plan qualitatif (*opposition des élites musulmanes locales, démographie, coût de la scolarisation*). Toutes les directives vont vers le '*don aux indigènes de la connaissance et de la faculté de se servir de notre langue*' : faire de la langue française une langue de communication utile est une priorité. L'annexe à l'arrêté du 1er mai 1924 sur l'enseignement en AOF indique : « *Ce n'est point ici le lieu de discuter sur la possibilité ou les avantages de donner à l'indigène une culture intellectuelle en se servant de sa langue maternelle. Si le procédé peut être utilisé dans les pays à langues et littérature nationales, il se heurte à de nombreuses difficultés chez les noirs de nos possessions où les dialectes très nombreux sont souvent sans analogie.* »

En 1930, A. Davesne, inspecteur, critique la formation des maîtres pratiquée alors en AOF.

En 1930, date de l'exposition coloniale à Paris, G. Hardy est directeur de l'école coloniale française ; A. Davesne, nommé inspecteur de l'enseignement primaire des écoles de l'AOF, critique la formation des maîtres en mentionnant le contexte d'apprentissage du métier :
« *La plupart ne connaissent pas leur métier. La formation des maîtres indigènes telle qu'elle est conçue à l'Ecole Normale de Gorée laisse grandement à désirer, car elle n'est pas adaptée au rôle que ces maîtres ont à accomplir [...] Les leçons de pédagogie pratique ont lieu à l'école Primaire de Gorée. Or cette école appartient précisément à l'une des quatre communes sénégalaises où les programmes métropolitains des études sont imposés par le règlement. Les maîtres à qui par la suite on ne cessera de recommander d'adapter leur enseignement à la région où ils enseignent, apprennent donc leur métier dans une école où tout est la négation même de cette adaptation.* »

En 1931, A. Davesne fera publier les ouvrages qui deviendront une institution en Afrique de l'Ouest :

- Mamadou et Bineta apprennent à parler français (*cours de langage, livre du maître*)
- Mamadou et Bineta apprennent à lire et à écrire (*syllabaire*)
- Mamadou et Bineta lisent et écrivent couramment (*livre de lecture*).

Rôle des organismes internationaux

A l'issue de la seconde guerre mondiale, la création de l'Organisation des Nations Unies pour l'Éducation, la Science et la Culture (*UNESCO, 1947*) contribue à redéfinir le rapport de la France à son Empire. L'éducation de base, l'alphabétisation du plus grand nombre, particulièrement celle des femmes, devient une des priorités de l'Organisation. Des programmes de recherches linguistiques et le débat permanent sur la langue d'enseignement animent de nombreux experts qui publient en 1953 un rapport en faveur de l'emploi de la langue maternelle au début de l'Education même si ultérieurement une autre langue doit être utilisée.

Très vite, l'éducation de base est devenue l'une des priorités de l'Unesco.

Les politiques linguistiques, dès lors vont tenter d'habiliter les langues africaines avec plus ou moins de véhémence. Et à ce jour, comme le précise Komarek (*2000*), les hésitations des différents ministres de l'éducation ou décideurs sont en contradiction, non seulement avec les publications, expérimentations ou conférences de l'Unesco sur le sujet, mais avec le document de politique-cadre, ratifié en 1986 à Addis-Abeba par les membres de l'Organisation de l'Unité Africaine (*OUA*). L'objectif alors défini dans *The Language Plan forAfrica* est d'encourager et accroître l'usage des langues africaines comme médium d'instruction à tous les niveaux de l'éducation. Le même document stipule que la LM est le médium privilégié dans l'acte d'apprendre.

Plus récemment la conférence mondiale sur '*l'Education pour tous*' (*Jomtien, 1990*) a permis une augmentation des inscriptions dans le secteur primaire, cœur du Développement et du Progrès car il concerne le plus grand nombre et permet de contribuer à la transformation de la société par l'éducation des plus jeunes.

Depuis Jomtien, l'Unesco met l'accent sur la qualité qui passe par la qualification professionnelle des maîtres du secteur de base. La qualité est au centre du Forum Mondial de l'Education qui s'est tenu à Dakar en avril 2000. Le Plan d'Action de Dakar qui en résulte stipule au paragraphe 7 (ii): « *s'assurer d'ici 2015 que tous les enfants, avec une attention spéciale sur les filles et les enfants en situation difficile auront accès à un enseignement primaire complet, gratuit, obligatoire et de bonne qualité* ». La réalité est que plus de 100 millions d'enfants restent en dehors du système scolaire. Parmi ceux qui vont à l'école, beaucoup ne vont pas jusqu'au bout du cycle scolaire ou l'abandonnent sans savoir vraiment lire ni écrire.

Parmi les enfants qui sont scolarisés, beaucoup ne vont pas jusqu'au bout du cycle scolaire ou l'abandonnent sans savoir vraiment lire ni écrire.

L'enseignement primaire continue donc à être une priorité pour tous. Komarek (*2000*) parle pour l'Afrique de continent de '*non-informés*' : « *L'Afrique est-elle un continent d'arriérés parce qu'ils ne sont pas informés ?* » Les propos de

Les chercheurs recommandent de permettre aux enfants d'être à l'aise dans leur culture pour pouvoir leur donner les moyens d'acquérir des savoirs étrangers.

Calvet (*1987*) semblent confirmer cette position. Pour lui, 90% de la population n'est pas en mesure de décoder plus de 10% de l'information publiée dans les langues des destinataires. Rolland (*2000*) avance à ce propos : « [...] *Si l'on veut donner aux enfants les moyens d'acquérir des savoirs étrangers, il faut d'abord leur permettre d'être à l'aise dans leur propre culture. L'élève ne peut pas être le lieu de fracture entre la culture de l'Ecole, étrangère, importée, hégémonique, totalisante, et celle de l'enfant, de son quartier, de sa famille, de sa communauté, celle qui constitue son identité minorée, réduite au folklore et au passéisme.* »

3 Quand les méthodes se confondent avec les manuels

Certains manuels ont marqué tellement de générations d'apprenants qu'ils font partie du patrimoine de la mémoire individuelle et collective. A la question : « *Avec quelle méthode as-tu appris à lire ?* », un ami camerounais nous répond : « *Avec, tu sais là, Mamadou et Bineta ! Les premières années avec Mamadou et Bineta !* » Le titre du manuel d'apprentissage se substitue à la méthode sous-jacente.

Dans ce point, nous analyserons les méthodes d'apprentissage de la lecture les plus connues, et présenterons quelques ouvrages scolaires ayant matérialisé ces méthodes.

3.1 La méthode syllabique

Parmi les ouvrages utilisés en Afrique qui recourent à cette méthode, les plus connus sont la '*Méthode Boscher*' et '*Mamadou et Bineta*'. Vu l'impressionnant succès de ces deux manuels en Afrique, nous les analysons brièvement ci-après.

- *La Méthode BOSCHER (première édition, juillet 1906)*

La Méthode Boscher, ou la journée des tout-petits, paraît avant la première guerre mondiale. Elle répond aux critères des premières instructions officielles de 1923 relatives aux programmes des écoles primaires élémentaires : « *Au CP, l'enfant prend possession de l'instrument sans lequel il ne pourrait acquérir aucune autre connaissance : il apprend à lire. Les autres exercices auxquels on le soumet n'ont d'autre but que d'entretenir les bonnes habitudes physiques, intellectuelles et morales qu'il a contractées à l'école maternelle. Mais l'enseignement essentiel à cet âge, c'est la lecture ; le cours préparatoire est avant tout un cours de lecture.* »

La première version de la très célèbre '*Méthode Boscher*' est parue en 1906.

La *Méthode Boscher* est à la fois méthode de lecture et d'orthographe, d'écriture et de dessin, ainsi qu'une méthode de calcul et un recueil d'exercices d'élocution et de langage : elle rattache tous les exercices à la leçon de lecture, centre d'intérêt de la journée. En cela, c'est un livret unique qui accompagne l'enfant dans tous ses apprentissages centrés sur la lecture.

L'entrée privilégiée dans cette méthode est celle de la lettre présentée dans une phrase illustrée et immédiatement après dans une série de mots. Quant à la démarche, les auteurs préconisent des procédés actifs, sans adopter un mode injonctif pour autant, laissant plutôt chacun s'en inspirer librement : « *En pédagogie, il n'y a rien d'absolu et les meilleurs procédés sont ceux qui donnent les résultats, les plus rapides et les plus solides avec le plus grand nombre d'élèves.* » On suggère les pas suivants :

Les auteurs de la *'Méthode Boscher'* préconisent des procédés actifs.

- Exercice de révision des lettres et sons étudiés en tête de la leçon ;
- Lecture de la gravure : le maître dirige l'exercice d'élocution et de langage ; les propositions sont énoncées et corrigées par les élèves ;
- Exercice de lecture ;
- Ecriture au tableau des mots proposés par les élèves ;
- Exercices syllabiques : bé, ba, be, bu ;
- Composition de syllabes : s+a = sa ;
- Lecture de mots contenant des blancs graphiques pour séparer les syllabes et faciliter ainsi le déchiffrement (perte de l'unité graphique du mot) ;
- Ecriture : copie ou dictée avec insistance sur le graphisme ;
- Orthographe par le procédé '*Lamartinière*' de mots ou phrases connues ;
- Calcul ;
- Autres enseignements : dessin, modelages, travaux manuels inspirés de la leçon.

La *Méthode Boscher* s'adresse à une France rurale ouverte sur le monde. Les illustrations présentent la France du travail et de la famille idéale et vertueuse. Comme Charline, beaucoup d'écoliers ont été attirés par les couleurs vives dominées par des couleurs chaudes (*rouge, jaune, ocre, marron*).

Une des premières pages de la 'Méthode Boscher'.

Le vocabulaire est commandé par la lettre étudiée. Les premiers textes proposés sont en relation avec la nature : la pluie, le vent, les canards, les lapins, l'escargot, les chats de mon grand-père, trois petits oiseaux, les papillons, véhiculent une morale. Les premiers extraits de contes, comme '*Le petit Poucet*', '*Le loup et les biquets*', '*La pêche d'Isengrin*' et '*La chèvre de monsieur Seguin*', ont imprimé des valeurs chez ceux qui ont appris à lire avec cette méthode, en France et dans le monde. Après la deuxième guerre mondiale et l'histoire de la colonisation, la poésie '*La Ronde*' de Paul Fort s'érige en point d'orgue à la fin du manuel.

La Méthode Boscher s'adresse à une France rurale et présente la famille idéale et vertueuse.

- *Mamadou et Bineta (1931)*

La préface au premier syllabaire, écrite par l'inspecteur général de l'enseignement en AOF, précise que la méthode répond à trois conditions :

- Le manuel contient une progression rigoureuse ;
- Le livre contient des conseils pédagogiques ;
- Les contenus et les illustrations sont adaptés au contexte.

Ces conditions sont explicitées comme suit : « *C'est d'abord la mise en œuvre d'une méthode rigoureuse et simple. Le chemin est tracé, ordonné, le cadre bien rempli* [...] . *Il est pratique, vivant, concret, les mots s'associent aux images, aux choses qui les appellent et qui les fixent. L'illustration avenante et nette complète le texte et résume la leçon. Apprendre ainsi le français devient une joie pour nos petits écoliers noirs. Enfin il est guidé, dirigé, inspiré par la vie indigène et l'amour de la France.* »

Le manuel '*Mamadou et Bineta*' paraît en 1931.

Dans l'édition de 1950, A. Davesne explique la méthode à suivre pour enseigner les voyelles comme suit :

- *« Le maître montre l'image et le mot, il les prononce en insistant sur la voyelle étudiée. Les élèves répètent.*
- *Le maître dessine les objets qui contiennent la voyelle étudiée. Il écrit le mot étudié en faisant apparaître la lettre étudiée (craie de couleur).*
- *Il compose un tableau de lecture analogue à celui du livre.*
- *Il découpe dans du papier ou mieux dans du carton les dites lettres : il les montre, les fait palper, observer de toutes manières. Les sensations tactiles s'ajoutent aux sensations visuelles. Les souvenirs des enfants seront à la fois plus précis et plus durables. »*

La méthode '*Mamadou et Bineta*' utilise la lettre que contient le mot support comme entrée. Il s'agit d'une méthode syllabique basée sur la lettre de conception ascendante, comme illustré ci-contre. Les exercices à faire faire aux élèves sont inscrits dans la leçon. *Mamadou et Bineta*, qui semble aujourd'hui très prescriptif, constituait à l'époque un '*tout en un*' qui a permis à de nombreux maîtres d'école d'être sereins face à la classe.

↑ Phrase
Mot
↑ Syllabe
↑ Lettre

A. Davesne donne de nombreux conseils pour encourager les maîtres et les élèves : faire des leçons courtes, alterner les exercices oraux, écrits et physiques, ne pas blâmer les élèves, les féliciter et les encourager. Il introduit la proprioception (*toucher, suivre les contours de la lettre*) ainsi que des techniques de classe, telles que l'interrogation rapide.

Couverture du manuel '*Mamadou et Bineta*'.

A. Davesne a donné de nombreux conseils aux maîtres africains pour une bonne utilisation du manuel.

Quant aux contenus et aux illustrations, on estime qu'ils sont adaptés au contexte. Cette affirmation est à replacer dans le contexte de pénurie de manuels scolaires adaptés à l'AOF, au désir d'alphabétiser le plus d'enfants possible et aux représentations ambiantes sur la société rurale africaine. Chaque page est illustrée d'un ou plusieurs dessins en noir et blanc. Le vocabulaire (*natte, fonio, canari, boubou, calebasse, képi, etc.*) est choisi tout comme les prénoms (*Séni, Hamidou, Mamadou, Bineta, Camara, Moussa, Konaté, etc.*) de manière à recouvrir une grande partie de l'AOF et sont associés à d'autres non marqués comme africains, tels que Wanda ou Xavier.

Quant aux thèmes, tels que la classe, un mauvais élève, la petite souris, la fête, dans le champ, en pirogue, le marché, le livre, le troupeau, la pileuse, le singe et le bracelet, la case brûle, il faut être propre, ils sont transculturels en Afrique. Ces contenus ont fait l'objet d'analyses, notamment au niveau des représentations et des stéréotypes véhiculés. Ces contenus répondent au contexte politique, historique et sociologique de l'Empire colonial.

En 1950, A. Davesne reconnaît que beaucoup d'élèves africains ne connaissent pas un mot de français quand il viennent s'asseoir sur les bancs de l'école.

Dans l'avant-propos de la version 1950, A. Davesne insiste sur '*la connaissance du vocabulaire qui rend l'apprentissage de la lecture moins ingrat*'. La méthode permettrait-elle de déchiffrer des mots, puis des phrases auxquelles aucun sens ne serait associé ? Dans ce cas, il n'y a pas acte de lecture (*Cf. Définitions de la lecture*). A. Dasvesne met en garde : « *Beaucoup de petits Africains ne connaissent pas un seul mot de français, quand, pour la première fois, ils viennent s'asseoir sur les bancs de l'école. Si l'on n'y prend garde, le mot lu n'est qu'un son qui n'évoque aucun souvenir, ne suggère aucune image. L'exercice de lecture leur paraît dès lors fastidieux, insipide, parce que dénué de tout intérêt pratique immédiat.* »

Combien d'écoliers abandonnent aujourd'hui le système scolaire pour des motifs similaires ?

- *Pour terminer : Des reproches aux méthodes syllabiques*

Face à des élèves qui syllabent, ânonnent ou déchiffrent mais ne lisent pas, des reproches sont faits aux méthodes syllabiques dont voici les principaux :

- La lettre n'est pas l'unité linguistique de notre code écrit dont les irrégularités sont des constantes.
- La question de la perception des syllabes à la signification

globale de l'ensemble est posée sous la pression des travaux de Piaget.

Les reproches faits aux méthodes syllabiques sont bien connus...

- Les méthodes ne prévoient aucune anticipation, aucune prise de risques.
- Le vocabulaire et la syntaxe sont pauvres.
- L'élève est exposé à une suite d'énoncés invraisemblables et non à un vrai texte avec une cohésion d'ensemble.
- Les signes diacritiques propres à l'écrit sont élagués, de même que les signes extra-alphabétiques : ponctuation et majuscules.
- L'attention excessive à la syllabe conduit l'enfant à syllaber.
- L'apprenti-lecteur est exclu de la méthode centrée sur la structure de la langue.

De nombreux manuels sont issus de cette approche dont l'étape ultime de la lecture des syllabes sur le tableau mural va rebuter nombre d'élèves. Ce désintérêt croissant des élèves pour cette tâche, les débats entre partisans des méthodes globales (*Adam, XIXème siècle*) et syllabiques, les recherches sur l'apprentissage et les évolutions de la linguistique vont faire éclore de nouveaux manuels et faire vivre des innovations en matière d'apprentissage de la lecture.

...et les innovations en matière d'apprentissage de la lecture mèneront à une éclosion de nouveaux manuels.

3.2 La méthode globale

En 1887, l'abbé Nicolas Adam, soucieux de rendre l'élève plus actif et de recourir à ses capacités de réflexion, fait le pari d'apprendre à lire sans parler ni de lettres, ni de syllabes ; il s'appuie sur le fait qu'un bon lecteur ne déchiffre pas, mais reconnaît les mots, qu'il voit les groupes de mots et qu'il est capable d'anticiper la suite d'une fin de page.

En 1887, l'Abbé Nicolas Adam fait le pari d'apprendre à lire sans parler ni de lettres, ni de syllabes.

C'est un renversement complet de la démarche traditionnelle fondée sur l'abécédaire, en œuvre depuis l'Antiquité, puisqu'elle invite l'enfant à partir à la découverte de l'écrit. L'enfant est acteur de son apprentissage et non plus le sujet de l'action du maître, médiateur de la technique de déchiffrage. Il s'agit de l'amener à repérer les mots à mémoriser, comme on photographie un objet ou un visage, et à les reconnaître à l'intérieur d'un texte, avant d'analyser les éléments qui les composent. Il s'agit bien d'appréhender les écrits selon une méthode descendante, analytico-synthétique, pour être en mesure d'écrire soi-même, à partir des analyses effectuées après les observations de récurrences.

Les opposants à cette méthode disent que la lecture se fait par la reconnaissance d'un mot entier, et non par le code de l'écrit ; que, de ce fait, le mot est la plus petite unité fréquentée dans cette méthode. La notion de syllabe n'y est donc théoriquement pas envisagée en tant que support d'apprentissage.

Nicolas Adam et Ovide Decroly partent du principe que l'enfant perçoit mieux les ensembles qui ont du sens.

Le médecin neurologiste belge Ovide Decroly appliquera cette méthode à partir de 1901 pour apprendre à lire à de jeunes sourds et fondera, en 1907, l'école de l'Ermitage près de Bruxelles, destinée à tous les enfants. N. Adam et O. Decroly partiront du principe que l'enfant perçoit mieux les ensembles qui ont du sens (*mots ou phrases*) que les éléments sans signification (*lettres ou syllabes*) (*théorie de la perception*). Leur méthode s'appuiera sur l'observation de ce que l'élève énonce lui-même, pour le mettre en mesure de comprendre et d'utiliser le code alphabétique.

Dans cette méthode, tous les écrits restent exposés dans la classe.

La démarche Decroly prévoit de partir d'activités vécues, motivantes pour la classe (*pédagogie du projet*). Les textes proposés par les enfants (*en langue des signes pour les sourds*) leur sont exposés pour une reconnaissance globale, avant de procéder à des observations et analyses. Le sens et la reconnaissance (*la compréhension*) de l'écrit et de ses caractéristiques (*ponctuation, majuscules...*) sont prioritaires. Tous les écrits restent exposés dans la classe. Au fur et à mesure des observations des enfants, les régularités sont formalisées, la pérennité du sens, les variations de l'orthographe et de l'ordre des mots dans la phrase sont interrogées et les apprenants établissent des règles qui seront infirmées ou non par l'observation des prochains écrits. Le changement de forme accompagne le changement de sens ; orthographe et fonctionnement de la langue (*grammaire*) font partie des éléments constructifs du sens.

Cette démarche nécessite une formation des maîtres très accomplie car, dans l'absolu, ceux-ci doivent suivre les productions des enfants. D'autres supports, notamment des livres pour enfants et autres écrits authentiques de la communication (*et non les manuels*), sont introduits. L'accumulation des écrits participe à la constitution d'une bibliothèque éphémère de la classe. Cette démarche est utilisée dans les écoles labellisées Decroly, mais aussi par de nombreux professeurs et équipes pédagogiques du secteur public en France.

L'appellation *méthode globale* est ambiguë car elle est employée à tout moment pour désigner des pratiques très différentes. Célestin Freinet utilisa initialement ce terme pour sa pratique partant de l'expression des enfants, nommée ultérieurement *Méthode naturelle de lecture*. La méthode globale est souvent sujette à polémiques, car assimilée à toute méthode non strictement syllabique ou alphabétique, notamment aux *méthodes mixtes* avec quelques leçons d'assimilation globale de phrases souvent associées à une illustration en début d'apprentissage.

L'appellation '*méthode globale*' est employée pour des pratiques très différentes.

3.3 La méthode naturelle

Entre les deux guerres, Célestin Freinet (*1896-1966*) veut mettre fin au désintérêt des élèves pour la lecture des syllabes sur un tableau mural ; il pense que le seul déchiffrage ne permet pas de comprendre les mots.

Il est l'initiateur de la *méthode naturelle*. Il s'agit là d'une démarche nouvelle : Freinet ne met pas sur le même plan le code alphabétique et le langage oral que l'enfant apprend spontanément au contact de ses proches. Il sait que l'alphabet est une convention artificielle qu'on ne peut décoder si on n'en donne pas les clés. Il prend comme support des textes authentiques de la presse et de la vie de la classe et valorise la co-éducation par des tâches collectives. Les centres d'intérêt et les productions des élèves sont utilisés pour les éveiller à la langue et susciter le besoin de maîtriser les éléments de base du code de l'écriture. L'objectif est d'attribuer au plus vite du sens aux mots écrits dans un contexte de communication authentique pour interroger, maîtriser et s'approprier les mécanismes du lire-écrire afin de l'utiliser.

Célestin Freinet met au point la '*méthode naturelle*'.

Les auteurs de '*Sani et Fati*' recommandent la lecture à voix haute étant donné qu'il s'agit d'une langue étrangère aux élèves.

Encadré 38 : Sani et Fati, un manuel nigérien

Par définition, il n'existe pas de manuel dit de méthode globale mais certaines éditions associent l'image à des textes qui demandent un traitement par une approche globale de l'écrit : une méthode descendante analytico-synthétique. C'est le cas d'un manuel africain édité au Niger, '*Sani et Fati*' (*Medis, Hatier-Indrap, 1980*) qui se distingue des autres éditions par l'absence de page de syllabes et de leur combinatoire. La progression très étudiée des textes permet à l'apprenant d'écrire rapidement ses propres textes.

On notera l'absence des majuscules, la présentation séparée et matérialisée des phrases, l'introduction, comme dans les syllabaires, des voyelles '*i*' puis '*o*' mais aussi un souci d'appréhender la lecture différemment de la plupart des manuels. L'entrée par l'image très colorée et marquée culturellement dans un environnement rural peut motiver les apprenants dans ce contexte. Les auteurs, Saadou Galadima et Raymond Bouysseau, semblent s'excuser en demandant au maître de faire effectuer une lecture à voix haute au cours de la troisième séance pour une raison bien précise :

« *Bien que la lecture à voix haute ne soit pas une réalité de la vie courante et qu'elle conduise assez souvent à la syllabation, il nous paraît sage de ne pas écarter cet exercice quand il s'agit de lire en langue étrangère. En effet, pendant la lecture à voix haute le maître peut faire les corrections phonétiques qui s'imposent.* »

Par ailleurs, les auteurs révèlent les errements de plusieurs réflexions des années 80 au sujet de :

- La lecture (*authenticité des écrits et enseignement/apprentissage*) ;
- L'apprentissage de l'enseignement d'une langue étrangère (*concilier approche communicative et correction phonétique*) ;
- La nécessité de s'adapter au contexte (*illustrations et contenus*) pour accroître la motivation de l'élève devenu apprenant.

Une des premières doubles pages de '*Sani et Fati*'.

L'enfant devient lecteur-scripteur. Pour cela, Freinet met en place au centre des activités l'imprimerie afin de reproduire les textes libres. Ainsi, dans la manipulation des lettres de plomb, l'enfant construit peu à peu les règles de fonctionnement du code ; de plus, il utilise l'écrit à des fins de communication réelle, avec la mise en place de la correspondance scolaire et la gestion autonome de la coopérative de l'école.

Cependant, la *méthode naturelle* a certaines limites : Freinet a débuté dans des écoles rurales dites '*classes uniques*' où un effectif relativement réduit d'élèves effectuait le cours primaire, où la vie collective s'imposait et où les progrès de chacun étaient mesurables dans une évaluation formative permanente et une co-évaluation entre apprenants. Une telle pédagogie de '*vie à l'école*' est plus difficile à gérer dans une classe urbaine à grand effectif. La motivation ne se construit pas de la même manière et le devoir de donner l'aspect '*technique*' de la lecture à tous est plus difficile dans la découverte autonome.

Rappelons que lire, c'est comprendre un texte écrit, et donc, apprendre à lire, c'est apprendre à comprendre un texte écrit. La véritable question qui se pose est évidemment : « *Comment fait-on pour comprendre un texte écrit ?* » : enseigner la lecture, c'est enseigner les réponses à cette question ! (*E. Charmeux 23/12/05, Cahiers pédagogiques*)

3.4 La méthode idéo-visuelle

La manière d'être lecteur, ouvrage paru en 1974 sous la plume de Jean Foucambert, pose la lecture comme un procédé essentiellement visuel. L'auteur revient sur la définition classique du déchiffrement selon laquelle l'enfant doit apprendre à associer des sons à des signes écrits pour les transformer en signes oraux à partir desquels une signification se dégage. Pour lui, *savoir lire, c'est lire avec les yeux, c'est attribuer un sens aux signes graphiques*. Cette assertion va orienter l'apprentissage de la lecture comme processus individuel d'une pratique sociale et culturelle, et toujours inscrite dans un projet : lire, c'est donc, avant même de chercher de l'information, avoir choisi l'information que l'on cherche. Les actes de lecture seront donc différents selon l'information choisie.

Basée sur la théorie de la perception (*l'œil perçoit un ensemble et non une juxtaposition*), cette méthode vise :

- L'identification des formes écrites considérées comme des unités de sens. Aucun travail sur les correspondances entre les signes et les sons n'est systématisé ;
- La lecture silencieuse ;
- L'émission d'hypothèses sur le sens à partir d'indices prélevés et combinés ;

Dans la méthode idéo-visuelle, lire c'est lire avec les yeux, attribuer un sens aux signes graphiques.

- L'identification des mots mémorisés par le lecteur ;
- L'anticipation sur la suite d'un écrit ;
- L'attribution directe du sens à l'écrit.

La démarche s'opère comme suit :

- Le maître part de l'image qui illustre le récit.
- Les élèves font des hypothèses en interprétant l'illustration.
- Le maître montre le texte, les élèves trouvent ce qui est écrit en s'aidant des hypothèses émises, et de la page de droite qui contient des vignettes illustrant chacun un mot au singulier et au pluriel. On peut déduire le mot écrit grâce à sa représentation. Par comparaison, on cherche où se trouve le mot dans le texte.

Les exercices visent tous à la discrimination visuelle et à la mémorisation de mots

La méthode mixte opère un va et vient entre méthode descendante et ascendante.

3.5 La méthode mixte

Elle est de loin la méthode la plus utilisée, opérant un va et vient entre méthode descendante et ascendante. Les manuels qui engendrent cette double opération sont foisonnants. Dans les années 60, lettres et syllabes sont mises en situation à l'intérieur de courtes phrases, elles-mêmes découpées en mots pour arriver à la syllabe, puis au phonème ou à la lettre. A différents degrés, la méthode mixte associe une première approche globale qui demande aux élèves de mémoriser des mots et des textes courts avant de les amener à les déchiffrer selon la méthode syllabique. Elle sollicite plusieurs formes de compréhension qui peuvent décourager l'apprenant si elle ne débouche pas sur des activités d'écriture personnelle, sur le lire-écrire.

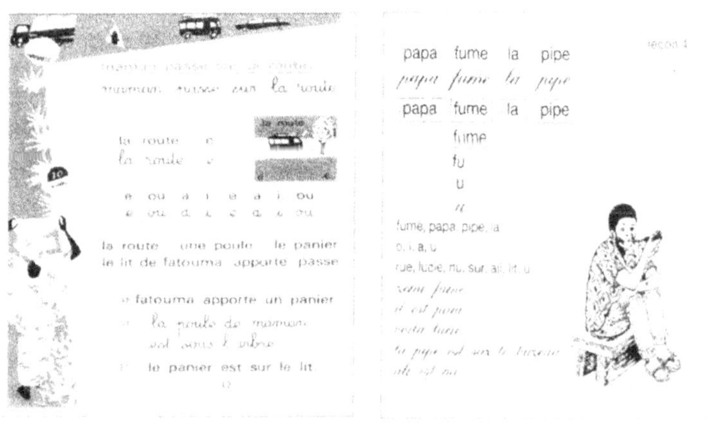

Extraits du manuel '*Pour parler francais à Djibouti*' (Edicef, Paris, 1967), à gauche, et du manuel '*La joie de lire avec Ali et Koutou*' (ECA, Sarh, 1993), à droite.

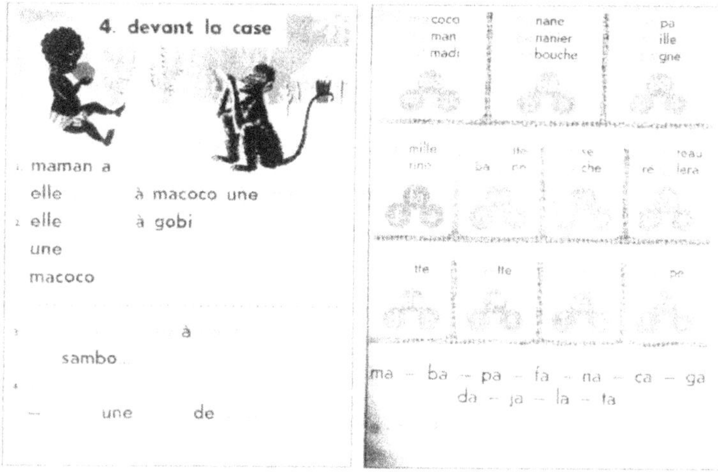

La Méthode de lecture : Le voyage de Macoco **(Bourrelier, 1957)**

Voici ci-dessus un manuel dont les contenus culturels sont discutables, mais qui est très rigoureux dans sa démarche analytique et novateur pour son époque.

3.6 La méthode syllabique à entrée phonique

La linguistique fonctionnelle et la définition du langage selon André Martinet font apparaître des méthodes à entrée phonique dans les années 70.

Les notions de phonème et de ses différents graphèmes, ce que l'on entend (*phonème*) et ce que l'on voit (*graphème*) vont engendrer une série de manuels de lecture. La méthode est assimilée au manuel '*Le Sablier*', venu du Canada. Il s'agit d'un changement radical dans l'apprentissage de la lecture dans la mesure où le point de départ n'est plus les lettres de l'alphabet mais les phonèmes de cette langue, isolés dans un énoncé oral pour les reconnaître dans un énoncé écrit. Le Sablier donne les consignes suivantes : '*Ecoute la phrase. Ecoute les sons qui la composent. Regarde comment ils s'écrivent. Lis la phrase.*' La méthode du '*Sablier*' est très structurée : elle insiste en particulier sur les prérequis travaillés en amont dans les domaines suivants :

- *Affectif* : l'enfant doit être en sécurité affective, pour être '*prêt*' à apprendre à lire ;
- *Psychomoteur* : l'enfant doit avoir une représentation de son schéma corporel, connaître la latéralisation (*sa droite, sa gauche, devant, derrière...*), savoir s'orienter dans

Dans la méthode du Sablier, chacun des 36 phonèmes de la langue demande une semaine d'étude.

l'espace et dans le temps, avoir une certaine coordination motrice, notamment dans l'écriture ;

- *Communicationnel* : l'enfant doit posséder un bon niveau de développement du langage oral et le désir de lire ;
- *Cognitif* : l'enfant doit comprendre le langage et être apte à l'analyse et à la synthèse.

Chacun des 36 phonèmes de la langue demande une semaine d'étude établie selon les conseils suivants :

- Le premier jour, on étudie une comptine et le phonème à étudier : les enfants doivent être capables de mimer avec les mains la comptine, son rythme et ses accents; ils doivent situer le phonème étudié dans la chaîne sonore ; enfin, ils voient comment s'écrit le phonème. Ils découvrent le costume (*le graphème*) du son (*le phonème*) qu'ils rangent dans un placard comme ci-dessous.

J'entends : Phonème	Je vois : Graphèmes
[o]	**au eau o ot aud haut os au aux**
(*selon l'Alphabet Phonétique International, API*)	(*selon le code orthographique français*)

- Le deuxième jour, les élèves proposent des mots où l'on entend les phonèmes privilégiés. Les mots sont expliqués, analysés phoniquement puis graphiquement et rangés selon leur 'costume' avec les mots appris précédemment. Puis

Encadré 39 : La double articulation

Le langage humain se singularise par le phénomène de la double articulation :

La **première articulation** est constituée par les unités significatives que sont les unités lexicales et grammaticales (*morphèmes*). Les unités distinctives dépourvues de sens en elles-mêmes (*phonèmes*) forment la deuxième articulation.

C'est le linguiste André Martinet qui a le premier relevé la double articulation du langage, spécifique au langage humain (*par opposition aux langages formels*).

Exemple : Le mot tablette est constitué par deux morphèmes, tabl, et le suffixe -ette. Il est constitué des phonèmes /t/, /a/, /b/, /l/,/e/, /t/.

(*André Martinet, Cours de linguistique générale, A. Colin, 1960*) les élèves composent des phrases avec les mots contenant le phonème appris. Ensuite, le maître pratique un renforcement technique en faisant manipuler, lire et copier des syllabes artificielles.

- Le troisième jour, le travail porte sur des phrases de la vie courante.
- Le quatrième jour, la classe fabrique un conte collectif et lit le conte du manuel.
- Le cinquième jour, l'enseignant contrôle les acquis.

Cette méthode phonique adopte la même logique synthétique que la méthode syllabique. Elle consiste à assembler des éléments isolés pour constituer des ensembles de plus en plus grands. '*Le Sablier*' perfectionne cette démarche par la reconnaissance des relations contingentes mais contraignantes qui se sont historiquement établies dans le codage écrit des phonèmes. Mais elle s'est mise un peu plus à la portée des enfants en se souciant de la manière dont, avec leurs moyens, ils perçoivent la lecture et l'écriture.

Nous aimerions également citer la toute nouvelle édition de '*Ma semaine de français*' éditée par Nathan en février 2006 à destination du Cameroun et dont nous reproduisons un extrait ci-dessous. Une leçon de langage précède la leçon de lecture à

Le manuel '*Ma semaine de français*' a été édité par Nathan à destination du Cameroun.

entrée phonique, les graphèmes sont donnés en haut des pages de lecture, les mots contenant les différentes graphies sont inclus dans le texte ou présentés dans la comptine en fin de leçon.

Ce manuel constitue un '*tout en un*' : une première partie est consacrée au langage, une entrée par le dialogue illustré dans une bande dessinée. Elle contient des histoires à raconter, des comptines à retenir. La partie lecture vient ensuite. Elle précède des pages d'exercices de lecture, de graphie, d'orthographe et de conjugaison. A la fois manuel et cahier d'exercices, cette méthode suppose un ratio d'un livre par élève.

3.6 Autres méthodes à entrée phonique

Nous nous contenterons de présenter brièvement deux d'entre elles : la lecture en couleurs du mathématicien Caleb Gattegno et celle de Suzanne Borel-Maisonny.

- *La lecture en couleurs du mathématicien Caleb Gattegno*

Il s'agit d'un ensemble de démarches et de matériels spécifiques à l'apprentissage de la lecture, de l'orthographe et de la conjugaison pour un public francophone, soit d'adultes qui ont rencontré des difficultés lors de l'apprentissage, soit d'immigrés qui possèdent des compétences à l'oral mais n'ont pas appris à lire et écrire. Ces matériels ne s'adressent pas aux personnes ne sachant pas ou peu parler le français. La méthode est très utilisée dans les cours d'alphabétisation des adultes, avec beaucoup de réussite. Un matériel unique, ne comptant pas de manuel, est composé des éléments suivants :

- Des tableaux de mots rendant visible par la couleur la segmentation de la langue en mots et en graphèmes ;
- Des tableaux d'orthographe appelés Fidel présentant sous forme de tableaux exhaustifs non des syllabes mais des graphèmes, pour un travail sur l'orthographe et la pratique de la combinatoire ;
- Un pointeur lumineux utilisé par l'enseignant et par les apprenants pour lier les graphèmes, en faire des mots puis lier les mots pour en faire des phrases. L'utilisation du pointeur permet de stigmatiser l'ordre temporel de la chaîne de la parole et l'ordre linéaire de la chaîne écrite.

A noter aussi les méthodes utilisées pour l'alphabétisation des adultes.

L'utilisation de la couleur rend tangibles les relations entre l'écrit et l'oral et permet de travailler sur la conscience phonologique. Chaque phonème, avec ses différentes graphies, a sa couleur. La couleur soutient aussi l'autonomie de l'apprenant à travers la prise de conscience de ces diverses relations.

Toutes ces méthodes insistent sur l'importance des compétences langagières à l'oral.

- *La méthode Suzanne Borel-Maisonny*

Utilisée pour la rééducation des sourds et malentendants ainsi que pour les enfants dits dysphasiques (*souffrant de troubles du langage*), la méthode Maisonny associe une gestuelle à chaque phonème ; elle est parfois qualifiée de gestuelle ou de phonético-gestuelle. Un manuel Borel-Maisonny et un guide du maître accompagnent le tableau des gestes.

Ascendantes ou descendantes, les méthodes de lecture utilisent différentes entrées : lettre, texte, mot, image, phonème, langage. La maîtrise du code nécessaire à la lecture n'est pas synonyme de compréhension, car celle-ci constitue en elle-même un objet d'apprentissage pour une lecture accomplie. Toutes insistent sur les connaissances et compétences langagières à l'oral qui nous importent au plus haut point dans le cadre d'un enseignement bilingue.

4 Quelle entrée privilégier dans le cadre d'un enseignement bilingue ?

A cette question, aucune solution '*prêt-à-porter*' réalisable dans tous les contextes ne sera apportée dans cet ouvrage. Dans le contexte de l'Afrique à forte tradition orale, la lecture est un acte qui mobilise un ensemble de démarches psychologiques, pédagogiques et sociologiques. Toutefois, les réflexions précédentes doivent nous guider sur des variables incontournables, à développer dans un programme d'enseignement bilingue de type additif recommandé par toute la communauté éducative, que nous commentons ci-dessous, à savoir :

- l'importance des prérequis langagiers ;
- la prééminence du sens ;
- les contraintes phono-graphiques du français ;
- la lecture-écriture.

4.1 Importance des prérequis langagiers

Pas de formule toute faite pour apprendre le français dans les milieux multilingues.

Au cours des premières années du programme, la LO est introduite comme matière à l'oral. La méthode communicative permet aux élèves d'entrer peu à peu dans la communication au travers d'actes de paroles de la vie quotidienne : saluer, se présenter, demander l'heure, demander son chemin, savoir faire des achats, exprimer ses goûts, faire des projets, raconter une histoire, etc. Chaque acte de parole présente plusieurs structures syntaxiques et utilise un vocabulaire minimum. Les interactions entre élèves permettent de manipuler la conjugaison sans qu'il soit question de '*leçon de conjugaison*'. Les simulations, jeux de rôles et dramatisations peuvent faire de cette matière un moment à part de plaisir et de jeu. Nous reviendrons plus tard sur cet aspect de l'apprentissage de la LO, mais tenons à souligner dès à présent que cette entrée par le langage oral est primordiale pour s'aventurer dans l'apprentissage de la lecture-écriture.

Il est essentiel d'introduire d'abord la langue officielle comme matière à l'oral.

4.2 Prééminence du sens

L'école qui a fait le choix d'un programme d'enseignement bilingue n'est pas exempte d'écrits dans les deux langues. Les élèves savent vite distinguer l'écriture du français de celle de la langue locale, et peuvent faire des hypothèses sans trop d'inexactitude sur la signification de l'écrit. Certains auront déjà '*photographié*' quelques mots. D'autres lieux et objets du village sont propices à de telles inférences, tels que le dispensaire, les insignes des commerçants, les publicités et la mairie. Dans chaque cas, l'enfant est en situation de compréhension du sens sans pour autant pouvoir déchiffrer : d'autres éléments du contexte ainsi que l'écriture en langue locale lui apportent des indices par rapport au sens global du message. L'entrée dans l'écrit en LO à l'école doit faire sens chez l'élève ; celui-ci doit avoir une idée de ce qu'il va lire, être toujours sollicité quant au sens présumé de la lecture en question. Ici se pose la douloureuse question des supports, mais nous verrons comment y pallier au mieux dans les écoles à petit budget.

Par ailleurs, l'entrée dans l'écrit en LO doit faire du sens pour l'élève.

4.3 Les contraintes phono-graphiques du français

La langue française possède 36 phonèmes aux graphèmes parfois multiples selon l'étymologie, la sémantique ou la morphosyntaxe de la phrase dans lesquels ils sont énoncés. On découvre ainsi qu'il n'y a que 4 façons d'écrire '*e*' mais 38 pour '*è*'. Sur la base du langage oral toujours enrichi, il sera plus aisé de présenter les sons, et non les lettres, aux apprenants. La combinatoire utilisée, découverte en langue locale, doit constituer un autre jeu. Le tableau Fidel de la méthode Gattegno peut être d'une aide intéressante ou du moins soutenir la présentation des graphèmes, par l'utilisation d'une couleur pour tous les graphèmes d'un même son.

4.4 La lecture-écriture

L'enfant lecteur est un enfant scripteur. Il ne peut y avoir lecture sans écriture et vice-versa. L'apprenti lecteur doit devenir très vite un apprenti scripteur dans des tâches de prises de risques limitées par les outils élaborés dans la classe. La conscience du mot, de la phrase et du texte doit s'accomplir dans l'écriture-lecture pour pouvoir s'appliquer dans la lecture-écriture. Ce travail de la pensée doit être exercé dans les deux sens pour éviter de faire travailler un code à vide. Beaucoup d'autres signes autres que ceux de la combinatoire, propres à l'écrit participent à la construction du sens. L'enfant qui a déjà appris à lire dans sa langue peut exprimer ses stratégies d'apprentissages, les inférences qu'il peut faire à partir de ce qui est déjà compris du fonctionnement de la langue. Il utilise le métalangage et la métacognition (*Se reporter à ce sujet à l'encadré de la page suivante*) ; il peut expliquer dans sa langue comment se construit le sens en langue officielle, comment il fait pour comprendre, comment il peut faire pour écrire.

La question des supports didactiques restent une douloureuse question pour la majeure partie des écoles africaines, surtout celles de milieu rural.

5 Concepts clés

Comme dans les chapitres précédents, commentez brièvement chacun des concepts suivants, autant que possible en petits groupes :

Code
Combinatoire
Compréhension
Graphème
Lecteur scripteur
Lecture
Lire-écrire
Manuel
Méthode ascendante : méthode syllabique
Méthode descendante : méthode globale
Méthode idéovisuelle, méthode mixte, méthode naturelle
Méthodes à entrées phoniques

Encadré 40 : Métalangage et métacognition

- *Métalangage (n. m.) :* Langage qui sert à parler d'une langue, à la décrire. La grammaire, par exemple, fait partie du métalangage.
- *Métacognition (n. f.) :* Ce terme apparaît pour la première fois en 1976, pour faire référence à la « *connaissance du sujet de ses propres processus cognitifs, de leurs produits et de tout ce qui s'y rapporte* ». *(Flavell, 1976, cité dans Allal et Saada-Robert, 1992 : 268)*. Il s'agit donc d'une faculté cognitive qui permet au sujet de '*réfléchir sur comment il réfléchit*'. Rappelant la célèbre formule '*Connais-toi toi-même*', Wolfs (*1992*) montre que la métacognition prend son origine dans l'Antiquité. En 1934, Vygotsky portait un intérêt marqué pour les connaissances que le sujet avait de ses propres processus cognitifs. Quant à Piaget, il aborda cette notion sous le terme d'abstraction réfléchissante dans plusieurs ouvrages et surtout dans des recherches menées sur ce thème en 1977.

6 Résumé

L'apprentissage de la lecture est une activité complexe qui demande une pédagogie d'autant plus élaborée qu'elle s'exerce en milieu quasi exolingue.

Longtemps, la lecture était tout à la fois support de l'apprentissage de la langue et support des apprentissages des autres matières avec les résultats que l'on connaît. La réussite en LC a longtemps servi de '*bien de distinction*' (*Bourdieu*) entre une élite urbaine et le peuple des faubourgs et des campagnes, résultat d'une pédagogie coloniale basée sur la topologie des écoles.

En dépit des recommandations antérieures aux Indépendances d'utiliser une langue vernaculaire au cours des premières années du développement cognitif de l'enfant (*1953*) de nombreux gouvernements ont hésité dans l'application de ces directives. Etait-ce par souci de garder le pouvoir ou par crainte de coûts supplémentaires d'un enseignement en plusieurs langues nationales et une ou parfois deux langues officielles ? Ce n'est pas notre préoccupation ici. Dans le cadre d'une éducation pour tous, ouverte à des programmes bilingues '*additifs*', les premiers apprentissages en LM sont gages du développement cognitif cohérent de l'enfant. L'apprentissage de la LO peut alors s'étayer sur des bases solides construites sur la compréhension et la métacognition.

Après cet exposé, le lecteur sera peut-être déçu de ne pas trouver une méthode pour entrer dans la lecture en langue officielle. Toutefois, nous avons avancé des jalons pour sa pédagogie, jalons que nous déroulerons dans la troisième partie.

7 Suggestions bibliographiques pour ce chapitre

Lectures conseillées

ADEA (2004). *La quête de la qualité : à l'écoute des expériences africaines*.-Compte-rendu de la biennale de l'ADEA (Grand Baie, Maurice, 3-6 décembre 2003)

Beaume, E. (1985). *La lecture, préalables à sa pédagogie.* Paris : AFL

Bentolila, A., Chevalier, B. & Falcoz-Vigne, D. (1991). *La lecture*. Paris : Nathan, Repères pratiques

Charmeux, E. (1998). *Apprendre à lire - échec à l'échec. Paris :* Milan

Chopin, A. (1992). *Manuels scolaires : histoire et actualité.* Paris : Hachette Education.

CRAP cahiers pédagogiques (2005). *Apprendre à lire, quoi de neuf ?* Dossier coordonné par Jacques Crinon, n° 441

CRAP cahiers pédagogiques (2005). *Le point sur les méthodes de lecture*. Elisabeth Bussienne

CRAP cahiers pédagogiques (2006). *La lecture en questions.* Dossier complémentaire au n° 442

CRAP cahiers Pédagogiques (2005). *Enseigner, un métier qui s'apprend.* Paris, n° 435

Downing, J. & Fijalkov, J. (1990). *Lire et raisonner.* Paris : Privat

Foucambert, J. (1994). *La manière d'être lecteur*. Paris : Albin Michel

Huot, H. (1989). *Dans la jungle des manuels scolaires*. Paris : Seuil

ONL (Observatoire National de la Lecture) (2005). *Méthode de lecture.* Caty MAMOU-MANI, CPC de Saint-Ouen

Spaëth, V. (1998). *Généalogie de la didactique du français langue étrangère. L'enjeu africain.* Paris : Didier Érudition, Coll. Chaudenson

Lectures périphériques

Calvet, L. J. (1987), *La guerre des langues et les politiques linguistiques.* Paris : Payot

Fandio, P. (2003), *Enseignement des langues étrangères et problématique de l'intégration nationale en Afrique postcoloniale: le cas du Cameroun.* University of Buea (Cameroun). Mots pluriels n°23 2003 http://www.arts.uwa.edu.au/MotsPluriels/MP2303pf.html

Hurbon, L. (1977), *Le pouvoir culturel et politique des Églises en Afrique Noire.* In : Civilisation noire et Églises catholiques, colloque d'Abidjan, 12-17 septembre1977

Le Français dans le monde, (numéro spécial, janvier 1998) *Histoire de la diffusion et de l'enseignement du français dans le monde, Recherches et applications.* Paris : Hachette/Edicef

Rolland, D. (2000) « Français langue étrangère ou français langue seconde, le grand écart ». In : *Le français dans le monde,* dossier professeur de français, n° 311, juillet-août

3

Suggestions pour une amélioration de l'enseignement du français, langue étrangère aux apprenants

Présentation des contenus

La première partie présentait le cadre macro structurel idéal pour un enseignement bilingue, celui d'options en matière de politique éducative et linguistique propices à un apprentissage pérenne des savoirs cognitifs, indispensables à la poursuite des études en LO : écouter, parler, lire et écrire.

La deuxième partie examinait le cadre méso structurel : celui de la relation du professeur à la LO et à sa didactique, à sa place et à son rôle dans la communauté. Les choix de formation initiale et continue relèvent du premier cadre mais devraient s'ajuster aux réalités des différents contextes d'enseignement/apprentissage de la LO pour peu que les professeurs soient libres d'énoncer leurs difficultés, mais aussi leurs réussites.

La troisième partie va tenter d'apporter des entrées possibles au niveau micro structurel : celui de la classe. Ce lieu réunit les acteurs principaux de l'apprentissage, les apprenants et l'acteur pivot du changement des styles d'enseignement/apprentissage, l'enseignant. Les uns et les autres se trouvent réunis par l'objet d'apprentissage qui deviendra plus tard le médium d'apprentissage des autres matières. Cette liaison donne lieu à une communication guidée dans le but de s'approprier des savoirs, des savoir-faire, des savoir-être et des savoir-apprendre, et ceci dans un environnement plurilingue avec une richesse commune à l'oral comme à l'écrit : la LM.

La troisième partie de ce guide tente d'apporter des entrées possibles pour l'enseignement de la LO au niveau de la classe.

Contenus des chapitres de la troisième partie

On y trouvera entre autres des suggestions pratiques pour l'enseignement du FLE.

- Le premier chapitre de cette dernière partie rappelle quelle doit être '*l'ambiance*' d'une classe bilingue, pour qu'elle soit propice à l'appropriation de la LO d'une part, et à l'apprentissage de la lecture-écriture en LM, d'autre part.
- Le deuxième chapitre est consacré à l'enseignement/ apprentissage de l'oral en LO.
- Le troisième chapitre envisage la gestion des '*ponts cognitifs*' entre les divers apprentissages de la lecture-écriture.
- Le quatrième chapitre envisage le plurilinguisme oral et écrit comme une norme de plus en plus courante pour des savoir-être dans un monde où la diversité des cultures supplante peu à peu l'hégémonie des langues officielles.

Chapitre 9
Quelles classes peuvent aider l'appropriation de la langue officielle ?

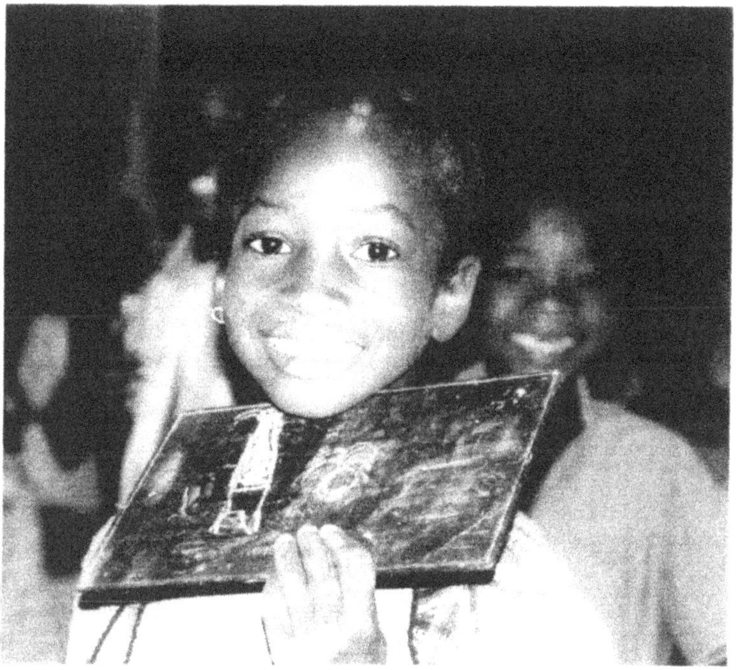

La cohabitation des langues en présence dans la communauté sociale et éducative ajoutera de la joie à apprendre.

****

Les contenus en bref

- Lecture préliminaire : *Créer l'ambiance*
- La communication dans la classe de langue officielle
- Statut des langues dans la classe
- Quand les langues se rencontrent

****

« ... Ce que j'ai aimé dans la classe de français, c'est l'ambiance ! »

1 Lecture préliminaire : Créer l'ambiance

Voici ce que me confie un apprenant ghanéen du FLE quand je lui demande quels sont les facteurs les plus importants pour s'approprier au mieux une langue étrangère.

« Il faut créer l'ambiance correcte pour apprendre. Les élèves doivent prendre du plaisir devant la nouveauté, une ambiance correcte pour apprendre, avec les autres langues aussi ; au début, j'ai trouvé cela plutôt amusant, puis ce que j'ai aimé dans la classe de français, c'est l'ambiance ! »
(Lezouret, communication personnelle, 2001)

Dans la première partie, il a été souligné qu'un enseignement bilingue n'avait de chances de s'imposer qu'après avoir mené une série d'activités préparatoires de grande ampleur, aux niveaux politique, linguistique, pédagogique et communautaire, comme véritables préalables à la création d'un climat de confiance dans la classe, un climat qui permet à chaque apprenant de prendre du plaisir à apprendre en plusieurs langues.

Quelles sont donc ces classes qui peuvent mener au mieux à l'appropriation de la LO comme nous l'avons définie dans la deuxième partie, au point de la faire sienne, de l'intégrer à son identité sociale, au point de devenir plurilingue à l'oral comme à l'écrit, à la fois en compréhension et en expression ?

Les programmes bilingues '*soustractifs*' n'autorisent l'enfant à développer ses compétences cognitives dans aucune des langues en jeu.

Qui a effectué une lecture linéaire de ce guide peut éliminer d'office les classes à '*programmes soustractifs*'. En effet, l'expérience montre que les options de ces programmes n'autorisent l'enfant à développer ses compétences cognitives dans aucune des langues travaillées.

A ces classes, nous préférons celles qui adoptent des '*programmes additifs*', en particulier les programmes bilingues de transition de cycle long. La LM des élèves y est utilisée sans interruption jusqu'à la fin du primaire. Quant à la LO, elle est introduite progressivement. En classe, on n'utilise cette dernière pas plus que 50% de la journée, même dans les grandes classes du primaire, qu'il s'agisse de communication ou de traitement d'une matière scolaire.

Les hypothèses de base ainsi que les résultats de la recherche, présentés dans la première partie, dressent un cadre intéressant pour répondre aux deux questions posées dans la deuxième partie :

- En quoi et à quelles conditions un apprentissage (*guidé*) contribue-t-il de manière spécifique à l'acquisition (*intériorisée*) d'une langue ?
- En quoi un apprentissage (*guidé*) de langue peut-il intégrer aussi d'autres acquisitions utiles au progrès et à la complexification des compétences langagières ?

L'ambiance de la classe, le plaisir d'apprendre et la cohabitation des langues aident à apprendre une langue étrangère.

Le témoignage donné en début de chapitre nous fournit les principales clés pour répondre à ces questions, à savoir :

- l'ambiance de la classe ;
- le plaisir d'apprendre ;
- la cohabitation des langues en classe de langue.

Le plaisir d'apprendre une autre langue, la LO, sera favorisé par une bonne connaissance de sa propre langue qui servira à expliciter ses propres stratégies d'apprentissage. Le plaisir sera d'autant plus grand que l'enseignement débutera par des activités ludiques, actives et rattachées à des interactions langagières significatives dans le contexte d'apprentissage.

La cohabitation des langues en présence dans la communauté sociale, éducative et surtout en classe de français LO ajoutera de la joie à l'apprentissage. Injonctions ou interdictions de parler telle ou telle langue seront bannies car elles ne peuvent que desservir l'apprentissage et l'appropriation de compétences plurilingues. Les '*fautes*' ou '*erreurs*', au lieu d'être punies, seront au contraire sources de discussions. L'émetteur sera amené à dire comment il a construit son énonciation et le maître invitera les élèves à se prononcer sur les explications données. Puis il retirera de la discussion les points qui permettront la construction de la règle en question.

Les '*fautes*' ne seront pas punies mais seront sources à discussion.

Ce sont là les différents points que nous traitons plus en détail dans ce chapitre.

2 La communication dans la classe de langue officielle

'*Créer l'ambiance*' dépend donc d'un certain nombre de facteurs : considérons à présent les particularités de la communication qui s'est établie par le passé en classe de FLE et tirons-en des enseignements pour les élèves d'aujourd'hui.

Longtemps gérée par la linguistique appliquée, la communication en classe de langue a été essentiellement verticale, (*jeu de questions-réponses entre le maître et ses élèves*). La communication portait en particulier sur la transmission du

Un des principes de base de l'enseignement bilingue : aider les élèves à développer et élargir leur maîtrise de la langue maternelle.

Encadré 41 : Principes pédagogiques concernant les conditions du développement du langage oral et écrit en langue maternelle
Les principes qui peuvent régir 'l'*ambiance*' de la classe de programme bilingue et, par delà, les moments d'enseignement/apprentissage de la LO, sont formulés ci-dessous par les auteurs de *L'Ecole vivante* (*2004*). L'école et les apprentissages premiers (*lire, écrire, compter*) en LM font entrer les enfants dans la communauté lettrée d'adultes appartenant à une certaine culture, en grande partie véhiculée par les usages sociaux de la langue orale et écrite. L'apprentissage de la LO peut alors intervenir comme enrichissement et complexification des compétences sociales langagières et culturelles.

« 1. *Le maître aide les enfants à développer et à élargir leur maîtrise de la langue maternelle au niveau de l'oral et s'en sert comme base pour l'apprentissage de la lecture, de l'écriture, ainsi que pour développer des connaissances académiques.*
2. *Le maître parvient à créer une culture de classe qui incite les enfants à communiquer, à interagir avec respect en valorisant leurs caractéristiques et leurs apports.*
3. *Le maître joue le rôle d'organisateur de situations d'apprentissage où il offre aux élèves une aide efficace pour la construction de connaissances.*
4. *Le maître crée des situations communicationnelles, proches de celles de la vie quotidienne, ayant un sens et un objectif clair pour chacun.*
5. *Les activités proposées aux enfants favorisent le travail en équipe.*
6. *L'école organise son action éducative en élargissant les espaces d'apprentissage au-delà de la classe.*
7. *L'école favorise la création de nouveaux champs et de nouveaux domaines communicationnels pour élargir la fonction de la langue nationale à l'oral et à l'écrit, tant par les activités scolaires que dans d'autres contextes sociaux.*
8. *Le maître enseigne explicitement des stratégies métacognitives ; c'est-à-dire qu'il apprend aux enfants à être conscients de leurs processus d'apprentissage et des mécanismes permettant le transfert des compétences à d'autres situations.*
9. *L'évaluation est naturellement intégrée à l'enseignement et à l'apprentissage, avec des objectifs partagés et des critères explicites qui permettent aux élèves de s'auto-évaluer.* »

Il est également important d'apprendre aux elèves à être conscients de leurs processus d'apprentissage.

fonctionnement de la langue, et l'évaluation consistait à mesurer la connaissance effective des règles de grammaire dans des exercices d'application. Longtemps dictée par les programmes et les évaluations, cette didactique ne répondait pas aux nouveaux critères assignés à l'enseignement/apprentissage d'une langue : communiquer.

Pendant longtemps, la communication en classe de langue a été essentiellement verticale.

Cette acquisition se mesurait dans les interférences entre les langues ou plus précisément dans la langue de l'apprenant : '*l'interlangue*', image des processus cognitifs en œuvre dans l'élaboration du nouveau système linguistique. Selon D. Coste (*2005*), « *le questionnement était centré sur les conditions de développement de l'interlangue et d'évolution du système transitoire de l'apprenant. Dans cette perspective, l'intervention pédagogique apparaissait, d'un point de vue méthodologique, comme une sorte de parasitage à la fois du processus 'naturel' d'acquisition dont on souhaitait rendre compte et du recueil des données susceptibles d'être analysées, les productions spontanées des témoins passant pour contraintes par le cadre de la classe, les consignes de l'enseignant et les modèles du manuel.* »

L'approche communicative, difficile à mettre en œuvre dans la classe, *a fortiori*, dans les classes à grands effectifs, considère la classe comme lieu de communication authentique et demande une communication élargie, le maître étant le chef d'orchestre de communications transversales (*élèves-élèves*) dans ce lieu un peu clos qu'est la salle de classe. Très rapidement, jeux de rôles, simulations et dramatisations ont donné lieu à des communications convenues et des propos stéréotypés, mis en évidence par l'analyse des discours. Les interactions mises en œuvre n'apportaient pas les résultats escomptés par les objectifs, mieux explicités dans cette approche sous la forme d'actes de paroles précis et de leurs '*manières de le dire*'.

L'approche communicative considère la classe comme un lieu de communication authentique.

Coste, conscient du défi que pose la communication authentique en classe de langue étrangère, précise à cet égard : « *Si on apprend à communiquer en communiquant, la classe doit être repensée et devenir autant que faire pourra un lieu de communication semblable à des lieux sociaux autres. Activités de simulation, pédagogie du projet, valorisation des activités ludiques, des tâches communicatives, de tout ce qui peut introduire dans la classe une*

Parfois, les exercices ont donné lieu à des propos stéréotypés.

dimension communicationnelle réputée nécessaire et suffisante pour que l'apprentissage s'effectue et que ce qui est appris soit effectivement réinvestissable en dehors du lieu scolaire. » (2005, op.cit.)

L'interaction propre à l'apprentissage est une communication authentique de la classe. L'enseignant veillera à alterner plusieurs types de dynamiques afin que chaque apprenant au profil pédagogique spécifique puisse développer son apprentissage selon ses propres stratégies.

Comment alors mettre en œuvre dans la classe de programme bilingue une communication satisfaisante qui puisse transformer des apprenants doués de réelles compétences à communiquer dans leur LM, en êtres doués de compétences plurilingues ? L'analyse conversationnelle devrait faire l'objet de recherches dans ce type de classe car elle permettrait d'analyser les relations entre professeurs et élèves et entre les élèves eux-mêmes, ainsi que l'aisance de chacun à manipuler les différentes langues en présence et leurs usages.

Tout comme dans l'apprentissage de la lecture-écriture, l'enseignement/apprentissage de la LO peut, dans un '*va et vient*' entre communication authentique, jeux de rôles et construction du système, utiliser des schémas de communication divers en s'appuyant sur les usages et le fonctionnement de la langue connue, la LM.

Le programme d'enseignement bilingue choisit de développer les apprentissages premiers pour les investir dans l'accès à la langue étrangère, la LO. Cette option oriente les pratiques d'enseignement et d'apprentissage, donc les communications dans la classe, sans oublier les représentations de tout le corps social dans la communauté.

L'asymétrie propre à la situation de classe est accentuée dans la classe de français LO.

Il est vrai que la communication didactique engage toujours et partout enseignants et apprenants dans une relation asymétrique où les tours de parole se succèdent selon la norme donnée par celui qui occupe la position haute (*explications, questions, ordres*), face à celui qui occupe la position basse (*compréhension, réponses, exécutions*). Cependant, l'asymétrie propre à la situation de classe est accentuée dans la classe de français LO. La classe de langue est l'endroit de recoupement de deux discours, le discours étranger qui forme le contenu de l'apprentissage et le discours qui sert à ménager cet appren-

Encadré 42 : Les dynamiques dans l'acquisition d'une langue étrangère

Bernard Py, tout en soulignant à quel point la multiplication des descriptions sur corpus a permis de remettre en question les premières théorisations relatives aux facteurs d'évolution de l'interlangue, plaide pour un effort de synthèse et pour un dépassement de l'observation ponctuelle à caractère monographique. Il esquisse une caractérisation de ce qu'il appelle le « territoire » de l'apprenant, en identifiant trois types de dynamiques dans l'acquisition : l'une orientée vers le système, la seconde vers la norme, la troisième vers la tâche. Dans la durée d'un parcours d'acquisition, ces trois polarisations sont nécessaires : le système renvoie à la créativité, à la logique et à la régularité d'un développement intrinsèque de la grammaire internalisée traitant des données nouvelles ; la tâche engage le sujet communiquant dans un processus finalisé où des besoins d'expression et de compréhension motivent la mise en place de moyens langagiers nouveaux et mettent à l'épreuve ceux dont le sujet dispose déjà ; la norme, qu'elle soit pédagogique ou plus largement sociale, contrôle, évalue ou régule ce que le système et/ou la tâche produisent. Aucune de ces composantes du dispositif ainsi ordonné ne suffit à elle seule à activer l'acquisition. Toutes sont nécessaires, mais la pondération entre elles varie selon les apprenants et, pour un même apprenant, selon les moments.
(Coste, *op. cit.*)

Bernard Py identifie trois types de dynamiques dans l'acquisition : l'une orientée vers le système, la seconde vers la norme, la troisième vers la tâche.

tissage, c'est-à-dire le dialogue entre maître et élèves. C. Springer (*1996*) reconnaît que, dans la méthodologie communicative, le résultat dépend de la relation professeur-élève : « *Pour que la classe de langue devienne un lieu où l'on communique, il est nécessaire de modifier la relation classique entre le maître et l'élève. Il s'agit de mettre en place différents réseaux de communication de telle sorte qu'une interaction entre l'ensemble des membres du groupe puisse s'établir.* »

Springer ajoute que, dans la mesure où l'apprenant doit être encouragé à s'exprimer, il devient fondamental d'instaurer un climat favorable à la prise de confiance en soi et à la spontanéité de chacun. Instaurer un réseau d'interactions entre le professeur et les élèves demande à l'enseignant de se décentrer de son pôle dominant dans la relation, d'infléchir l'asymétrie, de placer les élèves en interaction constante, plus seulement avec la langue étrangère, mais aussi avec les interlocuteurs du '*laboratoire-classe*'. La LM stigmatise le

L'enseignant devrait analyser l'aisance avec laquelle chacun manipule les différentes langues en présence.

L'approche par le langage contribue à la lecture par le partage, l'échange sur ce qui est dit et écrit par d'autres.

passage du discours-contenu au discours sur le contenu et au rituel d'interaction.

La classe de programme bilingue accepte la LM au cours de la classe de LO, pour assurer une continuité affective cognitive et métacognitive dans le cadre d'un travail méta-linguistique, pour expliquer ou tenter d'élucider les stratégies d'apprentissage : objets authentiques de communication dans la classe. D. Coste (*op. cit.*) précise : « *Sans qu'il s'agisse d'affirmer que cette activité métalinguistique plus ou moins ponctuelle, spontanée ou imprévue pour l'enseignant contribue à tout coup à l'acquisition, elle témoigne à tout le moins d'une centration sur l'objet d'apprentissage conforme à la classe et sur la manière dont les apprenants cherchent à s'en approprier telle ou telle composante, tel ou tel fonctionnement.* »

3 Statut des langues dans la classe

L'emploi de la LM dans la classe de FLE assure une continuité affective, cognitive et métacognitive.

Nous venons d'établir l'acceptation de la LM dans la classe de FLE, pour assurer une continuité affective, cognitive et métacognitive chez l'apprenant ; considérons à présent le sujet délicat du statut des langues en présence.

Le cadre africain où les LO sont généralement des langues européennes, inscrites dans le système éducatif depuis la colonisation demande justement que ce statut des langues en présence soit reposé dans le cadre d'un renouveau. Chaudenson et Calvet (*2001*) parlent de partenariat, notamment dans la classe, au service de l'apprentissage du français. Issues des politiques linguistiques, les représentations des langues mettent très souvent en conflit :

- les langues nationales entre elles ;
- les langues nationales et la langue officielle ;
- la langue officielle et l'anglais, langue mondiale.

Pour modifier et dépasser ces conflits, il serait intéressant de les mettre à jour dans le cadre d'une revalorisation de chacune. Que se passe-t-il dans la tête de quelqu'un qui parle plusieurs langues ? Moore et Castellotti (*2001*) et Moore (*2006*) se sont penchés sur la question. Ils l'ont fait dessiner à des élèves scolarisés à l'école primaire dans des villages de France et en Suisse. Les analyses ont montré que ceux-ci avaient des représentations différentes du plurilinguisme et des processus d'acquisition des langues, selon que leur école valorisait la pluralité des langues ou qu'elle misait sur la séparation des langues dans les apprentissages. Dans certains dessins, les langues sont reliées entre elles par divers mécanismes (*paliers coulissants, ponts, passages, etc.*), dans d'autres, comme celui reproduit ci-dessous, les langues apparaissent de manière ordonnée, cloisonnée, sans espace ni possiblité de rencontre.

Dans les programmes d'enseignement bilingue, les langues en présence ont le même statut.

De telles réflexions peuvent être développées et analysées par les élèves, avec la médiation du professeur, pour une meilleure connaissance du développement du bilinguisme dans les classes bilingues.

Il convient de rappeler qu'en dépit du '*prestige*' qui s'attache aux langues européennes, les programmes d'enseignement bilingue s'inscrivent dans la déclaration universelle des Droits de l'Homme et dans un droit inaliénable (*Article 26*), celui de l'auto-détermination des peuples et du respect de la diversité culturelle.

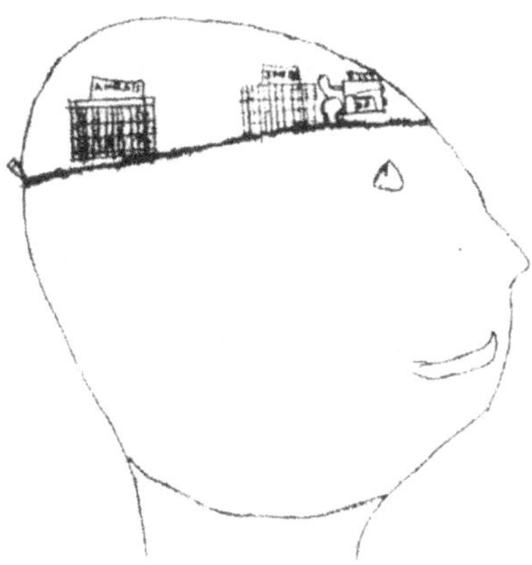

Encadré 43 : Article 26 de la Déclaration universelle des Droits de l'Homme

Le 10 décembre 1948, les 58 Etats Membres qui constituaient alors l'Assemblée générale ont adopté la Déclaration universelle des Droits de l'Homme à Paris au Palais de Chaillot, comme suit :

- Toute personne a droit à l'éducation. L'éducation doit être gratuite, au moins en ce qui concerne l'enseignement élémentaire et fondamental. L'enseignement élémentaire est obligatoire. L'enseignement technique et professionnel doit être généralisé ; l'accès aux études supérieures doit être ouvert en pleine égalité à tous en fonction de leur mérite.
- L'éducation doit viser au plein épanouissement de la personnalité humaine et au renforcement du respect des droits de l'homme et des libertés fondamentales. Elle doit favoriser la compréhension, la tolérance et l'amitié entre toutes les nations et tous les groupes raciaux ou religieux, ainsi que le développement des activités des Nations Unies pour le maintien de la paix.
- Les parents ont, par priorité, le droit de choisir le genre d'éducation à donner à leurs enfants.

La classe bilingue doit être un lieu de rééquilibrage des représentations accordées aux langues. Il ne s'agit plus d'une coexistence mais d'un partenariat, dans le cadre de la diversité culturelle au service de l'éducation pour tous (*CONFEMEN, 1995*), non dans le cadre de programmes de transition (*Chaudenson, 2006*), mais dans des programmes bilingues où les deux langues cohabitent tout au long de la scolarité, tout au long des différents parcours de vie.

Chacune des langues en présence dans la classe pourvoit aux besoins de communication et de reconnaissance sociale.

Chacune de ces langues a le mérite d'exister et de pourvoir aux besoins de communication et de reconnaissance sociale de groupes humains. A ce titre, elles entrent dans la classe de programme bilingue avec le même statut, les mêmes valeurs et les mêmes pouvoirs face à l'apprentissage de connaissances communes. Elles participent à l'élaboration d'une nouvelle culture qui fait le lien entre la maison, l'école, la société et l'administration (*Cf. Encadré 44*) et créent un continuum dans la communication, de la plus locale à la plus globale, avec la même dignité et la richesse de son identité plurilingue dans chaque situation d'interaction. La classe bilingue est le terrain de la rencontre entre les langues. Cette rencontre peut être favorisée et perpétuée au cours de la scolarité (*programmes*

Encadré 44 : ***Education et rupture : la difficile jonction entre la maison et l'école au Sénégal et dans l'ancienne AOF***

« Il semble plutôt difficile de réussir au Sénégal et dans les pays de l'ancienne AOF, une jonction entre la maison et l'école dans un quelconque projet d'éducation universelle si l'intérêt de ceux qui décident du sort des Sénégalais et des Africains en général porte davantage sur la mise en place de cadres institutionnels d'évolution, définis en langues étrangères, plutôt que sur des efforts tendant à mieux connaître les populations africaines pour lesquelles ces cadres d'évolution sont conçus. [...] Il s'agit d'une rupture qui, chaque année, replonge notre système éducatif sénégalais dans des crises durables et incite la jeunesse du Sénégal et de l'ancienne A.O.F. à vouloir coûte que coûte s'expatrier vers ces pays industrialisés qui, insidieusement, continuent à concevoir le développement économique de l'Afrique sans l'utilisation des principales langues africaines de communication dans les systèmes éducatifs formels.» (*Fall Kadhy, 2006*)

Ces langues doivent établir un continuum entre l'école et la maison.

additifs) au service du meilleur développement cognitif et affectif de l'enfant, citoyen en devenir.

Vœu pieu diront certains lecteurs, les représentations des langues en présence dans la classe étant à l'œuvre parfois à l'insu même des professeurs et des apprenants. A ce sujet, Castellotti (*2001*) conclut : "*les relations entre la langue à apprendre et la langue première s'établissent et se développent toujours à partir d'un ensemble de conceptions, notamment la perception de la distance ou de la proximité qui sépare les langues en présence et le déploiement de stratégies de tous ordres, mises en œuvre pour évaluer, réduire, voire augmenter ou même dans les cas extrêmes, effacer cette distance.*"

4 Quand les langues se rencontrent ...

Le programme d'enseignement bilingue instaure la rencontre de deux langues, rompant ainsi avec des représentations parfois solidement établies depuis la colonisation. Il demande au maître de se détacher de certaines de ses représentations sur son rôle dans la classe car, pivot du changement, c'est de lui que dépendent l'ambiance de la classe, la cohabitation et la coopération des langues et la vie des langues dans la classe pour alimenter le plaisir des élèves à ajouter et complexifier leurs compétences langagières suivant le contexte, suivant ses ressources et ses contraintes.

Les programmes d'enseignement bilingue instaurent la rencontre de deux langues.

Il s'agit de développer des compétences dans les deux langues en présence.

Décrivant la création de nouveaux champs et espaces communicationnels, les auteurs de l'*École Vivante* affirment en ce sens : « *Un pas essentiel pour un programme d'enseignement de langues nationales consiste à prendre conscience des usages de ces langues et du français : le but est ici d'essayer de développer des compétences dans les deux langues, sans préjudice ni pour l'une ni pour l'autre [...] Ce que l'on cherche, c'est un engagement et un dialogue entre les deux langues.* »

Une fois ce principe établi, quelques questions se posent à l'enseignant ayant la charge d'un enseignement bilingue sans pour autant y être préparé, à savoir :

- Quelles sont les modalités de cette rencontre ?
- Pourquoi et quand alterner les langues ?
- Qui en prend l'initiative ?

Constatons tout d'abord que, dans toutes les classes de langue, la LM fait irruption à un moment ou à un autre, quelles que soient les recommandations parfois évasives des programmes. Fait de l'enseignant ou de l'apprenant, leur irruption n'est pas sans signification à telle ou telle phase de l'apprentissage.

Au début de l'apprentissage de la LO, le recours à la LM de la part des enfants est le signe de l'absence de compétences ; ils utilisent la LM pour traduire ou pour se rassurer avec leurs pairs plus forts dans la langue commune. Le professeur peut lui aussi mal maîtriser une compétence langagière ou professionnelle en LO, alors qu'il recourt à la L1, langue partagée, à un niveau élevé de compétence.

Dans toutes les classes de langue, la LM fait irruption à un moment ou à un autre.

Après une recherche en collège, Dunedon (*1992*) catégorise ainsi les alternances dans la structure des échanges :

- Alternances de répétition, traduction, reformulation : on résume en LM ce qui a été dit en LO ;
- Alternance de distribution complémentaire : on dit ceci en LM mais cela en LO ;
- Alternance métalangagière : comme dans la méthode traditionnelle, la LM est utilisée lorsqu'on parle du fonctionnement de la LO, à des fins descriptives.

Nous retrouvons justement ces types d'alternances en classe de FLE dans l'exemple d'une leçon conduite au Ghana selon la méthode traditionnelle et transcrite ci-après.

Examinez les alternances du français et de l'anglais dans l'encadré suivant.

Encadré 45 : Alternance des langues

(35 mn de cours de FLE au Collège Grace Baptist, à Kumasi, Ghana)

Professeur : Now we are going to learn adjectives and their agreements. We know that in English there is nothing like agreement. We say : *'Kofi is a good boy, Ama is a good girl, my father is a good man, this is a good book, the adjectif good can be used for Adwa, Kofi, any other thing. It is not like that in French. Petit ... Répétez ... grand ...'*

La classe : Petit ... grand

Professeur : Now could we add more ?

Elève 1 : Mauvais

Professeur : Très bien ! Mauvais, oui monsieur !

Elève 2 : Beau

Elève 3 : Mince

Elève 4 : Gros

Elève 5 : Intelligent

Elève 6 : Gentil

Professeur : Oui... gentil ! Il y a les adjectifs de couleur, rouge, jaune, euh... noir, blanc. Oui, monsieur ?

Elève 7 : Bleu

Elève 8 : Brun

Professeur : Parle un peu plus fort ! Can you mention adjectives with the ending '*x*'; exemple : '*paresseux*' ?

Elève 9 : Sérieux

Elève 10 : Dangereux

Professeur : Dangereux ... Très bien ! Mention adjectives ending '*f*" !

Elève 3 : Actif

Professeur : Très bien ! Passif ! Kofi est petit, Kofi est un garçon, Kofi est une seule personne, c'est singulier, l'adjectif petit est masculin singulier. Ama est une fille, Ama est petite, avec '*e*', Ama est une fille petite, féminin, you see that it must agree ; the subject is what ?

Elèves : Feminine singular

Professeur : In English, small is small, but it is not like that in French ; there should be an agreement to show whether the adjective is masculine or feminine, singular or plural. Maintenant, le pluriel : Kofi et Yaw, c'est combien de personnes ?

Elèves : C'est deux !

En quoi ce cours vous rappelle-t-il vos expériences d'apprenant ?

Professeur : Deux, c'est pluriel, Kofi et Yaw sont petits avec '*s*', Kofi and Yaw are masculine and plural, Kofi et Yaw sont des garçons, on peut dire : '*les garçons sont petits*', mais '*le garçon est petit*', '*petit*' is the same as '*petits*', what makes the difference is the article '*le*' and '*les*'... Répétez ... le garçon, la bouche arrondie ! (*geste déictique*), '*Ama et Yaa sont des filles, elles sont petits*', c'est correct ? Ce sont des filles, féminin, c'est '*petites*' ! What do we do ?

Examinez les interventions de l'enseignant.

Elèves : You add '*s*'.

Professeur : This is what we mean by accord des adjectifs or agreements of adjectives ; en français, l'adjectif s'accorde en genre et en nombre ; it means the adjective agrees in gender, masculine/feminine and in number, singular/plural ; in English, we say '*the boys are bad*' and not '*the boys are bads*' ... We come to groupe '*b*', '*mince, rouge, jaune, orange*'. We said generally we add '*e*' to the masculine singular to get the feminiine. Here is a case where the masculine form ends with '*e*'. You don't need to add anything to it.

Professeur + élèves : '*Mince-mince, rouge-rouge*'

Professeur : '*Gros-grosse, gentil-gentille*', here we double the last consonant before the '*e*' and when the adjective ends in '*ent*', '*ien*', '*ot*', '*os*', '*il*' and so on and so forth, you double the last letter before the '*e*' ; exemple : '*ghanéen-ghanéenne, ivoirien-ivoirienne, gros-grosse, mademoiselle est grosse, monsieur est gros, mon père est ivoirien, ma mère est ivoirienne, blanc, sec, mon pantalon est blanc*'. When it is '*c*', you add '*h*' to it before the '*e*' : '*blanc-blanche, sec-sèche*'. You know that to every rule there is an exception ; so we have also '*public*' ending with '*c*', but the feminine form ends with '*que*', that is an exception. '*Yaa Anstewaa JSS est un établissement public, Asem Boys est une école publique*'. Adjectives ending '*x*' remains the same in the plural form but the '*x*' changes to '*se*' in the feminine : '*paresseux-paresseuse, Agyeiwaa est paresseuse, Agyiewaa est sérieuse, Kofi est sérieux.*' To get the feminine for adjectives ending '*f*', you replace the '*f*' with '*ve*' : '*Kofi est très actif, Ama est active, mon père est veuf, ma mère est veuve, il est passif, elle est passive.*' Now, if you have any question you may ask. It must be related to what we have done. If you can ask your question in French, fine !

Elève 1 : If you say : '*Kofi et Yaw sont petits*', what about '*Kofi et Ama*' ?

Professeur : If it is Kofi et Ama, a boy and a girl, or there is one masculine and a million girls, it takes the masculine form ; so it is : '*Kofi et Ama sont petits.*'

Elève 2 : Does the '*au*' ending in the masculine form always change to '*elle*' ? For example : the adjective '*gâteau*', does the feminine ends in '*elle*', '*gâtelle*' ?

Professeur : No, '*gâteau*' is a noun, and it is a cake.

A votre avis, que savent les élèves à la fin du cours ?

Elèves : (*rires*)

Elève 3 : Adjectives ending in '*e*', '*mince, rouge, jaune*', don't they change in the feminine ?

Professeur : No, they remain the same.

(*Evelyn Anyor Nyarko, 2002*)

Le professeur intervient 20 fois, dont 10 fois en anglais exclusivement. Le français est réservé à motiver les élèves ou à relancer des initiatives rituelles comme *répétez* ou *parlez un peu plus fort*. Les élèves qui donnent des adjectifs isolés sont récompensés par : *oui, très bien*... Tout le discours pédagogique est donné en anglais, seule l'exemplification se fait en langue-cible. Le professeur utilise l'anglais pour :

Quelle est la place donnée au français dans ce cours ?

- Présenter l'objectif de la leçon ;
- Annoncer que cela ne marche pas comme en anglais ;
- Relancer la production d'adjectifs ;
- Relancer la production d'adjectifs avec une consigne précise ;
- Faire constater à partir d'un exemple en français : *you see it must agree*...
- Donner la règle de l'accord de l'adjectif ;
- Justifier la marque du pluriel ;
- Vérifier un constat : *what do we do ?*
- Traduire la règle de l'accord ;
- Introduire les exceptions à partir d'un groupe constitué par lui-même. : *we come to group 'b' ;*
- Expliquer une exception ;
- Donner une autre règle ;
- Encadrer des énoncés : *we say, mon pantalon est blanc*...
- Récapituler les exceptions à la règle générale ;
- Appeler les élèves à poser des questions ;
- Donner d'autres règles ;
- Répondre aux questions.

Le modèle pédagogique qu'il a choisi peut le conforter dans sa pratique, il aurait été intéressant de l'observer au cours des périodes suivantes pour savoir si l'utilisation massive de la L1 était toujours de mise même dans des activités de maîtrise et de transfert.

Au fur et à mesure de l'apprentissage, la L1 apparaît de moins en moins même si, selon Castellotti (*1997*), le paramètre des compétences est moins pertinent que la nature des activités, le profil de l'enseignant, la méthodologie adoptée et les objectifs officiellement assignés à l'apprentissage des langues en présence. Il est donc très important, dans le cadre des programmes bilingues de type additif, de définir le type d'acquisition visé : une double norme monolingue dans chaque langue

L'enseignant se sent probablement à l'aise avec le modèle pédagogique choisi ; et ses élèves ?

Au fur et à mesure de l'apprentissage de la langue étrangère, la LM apparaît de moins en moins.

ou la construction d'un répertoire plurilingue autorisant une organisation combinée des différentes ressources verbales des apprenants (*Castellotti, 2001*). Ce faisant, les changements de langues facilitent certes la communication de l'objet enseigné : la LO plus ou moins étrangère, mais ils permettent surtout l'enrichissement de la gamme des possibilités d'expression de manière de plus en plus complexe. Ces changements renforcent ainsi l'efficacité dans la communication et le potentiel acquisitionnel (*Moore, 1996*).

Dans le contexte africain, les alternances de langues permettent la reconnaissance et les représentations des valeurs culturelles véhiculées par les langues en présence. Les paroles de D. Coste résument la problématique de la rencontre des langues en milieu institutionnel dans les programmes bilingues : « *C'est sur le mode de la complémentarité et dans une perspective de type écologique qu'il y aurait sans doute lieu de repenser aujourd'hui ce qui se passe en classe et ce qui se joue dans les rapports entre les classes et leur environnement.* »

Les langues en présence en classe seront utilisées sur le mode de la complémentarité.

Activités

- Combien de langues ai-je parlées depuis ce matin ? A qui et pourquoi ?
- Combien de langues ai-je lues depuis ce matin ? Où ? A quel propos ?
- Ai-je écrit ? Dans quelle langue ? A qui ? Dans quel but ?
- Quelles sont mes compétences dans les différentes langues ?
- En quelle langue est-ce que j'enseigne ?
- Est-ce que j'autorise la langue maternelle en classe de LO ?
- Suis-je plus à l'aise en français ou dans la langue de la communauté ?
- Mes élèves ont-ils du plaisir à venir en classe ?
- Dans quelle langue préfèrent-ils lire ?
- Dans quelle langue préfèrent-ils écrire ?

5 Résumé

L'enseignement/apprentissage de la LO dans le cadre de programmes bilingues de type additif nécessite de créer une ambiance dans la classe, propice à une réelle rencontre entre les langues au statut égal dans le système scolaire.

Fort de ses connaissances dans sa propre langue, l'enfant sera plus expert dans l'apprentissage de la LO s'il est autorisé à s'appuyer sur ses propres habiletés dans sa LM, si les apprentissages assurent le lien entre identités multiples complexes, plurilingues. Il fera des comparaisons, des traductions, des opérations mentales qui lui permettront de construire et enrichir de compétences toujours plus complexes son répertoire verbal plurilingue. Le prolongement de l'enseignement de et en LM et LO, jugé utile tout au long de la scolarité, participera à cette appropriation.

6 Concepts clé

Comme dans les chapitres précédents, commentez brièvement chacun des concepts suivants, soit seul, soit deux par deux :
Alternance de répétition
Alternance de distribution
Alternance métalangagière
Appropriation
Acquisition
Ambiance
Représentation
Répertoire verbal
Communication verticale
Communication horizontale

7 Suggestions bibliographiques

Lectures conseillées

Castellotti, V. (2001). *La langue maternelle en classe de langue étrangère.* Paris : Clé international

Castellotti, V., Moore D. (coord.), (1997). « *Alternances des langues et apprentissages* », Etudes de Linguistique Appliquée, n° 108. Paris : Didier Érudition

Chaudenson, R. (2006). *Education et langues, français, créoles, langues africaines*. Organisation Internationale de la Francophonie. Paris : L'Harmattan

Chaudenson, R. & Calvet, L. J. (2001). *Les langues dans l'espace francophone. Organisation Internationale de la Francophonie.* Paris : L'Harmattan

Coste, D. (2005). «Quelle(s) acquisition(s) dans quelle(s) classes(s) ?». Acquisition et Interaction en Langue Etrangère [En ligne]. L'Acquisition en classe de langue. Mis en ligne le : 14 décembre 2005.

Dumont, P. (2003). « *Plurilinguisme : Force ou faiblesse de l'Afrique francophone* ». In : « *Vers une compétence plurilingue* ». Le français dans le monde. Recherches et Applications, pp. 118-134.

Fall, K. (2006). *Education et rupture, la difficile jonction entre la maison et l'école au Sénégal et dans l'ancienne AOF.* Séminaire sur « Le pouvoir de la langue ». Dakar : Goethe Institut

Faye, S. (2006). *Les langues nationales dans le système éducatif sénégalais.* Séminaire sur « Le pouvoir de la langue ». Dakar : Goethe Institut

Galdames, V., Walqui, A. & Gustafson, B. (2004). *L'Ecole Vivante. Enseigner la langue maternelle dans un programme d'éducation bilingue.* Niamey : Inwent/2-PEB

Moore, D. (2006). *Plurilinguismes et école.* Paris : Didier. Collection langues et apprentissage des langues

Moore, D. & Castellotti, V. (2001). *Comment le plurilinguisme vient aux enfants.* In : Castellotti, *D'une langue à l'autre. Pratiques et représentations.* Rouen : Collection Dyalang

Py, B. (1993). *L'apprenant et son territoire : système, norme et tâche.* In AILE n° 2, 9-24. aile@univ-paris8.fr

Springer, C. *(1997). La didactique des langues face au défi de la formation des adultes.* Paris : Ophrys

Lectures périphériques

Marges Linguistiques : Numéro 10, Novembre 2005 *Un parcours au contact des langues. Textes de Bernard Py commentés* par **De Gajo L., Matthey M., Moore D. & Serra C.** http://www.marges-linguistiques.com/

Anyor Nyarko, E. (2002) *Alternance des langues au cours d'une période de 35 mn de cours de Français Langue Etrangère au collège Grace Baptist, Kumasi, Ghana.* Étude menée dans le cadre de la maîtrise FLE, Université de Bourgogne, ENS Lyon.

Lectures périphériques en anglais

Cook, V. (1991) *Second language learning and language teaching.* London : Arnold

Moore, D. (2002). *Code-Switching and Learning in the Classroom.* In : *International Journal of Bilingual Education and Bilingualism.* vol.5/5, Multilingual Matters, 279-293.

Moore, D. (2006). *Plurilingualism and Strategic Competence in Context.* In : *International Journal of Multilingualism.* vol. 3 (2), 125-138. http://www.multilingual-matters.net/ijm/003/2/default.htm

Chapitre 10
L'oral dans la classe bilingue

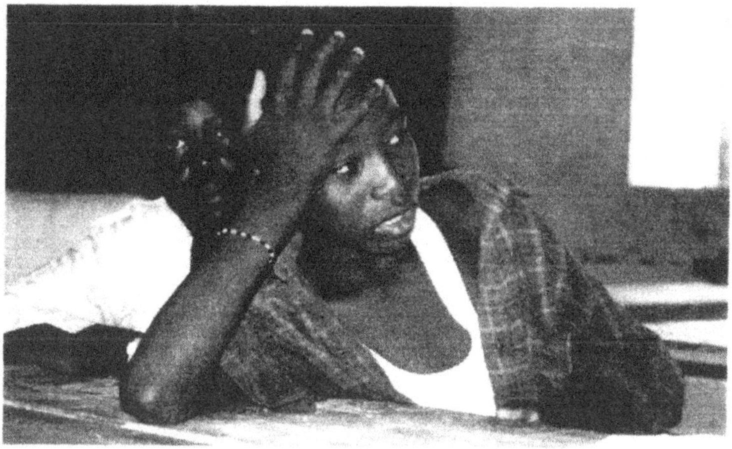

Des décisions politiques sont souvent indispensables pour pouvoir enseigner la LO dans les écoles multilingues d'Afrique.

****

Les contenus en bref

****

Apprendre la langue orale et mettre en place des notions de base indispensables pour accéder à l'écrit.

1 Lecture préliminaire : Apprendre la langue orale

Dans l'avant-propos de leur manuel '*Mariam et Hamidou*', édité chez Nathan en 1994 sous l'égide de l'Agence de Coopération Culturelle et Technique, Agence de la Francophonie, les auteurs indiquent : "*Les enfants qui arrivent au CI/CP1 ne savent ni lire ni écrire, mais ils ne savent pas davantage parler le français. C'est pourquoi 'Mariam et Hamidou' s'ouvre sur trente pages qui se consacrent à l'apprentissage de la langue orale et la mise en place des notions de base indispensables pour accéder à la lecture et à l'écriture.*"

Dans le chapitre 8, nous avons insisté sur les prérequis langagiers à l'enseignement/apprentissage de la lecture. Dans le cadre de programmes bilingues '*additifs*', cet apprentissage premier se fait en LM, s'appuyant sur des acquis langagiers communs, renforcés par leur mobilisation et leur approfondissement dans le traitement de la lecture-écriture.

Trente pages de support écrit ne sont pas la garantie de l'acquisition d'un minimum langagier de la langue française que les apprenants ne parlent pas à l'entrée de l'école. Dans le cadre d'un enseignement bilingue, les trois premières années sont consacrées à l'apprentissage de la LO orale avant d'aborder formellement la lecture-écriture de celle-ci. Ceci ne veut pas dire qu'aucun écrit en LO n'est introduit durant ces années-là ; au contraire : certains écrits s'inscrivent naturellement dans la classe comme signifiants, associés à des signifiés visuels dont on connaîtra la réalisation orale. Précisons cependant ces écrits s'inscrivent comme référents.

La LO est étrangère aux élèves qui sont incapables d'attribuer du sens à un message oral de leur niveau et aux contenus familiers.

La LO est étrangère aux apprenants lorsque, en tant qu'auditeurs, ils sont dans l'incapacité d'attribuer du sens à un message oral, en dépit du fait que le contexte, les contours intonatifs et la gestuelle permettent d'émettre des hypothèses. Ils sont '*sourds*' parce que le découpage du continuum sonore leur est impossible. Par contre, nous parlons une langue étrangère lorsque nous produisons une suite de sons interprétables sur le plan sémantique et reconnaissables auditivement par des locuteurs natifs. L'oral s'actualise dans le sonore.

La prononciation à la base de toute compétence linguistique et, *a fortiori*, de la compétence communicative englobe la réalisation des éléments suivants :

Au marché, le contexte, les contours intonatifs et la gestuelle permettent d'émettre des hypothèses sur un message oral énoncé dans une langue que le récepteur ne comprend pas.

- **kinésiques**, c'est-à-dire l'utilisation du corps et du système gestuel dans la production de la parole : macro et micro-motricité des membres, composante mimo-posturo-faciale et leurs relations avec le tonus et l'investissement énergétique sollicités par les habitudes respiratoires et phonatoires de la nouvelle langue, etc. ;
- **suprasegmentaux**, c'est-à-dire la maîtrise des éléments rythmico-mélodiques : variations de hauteur, d'intensité, de durée et de débit, modulations intonatives intra et inter syllabiques, pauses, etc. ;
- **segmentaux**, c'est-à-dire l'intériorisation des vocaliques et consonantiques ainsi que leur organisation paradigmatique et syntagmatique, éléments de jonction et d'enchaînement phonémique, assimilations, élisions, etc.

On a tendance à ramener les unités ou structures de la langue-cible à celles de sa langue première.

Le débutant a tendance à ramener les unités ou structures linguistiques de la langue-cible à celles de sa langue première. L'origine de ces problèmes perceptivo-moteurs est familière depuis les travaux du cercle linguistique de Prague, avec la notion de '*crible phonologique*', défini dans l'encadré suivant, véritable filtre de la réalité linguistique. C'est cela qui fait dire aux professeurs : '*Ils n'arrivent pas à prononcer certains sons !*' ou '*C'est la langue maternelle qui gêne !*'

P. Intravaia élargit la notion de crible de manière intéressante au regard de l'apprentissage du français en Afrique pour expliquer l'origine des systèmes de variations audio-phonatoires. A la notion de crible phonologique, l'auteur ajoute les compléments suivants :

„Le système phonologique d'une langue est semblable à un crible à travers lequel passe tout ce qui est dit.“ (Troubetzkoy, 1949)

Encadré 46 : Notion de crible phonologique

« Le système phonologique d'une langue est semblable à un crible à travers lequel passe tout ce qui est dit. Seules restent dans le crible les marques phonétiques pertinentes pour individualiser les phonèmes. [...] Tout système linguistique est régi par la loi d'économie qui tend à réduire au minimum le nombre de phonèmes nécessaires à la communication. Chaque homme s'habitue dès l'enfance à analyser ainsi ce qui est dit et cette analyse se fait d'une façon tout à fait automatique et inconsciente. »

(*Troubetzkoy N., Principes de phonologie, Paris, Klincksieck, 1949*)

- le **crible rythmique-mélodique** : les éléments prosodiques (*rythme, intonation*) constituent un système différent d'une langue à l'autre ;
- le **crible kinésique** : il existe une gestuelle partagée, réglée, codée, apprise et transmise inconsciemment, qui intéresse le contact entre langues et cultures ;
- le **crible proxémique** : à l'origine de nombreuses fautes culturelles, il gère la structuration de l'espace interpersonnel dans la communication.

On retrouve certaines de ces variations, notamment celles relatives au crible kinésique, entre populations francophones, anglophones, lusophones ou hispanophones qui, par phénomène d'acculturation, se sont appropriées une gestuelle propre au colonisateur. La différence est saisissante au Cameroun, lors du passage entre les territoires francophones et anglophones.

Les apprenants sont très sensibles à ces éléments lorsqu'ils se trouvent confrontés à un locuteur natif, comme l'indique Manar, aujourd'hui étudiante en licence de français à l'université du Caire : *« Je ne me souviens pas précisément des histoires que tu nous racontais quand j'étais en primaire, mais je me souviens de ta voix et de tes gestes... »* (*Lezouret, entretien avec Manar Kotb, ancienne élève du lycée El Haram Guizeh, Egypte*).

L'enfant africain qui arrive à l'école a déjà appréhendé les cribles d'une ou de plusieurs langues.

L'enfant africain qui arrive à l'école a déjà appréhendé les cribles d'une ou de plusieurs langues. Etant donné qu'il est très sensible à la '*musicalité*' de la langue, une des premières activités de l'enseignant consistera à créer des paysages sonores propres à la LO.

Par ailleurs, pour respecter la diversité culturelle, mais aussi pour entendre des variations d'une même langue, cet enseignant s'efforcera également de créer des paysages sonores des divers '*français*' parlés dans le monde.

2 Créer des paysages sonores

Cette approche se fonde sur la notion de '*paysage sonore*' qui associe deux types de perceptions : l'ouïe et la vue. Le paysage sonore intègre des séquences sonores variées dans une représentation mentale. La langue en tant que produit oral d'une culture participe à l'environnement sonore dans lequel chaque individu baigne depuis sa naissance, au même titre que les paysages qui participent à l'organisation spatiale et culturelle.

La langue participe à l'environnement sonore dans lequel chaque individu baigne depuis son enfance.

La perception de la langue détermine des comportements variés d'écoute de personnes à la voix différente, dans des processus énonciatifs toujours renouvelés. L'apprenant d'une langue étrangère perçoit des voyelles, des consonnes et des syllabes, sans pouvoir établir de relations entre les éléments perçus et des significations connues.

Lothe F (*1995*) insiste sur ce travail de perception comme suit : « *Cette difficulté à reconnaître des formes dans une langue étrangère constitue le plus long obstacle à franchir dans la perception d'une langue étrangère. Quand on parle, toute séquence sonore subit des variations acoustiques selon sa place dans le discours, selon la personne qui parle, selon la situation de communication, selon l'humeur du locuteur. Le débutant en langue étrangère doit alors très rapidement reconnaître comme une même forme des réalisations qui*

L'obstacle le plus long dans la perception d'une langue étrangère consiste à reconnaître différentes réalisations d'une même forme linguistique.

peuvent varier considérablement entre elles. Mentalement, il construit peu à peu le paysage sonore de cette nouvelle langue en fixant dans le temps des images variées et variables. »

L'approche paysagiste associe les trois pôles de la parole, à savoir : perception, production et compréhension.

L'approche paysagiste associe les trois pôles de la parole : perception, production et compréhension, dont les critères d'évaluation s'apprécient dans la continuité ou la rupture de la communication ainsi qu'à la prise et aux tours de parole adaptés à la situation. La communication est réussie lorsque l'intention du locuteur est comprise de l'auditeur. Maîtriser la communication orale nécessite d'être un très bon auditeur. Les objectifs de cette approche visent à développer :

- de nouvelles stratégies de repérage et d'orientation : enrichir la perception sonore du langage ;
- les mécanismes de mémorisation face à la tendance à rechercher des analogies avec ses acquis antérieurs.

E. Lothe intègre trois fonctions au modèle de l'écoute active :

- *la fonction d'ancrage* : l'auditeur sélectionne certains éléments pendant qu'il consulte sa mémoire pour établir les premières hypothèses ;
- *la fonction de repérage* : l'auditeur déplace son attention sur différents moments pour effectuer un choix parmi les hypothèses ;
- *la fonction de déclenchement* : elle est la résultante des forces qui agissent au cours du traitement (*ancrage, repérage*), enclenchant la compréhension.

L'écoute active a trois fonctions : l'ancrage, le repérage et le déclenchement.

L'approche paysagiste de l'oral par un apprentissage de type perceptuel conduit l'apprenant à construire de nouveaux territoires en enrichissant ses représentations mentales. La prosodie et la situation d'énonciation jouent des rôles essentiels dans la construction du sens, résultat de l'écoute active.

L'approche orale de la LO privilégiera les activités de perception avant les activités de production, et ceci au service de la communication. Peu à peu, ces activités de classe alterneront en vue d'une appropriation progressive de la langue orale.

L'enseignant veillera à augmenter progressivement le temps de parole de l'apprenant.

Le rôle de l'enseignant consistera à varier le type de ses interventions dans le groupe, le type de groupement dans la classe selon les activités, et ceci afin d'augmenter progressivement le temps de parole de l'apprenant. L'approche de l'oral de la LO peut se définir dans un continuum entre :

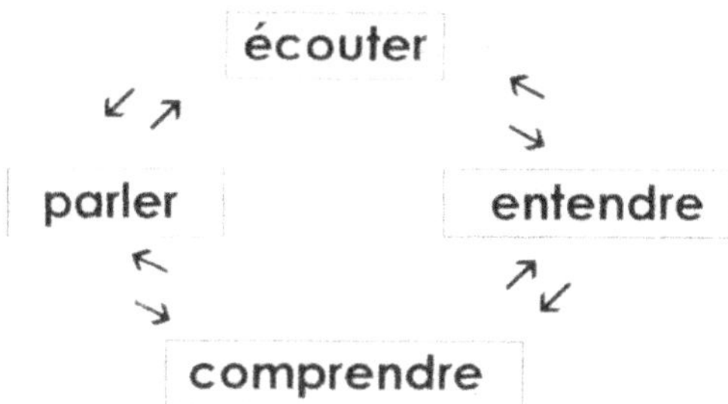

3 Ecouter pour entendre

La compréhension orale vise à faire acquérir des stratégies d'écoute et de compréhension. Il s'agit d'entendre d'autres voix que celles du maître, à savoir des voix de natifs ou de francophones aux intonations, accents et rythmes différents.

Le premier objectif est de rassurer l'apprenant, de le former à l'écoute active pour qu'il devienne plus sûr et plus confiant dans ses habiletés langagières ; confiant dans l'écoute et la familiarisation avec la langue telle qu'on l'entend dans des lieux bien précis à travers le pays, à la radio, à la télévision, à Niamey, à Cotonou, à Dakar, à Kinshassa, à Toulouse, à Bruxelles ou à Québec ; dans des lieux sociaux divers ou dans des conversations duelles, face à face, mais aussi au téléphone et à travers de nouvelles technologies. Des images, des représentations visuelles, des éléments linguistiques écrits apparaîtront ainsi peu à peu, comme indices complémentaires au message oral.

L'apprenant doit prendre confiance dans ses habiletés langagières.

La perception signe de compréhension est le préalable à une production efficace. Le professeur fera attention de ne pas demander à un enfant de parler s'il n'en manifeste pas

Certains apprenants sont de bons répétiteurs plutôt que de bons locuteurs.

l'envie. De nombreux apprenants de L2 restent muets alors qu'ils ont un bon niveau de perception de la langue ; ce sont des récepteurs. Bons répétiteurs, ils ne sont pas locuteurs, ils attendent la situation de communication où leur production prendra du sens et sera efficace. Le déclencheur pourra être une activité scolaire ou para-scolaire le motivant à inter-agir.

Les objectifs à atteindre en ce cas sont multiples : phonétiques, lexicaux, socio-culturels, discursifs et morpho-syntaxiques; les activités d'écoute vont aider l'apprenant à :

- Comprendre globalement ;
- Comprendre plus en détails ;
- Découvrir une nouvelle mélodie, de nouveaux rythmes ;
- Découvrir des faits de civilisation ;
- Découvrir des actes de parole en situation ;
- Découvrir des registres de langue ;
- Reconnaître des sons ;
- Reconnaître des mots clés, etc.

3.1 Supports à utiliser

Les contraintes du contexte vont affecter grandement cette question. Il est vrai que beaucoup de méthodes ont leur support audio, mais ce matériel est coûteux pour les écoles communautaires de village.

Chaque maître expert s'efforcera donc de trouver des solutions, individuelles ou collectives, en créant lui-même différents matériaux. On peut imaginer que de tels matériaux soient également fabriqués au cours de la formation continue et qu'ils tournent au niveau des écoles de la circonscription, au titre de '*valise-pédagogique*' pour le français oral.

Ajoutons que le caractère francophone du contexte officiel permet d'envisager la fabrication de cassettes à partir d'enregistrements divers à la radio : flashs d'informations, bulletins météo, résultats de la loterie nationale, publicités et annonces de tout genre.

Diverses précautions doivent être prises quand on prépare son matériel de français oral.

Par ailleurs, il est également possible de fabriquer des dialogues sur une situation de la vie réelle qui soient en fonction de l'objectif visé. Dans ce cas-là, les responsables feront attention de respecter en particulier les critères suivants :

- La qualité du son ;
- La présence de bruits parasites en arrière-fond ;

- La durée de l'enregistrement ;
- Le débit du locuteur qui doit rester naturel.

3.2 Démarche d'une activité d'écoute active

Cette activité banale en L1 ne l'est pas en LO ; il est donc important de l'introduire comme une aide, comme un jeu. Avant la première écoute, l'enseignant donnera quelques consignes de base, comme les suivantes :

- *Qui parle à qui ?*
- *S'agit-il d'hommes, de femmes, d'enfants ?*
- *D'après vous, quel âge ont ces personnes ?*
- *Où sont-elles ?*
- *Entend-on des rires, de la musique, des bruits de casserole, d'un outil ? etc.*

Cette consigne sera la première tâche à accomplir pour permettre aux enfants d'émettre des hypothèses sur leur perception.

La deuxième écoute sera l'occasion de vérifier les premières hypothèses. Le professeur animera cette phase en introduisant certains marqueurs chronologiques comme '*d'abord, ensuite, après, au début...*', des marqueurs d'opposition comme '*mais, au contraire*' et des marqueurs de conséquence, comme '*en effet*'.

La troisième écoute permettra de confirmer ou infirmer les hypothèses. Peu à peu seront introduits des exercices de compréhension orale, tels que les suivants :

- Question à choix multiple ;
- Questionnaire '*vrai, faux, je ne sais pas*' ;
- Des tableaux à compléter ;
- Des exercices d'appariement.

L'écoute active se réalisera en plusieurs étapes ; à l'enseignant de donner les consignes requises pour que les élèves émettent et confirment ou infirment des hypothèses.

3.3 Ressources matérielles de l'école

Une fois qu'il a bien compris la démarche d'une activité d'écoute active, l'enseignant dressera la liste des ressources de son école. Pour ce faire, il pourra s'aider de la liste suivante.

- La radio (*locale, nationale, internationale*) ;
- Radio-cassettes ;
- Matériel d'enregistrement ;
- Lecteur de cassette professionnel (*réglage vitesse de la lecture, son suffisant pour la classe*) ;
- Cassettes vierges ;

L'enseignant dressera la liste des ressources matérielles de l'école.

L'enseignant peut fabriquer lui-même des marionnettes ; même rudimentaires, elles se révèleront utiles pour animer la classe de français.

- Cassettes enregistrées (*comptines, dialogue*) ;
- Téléphone portable ;
- Carton ;
- Terre ;
- Sable ;
- Objets divers ;
- Ficelle ;
- Boîtes ;
- Tableaux images ;
- Photos ;
- Affiches ;
- Bibliothèque scolaire ;
- Bibliothèque communautaire ;
- Albums jeunesse.

3.4 Ressources humaines de l'école

Une fois encore, l'enseignant fera le relevé de ces ressources en s'appuyant sur la liste suivante :

- Collègues de l'école ;
- Elèves des classes supérieures ;
- Professeurs de l'école informelle ;
- Natifs travaillant pour des associations ;
- Parents d'élèves ;
- Officiels de la communauté ;
- Locuteurs de la communauté ;
- Conteurs ou conteuses.

3.5 Thèmes à aborder ou par quoi commencer ?

En l'absence de méthode, le professeur proposera, tout comme le font les auteurs de manuels, l'environnement immédiat de la vie de la classe et de l'école ; il pourra appréhender ensuite les thèmes récurrents pour pouvoir comprendre les autres, pour être en mesure de parler de soi et communiquer. Voici une liste de thèmes susceptibles de motiver l'apprenant.

Dans un premier temps, les thèmes seront tirés de l'environnement immédiat de la vie de la classe et de l'école.

- La classe ;
- La famille et ses membres ;
- Les couleurs ;
- Les formes ;
- Les nombres ;
- Le corps humain ;
- Les moyens de transport ;

- Le temps qui passe ;
- Les outils familiers ;
- Le marché ;
- Les métiers ;
- La nourriture ;
- Les goûts ;
- L'hygiène ;
- Les vêtements ;
- Les émotions ;
- Les animaux domestiques et sauvages.

Les animaux, domestiques et sauvages, intéressent toujours et partout les enfants. Pouvoir les dessiner est un grand atout pour l'enseignant.

Pour chaque thème choisi pour être traité en classe, l'enseignant envisagera et préparera les éléments suivants :

- Un document sonore ;
- Un champ lexical le plus exhaustif possible, dans lequel il puisera une progression ;
- Les actes de paroles associés au thème ;
- Une chanson ou une comptine.

Une fois qu'il sera ainsi préparé, l'enseignant animera plusieurs activités où l'apprenant sera dans l'agir, parmi lesquelles les suivantes :

- Ecoute active à partir du document sonore mais aussi de lectures d'albums (*illustrations*) à la classe ;
- Jeu du téléphone ;
- Jeux de kim ;
- Jeux chantés ;
- Jeux de rôles ;
- Théâtre ;
- Fabrication de jeux ;
- Adaptation de jeux locaux ;
- Fabrication de dictionnaires thématiques (*pour chaque thème, dessin et signifié écrit, enrichi peu à peu*) ;
- Fabrication de dictionnaires phonologiques (*dessin d'objets commençant par le même phonème ou contenant le même phonème, l'idéal étant d'écrire le graphème correspondant de la même couleur*) ;
- Fabrication de dictionnaires bilingues (*illustration suivie de la dénomination en L1 et au-dessous en LO*). Le nom sera précédé d'un déterminant indéfini (*un, une, des*).

La fabrication de supports peut servir de situation de communication en classe de langue.

L'élaboration de supports présuppose une organisation de la classe.

3.6 Organisation de la classe

L'organisation de la classe variera selon le type d'activité. L'enseignant n'hésitera pas à alterner entre les activités en grands groupes, en groupes de 4 à 6 élèves et en paires, et le travail en individuel. Il n'hésitera pas non plus à sortir de la classe pour organiser des jeux, des danses et des activités physiques, associés à la langue-cible. Ces variations ont pour but de rompre avec la relation verticale enseignant-élève dans un jeu stérile de questions-réponses, d'augmenter le temps de parole des élèves, de jouer et communiquer dans la joie en utilisant la LO.

3.7 Pourquoi écouter ?

Pourquoi écouter au lieu de répéter ce que dit le maître ? De nombreuses réponses ont été déjà apportées et suivront. Examinons tout d'abord quelques objectifs d'écoute.

• *Ecouter pour entendre*

Dans le silence, le professeur fait écouter, les bruits les plus proches, puis les plus lointains. La classe prend ainsi l'habitude d'être à l'écoute de chacun.

Le jeu du téléphone permet de développer cette écoute particulière. Les élèves sont assis en cercle; ils doivent se dire à l'oreille un mot ou un message, qui doit circuler et arriver intact à l'autre bout de la classe.

• *Ecouter pour détecter*

A partir d'enregistrements sonores, il s'agit de rechercher le type de sonnerie ou l'accent d'un locuteur, ou plus simplement apparier le son entendu à une illustration : c'est le type d'écoute développée dans les lotos sonores.

Le loto sonore présente par exemple plusieurs cris d'animaux que les élèves doivent associer à des cartes représentant l'animal. Les lotos sonores peuvent être thématiques, selon l'enregistrement effectué.

Les jeux permettront de s'entraîner à divers types d'écoute.

• *Ecouter pour sélectionner*

Les apprenants peuvent repérer, à certaines caractéristiques du langage ou de la voix, des propriétés connues, comme l'expression d'émotions, euphorie, peur, joie, colère, etc.

• *Ecouter pour identifier*

Il s'agit là d'identifier une ou plusieurs informations dans un corpus sonore. Par exemple, l'enseignant a enregistré l'appel dans une classe ; il s'agira de repérer combien d'élèves sont absents, combien de filles, combien de garçons, etc.

- *Ecouter pour reconnaître*

La reconnaissance vise, un peu comme l'identification, à choisir une solution parmi plusieurs mais surtout à argumenter son choix : reconnaître la personne à sa voix, à son intonation, ou bien relier des informations pour être sûr de la solution.

- *Ecouter pour lever une ambiguïté*

D'un niveau plus élevé, ce type d'écoute mobilise plusieurs compétences : linguistique, perceptive, cognitive et communicative. Il s'agit d'analyser rapidement l'énoncé du locuteur pour choisir entre deux interprétations possibles, en fonction de l'interlocuteur.

- *Ecouter pour reformuler*

L'apprenant doit écouter avant de reformuler ou de résumer, un exercice de discours rapporté. C'est l'objet d'un travail pédagogique progressif chez tout apprenant de langue étrangère.

- *Ecouter pour synthétiser*

Activité difficile, complémentaire de la précédente, cette écoute fait appel à la mémoire et à la mise en relation des différentes écoutes précédentes.

- *Ecouter pour faire*

Selon la tâche à effectuer, le travail d'écoute sollicite l'attention, la sélection, l'identification, la reconnaissance ou le choix. L'action réalisée équivaut à une évaluation de la capacité d'écoute. Cette écoute ne peut intervenir en début d'apprentissage de la langue étrangère.

- *Ecouter pour juger*

Il s'agit ici, après une écoute, d'émettre un avis, une opinion, une appréciation personnelle sur le locuteur ou sur son discours.

L'enseignant se familiarisera avec les types d'écoute présentés dans ce point.

D'autres objectifs d'écoute peuvent être organisés, comme les suivants : écouter pour deviner, écouter pour déduire, pour classer et hiérarchiser. L'enseignant se posera toujours la question du *pourquoi faire écouter* et variera l'objectif en fonction des performances de ses apprenants. La question de la progression sera cruciale pour ne pas décourager les élèves.

Certaines activités, telles qu'écouter pour synthétiser, seront réservées pour les grandes classes.

Attention à respecter une progression afin d'éviter de décourager les apprenants !

La progression s'attachera à leur faire reconnaître ce qu'ils savent déjà faire en langue maternelle (*reconnaître les rythmes, les intonations*) pour les motiver dans une écoute toujours plus active.

A tout moment, l'enseignant gardera les préceptes suivants en mémoire :

- Je développe la capacité d'écoute si je prends soin d'isoler et de différencier les objectifs ;
- J'accrois la capacité d'écoute si je propose plusieurs activités et plusieurs formes d'écoute ;
- J'améliore la capacité d'écoute en LO si je décompose les tâches d'écoute en conduisant l'apprenant à pratiquer des tâches de plus en plus complexes.

4 Entendre pour comprendre

La perception ou le traitement de la parole fait accéder à la compréhension, à la construction du sens associé au message oral ; elle est le préalable à l'expression spontanée, à la prise de risque dans une situation de communication. En voici, dans l'encadré suivant, une définition.

Encadré 47 : Perception

1. Ensemble des mécanismes et des processus par lesquels l'organisme prend connaissance du monde et de son environnement sur la base des informations élaborées par ses sens.
2. Processus qui sélectionne et structure les données sensorielles de façon à leur trouver une signification. Les activités perceptives impliquent des activités sensori-motrices.

(Bonnet, *'La perception.'* In : Roulin, *'Psychologie cognitive'*, (1998)

4.1 Il ne suffit pas d'entendre pour comprendre !

L'élève africain a des compétences langagières qu'il peut généralement appliquer dans plusieurs langues.

L'enfant entre à l'école avec des compétences langagières propres à son groupe d'appartenance et dans le contexte africain, il peut appliquer ces compétences dans plusieurs langues (*Cf. Chapitre 5*).

L'entrée dans la langue officielle oblige l'apprenant à s'orienter et à trouver de nouvelles marques sonores pour organiser sa compréhension (*Lothe*). Dans la communication orale, ces marques sonores sont portées par des indices du comportement verbal et gestuel. En LO, il s'agit non seulement d'entendre mais aussi d'adapter des compétences linguistiques nouvelles à des situations de communication maîtrisées en LM, dans des activités d'expression orale source du développement personnel tant du point de vue social qu'affectif et cognitif comme il est souligné dans l'encadré suivant.

Il s'agira pour l'élève qui apprend la LO de trouver de nouvelles marques sonores pour organiser sa compréhension.

Encadré 48 : L'expression orale, source de développement personnel

" ... Lorsque les garçons et les filles ont de nombreuses et de fréquentes possibilités de s'exprimer oralement dans des situations spontanées et structurées, ils développent leurs capacités intellectuelles, leurs habiletés d'interaction sociale et une estime de soi positive. Intégrer les connaissances préalables des élèves, leurs intérêts et leurs besoins comme base de leurs apprentissages nouveaux est souvent possible s'il leur est offert un espace pour s'exprimer oralement. La qualité des apprentissages scolaires dans toutes les matières du programme scolaire dépend en grande partie de la capacité des enfants à comprendre et à produire des messages de manière efficace."

(*L'Ecole vivante, op. cit., p.33*)

Etre un bon auditeur en LO augmente la capacité de perception car un grand nombre de paramètres de l'information dans une situation de communication sont portés par des indices extralinguistiques et linguistiques : le lieu de la communication, les relations entre les locuteurs, le thème de l'échange, l'intonation, la mélodie et le rythme de la parole de chacun.

La capacité à percevoir en LO sera favorisée par des activités dans lesquelles l'apprenant enrichira ses images mentales, associant le message oral à ce que Lothe nomme '*un paysage affectif*'.

Percevoir, c'est relier des unités de bas niveau (*entendre*) à des unités de haut niveau (*comprendre*).

4.2 Qu'est-ce que percevoir ?

Selon la psychologie cognitive, percevoir, c'est relier des unités de bas niveau (*entendre*) à des unités de haut niveau (*comprendre*) ; c'est transformer ce que l'on entend en unités de sens.

Comprendre, c'est transformer les unités de la chaîne parlée en unités de sens.

Nous rappelons ici le témoignage d'Armelle Riché (*cf. Lecture préliminaire du chapitre* 5) « *Tu ne me comprends pas* ». Sa jeune interlocutrice ne met pas de signification sous son énoncé ; très certainement, la jeune fille l'écoute, mais elle ne l'entend pas, elle ne perçoit pas son intention de communication, pas plus que le contenu hors du rituel de présentation. Ce problème se pose comme un obstacle à un enseignement efficace.

Entendre signifie : passer de la réception sensorielle du niveau phonétique à l'élaboration de représentations abstraites qui seront stockées, mémorisées, organisées. Entendre permet d'établir un lien entre les unités de la chaîne parlée.

Comprendre, c'est transformer les unités de la chaîne parlée en unités de sens ; passer du phonétique au sémantique et du concret à l'abstrait. L'auditeur peut identifier des mots par le contexte dans lequel ils sont employés, il attribue du sens à des énoncés.

Percevoir, c'est relier les deux niveaux : passer du niveau sensoriel au niveau cognitif. Ce traitement de la langue étrangère est un processus plus complexe que dans la langue maternelle et demande à l'enseignant de bien se rappeler que percevoir, c'est passer d'un monde de représentation à un autre : entendre, par exemple, dans la réalisation /ma/, la suite articulatoire /m/ et /a /.

Percevoir, c'est associer une représentation sensorielle, un ensemble acoustique et une représentation abstraite :
/ma/ = /m/ et /a/ = ma (*appartenance*).

Percevoir, c'est entendre des groupes, des syllabes, des rapports entre lignes mélodiques.

Dans l'énoncé *'J'aifaimjemange'*, nous percevons deux groupes (*'j'ai faim'* et *'je mange'*), constitués de deux syllabes chacun, l'expression de la conséquence étant portée par la ligne mélodique comme suit :

Dans certains énoncés, c'est la ligne mélodique qui exprime à elle seule la conséquence.

J'ai faim, je mange

4.3 Comprendre la langue officielle

La compréhension, au sens usuel de la didactique des langues, du terme '*comprendre*' recouvre, du point de vue psycho-linguistique, la notion de perception. Toutes les activités perceptuelles sont au service de la compréhension, de la mise en relation d'indices, de la construction du sens en langue orale. Plus cette phase de compréhension orale sera allongée aux côtés de l'apprentissage de la L1, et plus l'entrée dans l'enseignement/apprentissage de l'écrit sera facilitée.

Plus la phase de compréhension orale en LO est longue, menée en parallèle aux apprentissages en LM, et plus l'entrée dans l'écrit s'en trouve facilitée.

4.4 Des activités pour comprendre

- *Au début de l'apprentissage*

L'apprenant a l'habitude de comprendre différentes voix dans sa langue. Ce comportement d'écoute peut être mobilisé dans une autre langue. Peu importe le contenu, mais au début, il est important de faire entendre différentes voix qui démontreront à l'apprenant qu'il est capable de comprendre l'état d'esprit de celui qui parle : colérique, inquiet, rassurant, ému, etc.

- *A tout moment de l'apprentissage*

Tous les élèves entrent en classe de langue riches de leurs compétences, de leurs habiletés et de leurs stratégies. Ils n'ont pas tout à découvrir. Etant donné que tout être humain a besoin d'être valorisé, l'enseignant s'appuiera sur des activités connues de tous pour mettre l'apprenant en situation d'actant, en lui donnant des initiatives.

- *Très rapidement*

Tous les apprenants n'ont pas le même profil pédagogique : certains sont plus auditifs que visuels et vice versa. Il est donc particulièrement important de rapidement mettre en place des représentations symboliques dans la classe, pour les consignes ou pour des contenus. Pour qu'elles fonctionnent, les représentations symboliques seront le fruit d'une coopération entre l'enseignant et les élèves. En voici quelques exemples.

Les représentations symboliques seront le fruit d'un accord entre l'enseignant et ses élèves.

sur **au-dessus de** **dessous**

Lezouret & Chatry-Komarek, L'Harmattan, 2007

- *Un peu plus tard*

L'enseignant enregistrera les élèves qui pourront s'entendre, se reconnaître. Le projet le plus abouti consisterait à créer, avec des élèves avancés, une radio communautaire bilingue qui servirait aux plus jeunes de support d'apprentissage.

- *Toujours*

Dans une activité d'écoute, le meilleur moyen de travailler la compréhension est de mettre l'apprenant en situation d'induire, de supposer ce qui va arriver avant de vérifier.

5 Dix thèmes et idées d'activités correspondantes

Voici une vue d'ensemble des activités liées à un thème précis (*la classe*), avant d'aborder dix autres thèmes et de suggérer des activités correspondantes (*chansons, poèmes, danses, etc.*).

- ***Thème 1 : la classe***

Documents sonores	**Chanson/ comptine**	**Champ lexical**	**Actes de parole**	**Faire**
Enregistrement d'un appel dans une classe ou sur la cour 3 types d'écoute : - *Qui parle à qui ?* - *Qui est absent ?* - *Combien de garçons/filles sont absents ?* Enregistrement d'une classe de français des plus grands Enregistrement d'une information à la radio	Chanson de France Gall „*Qui a eu cette idée folle, un jour d'inventer l'école ?*" (Cf. encadré suivant)	Tableau/craie Tables/casiers Elèves-maître (esse) Cahiers, livres Crayons Papier Gomme Trousse Cartable Porte/fenêtre Filles/garçons Fabrication des imagiers dictionnaires sur du matériel solide (même format, une fiche par élève)	Nommer : - *Qu'est-ce que c'est ?* - *C'est...* - *Ce sont...* Faire faire à tout le groupe : - *Écoutez...* - *Sortez votre cahier !* - *Écrivez la date !* - *Levez-vous !* - *Asseyez-vous !* Faire faire à un élève : - *Écoute...* - *Sors ton livre !* - *Lève-toi !* - *Va au tableau !* - *Assieds-toi !*	Faire un plan de la classe crayon papier/ argile : tracer dans le sable/ craie/ tableau... Retrouver sur le plan tous les objets nommés, la place de chacun, etc.

Encadré 49 : Sacré Charlemagne

'Qui a eu cette idée folle
Un jour d'inventer l'école ? (bis)
C'est ce sacré Charlemagne,
Sacré Charlemagne !

De nous laisser dans la vie
Que les dimanches, les jeudis (bis)
C'est ce sacré Charlemagne,
Sacré Charlemagne !

Ce fils de Pépin le Bref
Nous donne beaucoup d'ennuis
Et nous avons cent griefs
Contre, contre, contre lui.

Qui a eu cette idée folle
Un jour d'inventer l'école ? (bis)
C'est ce sacré Charlemagne,
Sacré Charlemagne !

Participe passé
4 et 4 font 8
Leçon de français
De mathématiques
Que de, que de, travail, travail,
Sacré (5x) Charlemagne !

Il aurait dû caresser
Longtemps sa barbe fleurie (bis)
Oh oh sacré Charlemagne,
Sacré Charlemagne !

Au lieu de nous ennuyer
Avec la géographie (bis)
Oh oh sacré Charlemagne,
Sacré Charlemagne !

Il n'avait qu'à s'occuper
De batailles et de chasse !
Nous n'serions pas obligés
D'aller chaque jour en classe !

Il faut apprendre à compter
Et faire des tas de dictées (bis)
Oh oh sacré Charlemagne,
Sacré Charlemagne !

Participe passé (bis)
4 et 4 font 8 (bis)
Leçon de français (bis)
De mathématiques (bis)
Que de, que de, travail, travail,
Sacré (5x) Charlemagne !

Car sans lui dans notre vie
Il n'y aurait que des jeudis ! (bis)
Oh oh sacré Charlemagne !
(bis)'

Cette chanson sera travaillée progressivement. Le refrain, très facile, constituera une première étape.

• ***Thème 2 : Les couleurs***

La palette des couleurs en langue maternelle sera utilisée pour apprendre les couleurs en français. Lorsque celles-ci sont mémorisées, l'enseignant pourra écrire le nom de la couleur en français à côté de la dénomination locale.

Voici quelques activités supplémentaires :

- En fonction du matériel, organiser des concours de dessins d'arc en ciel, sur le thème d'une couleur ou d'une autre ;
- Se servir des couleurs pour qualifier tous les objets que l'on peut déjà nommer ;
- Créer des formes de couleur qui serviront de support d'activités de tris à des plus petits.

On partira du nom des couleurs en LM pour introduire leur nom en LO.

• ***Thème 3 : la famille***

Document sonore	Chansons/ comptines	Champ lexical	Actes de parole	Faire
Enregistrement dans une cour : une mère demande de l'aide à son fils.	*'Mon papa est cordonnier, ma maman est couturière'.* *'Mon petit frère est polisson.'* *'Tirez les cordons de la maison.'*	Père/mère Fils/Fille Grand-père/ grand-mère Oncle/tante Papi/mami Bébé Frère/soeur Jumeaux	*- Qui es-tu ?* *- Je suis le fils... la fille de...* *- Ce sont...* Pour le jeu de sept familles : *- Dans la famille Hamidou, je voudrais... le fils... la fille...*	Fabriquer sa famille Jouer au jeu de sept familles Fabriquer plusieurs jeux pour pouvoir jouer en grands groupes

Encadré 50 : Le jeu des sept familles

Il s'agit d'un jeu de 42 cartes comprenant sept familles composées de six membres (*grand-père, grand-mère, père, mère, fils et fille*).

On peut créer un jeu de 7 familles francophones, par exemple : la famille Hamidou, la famille Camara, la famille Diarra, la famille Nachampassak (*Laos*), la famille Lafleur (*Québec*), la famille Martin (*France*) et la famille Ben Ali (*Tunisie*).

Voici à présent les règles du jeu. Le but est de regrouper le plus grand nombre de familles.

Un joueur, désigné par le sort, bat les cartes, les fait couper et en distribue sept, une à une, en commençant par la droite. Le reste constitue la pioche. Le voisin à gauche du donneur parle le premier. Après avoir constaté qu'il possède au moins une carte d'une famille, il cherche à la compléter en demandant à n'importe quel joueur la carte qui lui manque et qu'il souhaite obtenir, disant par exemple : « Dans la famille Hamidou, je voudrais le grand-père ! » Si ce joueur ne possède pas la carte, le demandeur doit piocher ou passer son tour. En cas de '*bonne pioche*', le joueur peut demander une autre carte à n'importe quel joueur. Dans le cas inverse, le demandeur passe son tour et c'est au joueur à gauche de jouer. Dès qu'un joueur réunit une famille, il la pose devant lui.

Le gagnant est le joueur qui pose devant lui le plus de familles complètes.

• ***Thème 4 : Les formes (cercle, carré, rectangle, losange)***

Voici quelques suggestions à ce sujet :

- Se mettre en cercle ;
- Former un rectangle ;
- Former un carré ;
- Former un losange ;
- En garder la trace sur le sable à l'aide d'un bâton ;
- Reproduire ces formes sur une feuille par groupe ;
- Faire dessiner à l'extérieur pour mettre la forme en exergue ;
- Afficher toutes les feuilles ;
- Renouveler l'expérience et faire reproduire les formes par les élèves, une après l'autre, puis une forme par groupe ;
- Conserver les productions, les afficher ou les relier (*couture*)
- Reproduire et découper les formes ;
- Faire reconnaître les différentes formes, attribuer une forme comme symbole d'un groupe d'élèves ou d'une équipe sportive.

Les formes et les nombres en LO feront également partie des thèmes à traiter en priorité.

• ***Thème 5 : Les nombres***

Pour travailler ce thème, l'enseignant pourra recourir à de nombreuses activités ; nous présentons ici : une comptine, deux jeux (*le jeu de la marelle et le jeu du lotoquine*), des '*nombres croisés*' (le *Sudoku*), ainsi que quelques jeux de mots. Voici donc tout d'abord une **comptine** :

> '*1-2-3, nous irons au bois,*
> *4-5-6, cueillir des cerises,*
> *7-8-9, dans un panier neuf,*
> *10-11-12, elles seront toutes rouges !*'

Pour se familiariser avec les nombres en jouant, voici à présent quelques commentaires sur le jeu bien connu de **la marelle**. Le matériel consiste simplement en craies (*ou bâton*) et cailloux (*ou petites boîtes*).

Pour jouer, on dessine d'abord une marelle par terre à la craie, ou on la trace avec un bâton sur du sable. On lance alors le caillou ou la boîte dans la première case, puis on saute sur un pied dans les autres cases en les nommant jusqu'en haut pour ramasser le caillou au retour.

Rappelons quelques règles de base de la marelle : si le caillou entre dans la case '*enfer*', on passe son tour. De plus, on ne doit ni marcher sur les traits, ni poser les deux pieds sauf

De nombreuses activités permettent d'apprendre les nombres en jouant.

L'enseignant se familiarisera avec le loto des nombres de 1 à 90...

sur les doubles cases. Enfin, une fois revenu sur la case '*terre*', on lance le caillou dans la case numéro 2 et ainsi de suite.

Ajoutons qu'il existe une variante dans laquelle, au lieu de ramasser le caillou, on doit le pousser du pied pour le ramener sur la terre.

Passons à présent à un autre jeu, le **jeu du lotoquine**, c'est-à-dire le loto des nombres de 1 à 90. Chaque élève a un carton comportant 15 nombres répartis comme suit :

7 7	**11** 11		**33** 33		**50** 50	**60** 60		
	19 19			**42** 42	**57** 57		**78** 78	**85** 85
8 8		**25** 25	**36** 36	**49** 49			**73** 73	

Les nombres de 1 à 90 sont inscrits sur des jetons : un support rond (*rondelle d'une jeune branche*). Ils sont cachés dans un sac de tissu non transparent.

L'enseignant, suivi d'un élève sort un à un les jetons et dit à haute voix le nombre inscrit ; un autre élève contrôle et pose le jeton sur une plaque comportant tous les nombres. Ainsi, il est possible de vérifier si les nombres du joueur gagnant ont été énoncés.

... et avec les règles de ce jeu de manière à ce que ses élèves y jouent avec plaisir.

L'élève qui a le nombre sur son carton marque d'un grain de maïs (*ou autre marqueur*) la case du nombre qui est sorti de la poche. Le premier élève qui complète une ligne a une quine, ce qui lui donne le droit à une faveur, à déterminer avant de jouer. Puis on garde les grains de maïs sur le carton, et la partie continue jusqu'à ce qu'un joueur obtienne le carton plein (*tous les numéros de son carton seront sortis de la poche*). Celui-ci gagne une plus grande faveur. La partie est terminée. On vide le carton et l'on recommence ; un autre élève tire les nombres. En classe, les faveurs ou les lots (*loto*) peuvent être des tâches appréciées des élèves.

Le loto existe depuis des décennies un peu partout dans le monde.

Soulignons que le loto est un jeu fédérateur. Le loto traditionnel existe depuis plusieurs décennies et partout dans le monde. Les règles du jeu, à la fois simples et universelles, peuvent être comprises de tous. De 7 à 100 ans, le loto réunit différentes générations autour d'un moment ludique et agréable.

L'organisation d'un loto permet aux écoles et à bien d'autres collectivités de trouver les fonds nécessaires afin de mettre en place des manifestations liées aux projets en cours (*faire un voyage, rendre visite à ses correspondants, acheter des livres pour la bibliothèque, etc.*). Le loto de l'école réunit les parents et amis de l'école. Avec très peu de matériel, qu'on peut aisément fabriquer, ce jeu traditionnel peut faire l'objet d'un projet de l'école. Il est aussi possible de jouer en langue locale ou d'alterner les parties en langue locale puis en LO.

Vous trouverez dans l'encadré suivant quelques indications concernant le matériel requis et les règles du jeu.

Encadré 51 : Le lotoquine

- **Matériel**

- Autant de cartons que de joueurs
- Un carton récapitulatif
- Une série de jetons dans un sac
- Du matériel de marquage (*grains de maïs ou de riz, graines de fruits, etc.*)

- **Règles de jeu**

Quelques mots sur les différents rôles des organisateurs

- Le *directeur de la partie*, aussi appelé '*crieur*' ou '*nommeur*' doit annoncer au début de la partie les règles et tous les joueurs doivent s'y conformer sans discussion ; il doit aussi placer tous les jetons ou les boules sur le plateau de contrôle et demander à un joueur de venir contrôler que tous les numéros sont bien présents ; de plus, il lui faut tirer les numéros, contrôler les gagnants, annoncer les lots et les prix des cartons et départager par tirage au sac les gagnants simultanés.
- Les *vendeurs* circulent dans la salle, distribuent les cartons, perçoivent le prix, surveillent la bonne marche du jeu et font la chasse aux tricheurs et aux fraudeurs.
- Le *caissier* contrôle les vendeurs et la marche financière de la partie.

- **Pour gagner**

Le joueur doit avoir dans sa combinaison gagnante (*quine, carton plein, etc.*) le dernier numéro annoncé. Si le joueur n'a pas ce numéro, même s'il a une combinaison gagnante, il a donc laissé passer son tour : il est déclaré perdant et n'a droit à aucun lot.

Si dans une partie, plusieurs joueurs annoncent en même temps un carton gagnant, on contrôle leur carton et on leur fait tirer un jeton numéroté dans un sac : le gagnant est celui qui tire le plus grand numéro.

- **Pour démarquer les cartons**

Les joueurs doivent attendre que le nommeur en donne l'autorisation. En effet, un joueur peut faire une fausse annonce, c'est-à-dire annoncer un carton gagnant qui se révélera perdant après contrôle ; dans ce cas, la partie reprend normalement.

Les joueurs qui auraient décidé d'eux-mêmes de démarquer leurs cartons perdent le bénéfice de leur marque. Le carton d'un joueur qui a fait une fausse annonce est annulé pour la partie en cours et ne participe pas à la fin du tirage. Ce carton reste au contrôle et le joueur ne peut le reprendre que pour la partie suivante.

- **Déroulement de la partie de loto**

Les cartons distribués et payés, le nommeur annonce le début des parties, en indiquant à chaque fois la combinaison gagnante (*quine, carton plein, etc.*) et en donnant la liste des lots mis en jeu. Il tire le premier numéro en disant '*Voici le premier numéro !*'. Il tire alors les numéros suivants en les annonçant clairement et en plaçant à chaque fois le jeton ou la boule sur le plateau de contrôle. Tous les joueurs qui ont ces numéros sur leurs cartons les marquent avec un pion ou tout autre marqueur selon le contexte (*grains de maïs, petits cailloux ou jetons fabriqués à cette fin*).

Si la partie se joue à la quine, un joueur qui aura marqué les cinq numéros d'une même ligne doit crier '*Quine !*' et se lever. Son carton sera porté au contrôle par un vendeur, ou contrôlé sur place ; le même vendeur lui portera le lot qu'il aura gagné ou un bon pour le retirer.

Si la partie se joue à carton plein, un joueur qui aura marqué les quinze numéros d'un même carton doit crier '*Carton plein !*' et se lever. Le vendeur procédera comme pour la partie à la quine.

On peut jouer à deux lignes ou à toute autre combinaison ; dans le cas du jeu à deux lignes, le gagnant est le premier joueur à remplir deux lignes de cinq numéros sur un même carton.

On peut également cumuler les façons de jouer, en commençant par une partie à la quine et, une fois les lots désignés pour ce type de partie étant gagnés, continuer de jouer à carton plein ou à deux lignes et ensuite à carton plein, sans faire démarquer les cartons.

Bien entendu, on peut également faire des **dictées de nombres**, en grand groupe au tableau, sur l'ardoise par groupes, ou bien par paires.

Bien entendu, on pourra également procéder à des dictées de nombres.

Un nouveau jeu, le '**Sudoku**', permet aussi de se familiariser avec les nombres en jouant. Le Sudoku se présente comme indiqué ci-dessous, sous la forme d'une grille numérique, généralement carrée, constituée d'un ensemble de 81 cases (*soit 9x9*), regroupées en 9 blocs intermédiaires de 9 cases chacun (*soit 3x3*).

		9						
2			7		5	1		
	8		4					2
		3		6	7		2	
	2		1		3		9	
	1		9	4		5		
3					9		5	
		7	8		1			4
						6		

Quelques chiffres, compris entre 1 et 9, sont fournis par le programme, définissant la grille de départ et son évolution. Le jeu consiste '*simplement*' à compléter la grille de telle sorte que chaque ligne, chaque colonne et chaque bloc intermédiaire contiennent tous les chiffres de 1 à 9. Le programme est conçu de telle sorte qu'une seule solution soit possible, compte tenu des chiffres fournis au départ.

La grille présentée ci-dessus est un '*Sudoku mini*', relativement facile.

Le jeu présente des intérêts pédagogiques certains car, pratiqué en groupe, il demande aux joueurs de proposer, négocier et réfuter sans avoir besoin d'un lexique très élaboré

Mêmes les jeux de mots pourront être utiles pour renforcer la connaissance des nombres en LO.

et sans avoir besoin d'aucune notion mathématique. Il permet de mettre en pratique, de manière intensive et communicative la connaissance et la prononciation des neuf premiers chiffres. Par la suite, il permet également d'introduire l'expression de relations logiques : cause, conséquence, hypothèse et restriction.

Voici pour terminer ce point, deux **jeux de mots** au sujet des nombres, le premier relativement simple, le second plus complexe :

1. *un tronc*
deux troncs
trois troncs
quatre troncs
cinq troncs
six troncs = citron

2. sans souci = 100 sous 6 = $\frac{6}{100}$

• ***Thème 6 : Le corps humain***

Documents sonores	Chanson/ comptine	Champ lexical	Actes de parole	Faire
Enregistrement chez le docteur Enregistrement d'une chanson	'*Le pouce s'en va en voyage*'. '*Voici ma main*' (*Voir texte de ces comptines ci-dessous*)	Tête/tronc Membres Cheveux Front Yeux/cils Nez/oreille Bouche/lèvre Menton Dent Cou Epaule Bras/coude Poignet/main Doigt/ongle Jambe/mollet Cuisse Pied/orteil	Jeu par paire : '*Montre-moi ton nez, tes pieds, ton oreille droite, etc.*'	Jeux dansés : un élève propose une posture, les autres l'imitent (*main gauche sur la tête, main droite sur le genou gauche, etc.*) Fabriquer des puzzles où les corps ont diverses postures.

Les deux comptines ci-dessous s'accompagnent de gestes des mains : dans chacune d'elles, on montre les différents doigts à mesure qu'on les nomme.

Les gestes aideront les élèves à mémoriser les comptines.

Encadré 52 : Comptines sur les doigts de la main

Le pouce s'en va en voyage !

'L'index l'accompagne à la gare.
Le majeur qui est le plus fort
Lui porte la valise.
L'annulaire lui porte le chapeau,
et l'auriculaire qui est riquiqui
ne fait rien du tout
et les suit derrière
comme un petit toutou.'

Voici ma main

'Elle a cinq doigts.
En voici deux, en voici trois
Celui-ci, le petit bonhomme,
c'est mon gros pouce qu'il se nomme.
L'index qui montre le chemin,
c'est le second doigt de ma main.
Entre l'index et l'annuaire,
Le majeur paraît un grand frère.
L'annulaire porte un anneau,
avec sa bague il fait le beau.
Le minuscule auriculaire
suit partout comme un petit frère.
Regardez mes doigts travailler !
Chacun fait son petit métier.'

Voici maintenant quelques commentaires et suggestions supplémentaires permettant aux élèves de se familiariser avec le thème '*corps humain*' en langue française.

- Dessiner le contour du corps d'un ami sur le sol, à la craie ou bien, si on a le matériel, sur un support cartonné, ce qui permettra d'en garder la trace.
- Jeu par paires : Chacun tient son vis-à-vis par le menton et chante la comptine ci-dessous : le premier qui perd son sérieux reçoit de l'autre joueur une petite tape sur la joue.

  'Je te tiens, tu me tiens
  Par la barbichette,
  Le premier de nous deux qui rira
  Aura une tapette !'
- Jeux en ronde : les deux rondes, dont nous reproduisons le texte dans l'encadré de la page suivante, doivent associer le corps et le langage.

Encadré 53 : Chansons sur les parties du corps humain

'Jean petit qui danse
Jean Petit qui danse... (bis)
De son doigt il danse... (bis)
Avec son doigt, doigt, doigt,
Ainsi danse Jean Petit !
De son bras il danse... (bis)
De son pied il danse... (bis)
De sa jambe il danse... (bis)
De ses fesses il danse... (bis)
De sa tête il danse... (bis)'

(Indication : Quand on chante '*de son doigt il danse*', on pose le doigt par terre tout en continuant de chanter et ainsi de suite...)

'Savez-vous planter les choux ?
Savez-vous planter les choux,
A la mode, à la mode,
Savez-vous planter les choux,
A la mode de chez nous ?
On les plante avec le doigt,
A la mode, à la mode,
On les plante avec le doigt,
A la mode de chez nous !
On les plante avec le pied...
On les plante avec le genou...
On les plante avec le coude...
On les plante avec le nez...'
etc.

• ***Thème 7 : La maison et son environnement***

Documents sonores	Chansons/ comptines	Champ lexical	Actes de parole	Faire
Peut-être serait-il judicieux de trouver des images de différents habitats dans le monde pour les relier avec leur environnement.	'*Dans sa maison un grand cerf*'. '*Pirouette cacahuète*' (*Voir texte de ces comptines ci-dessous*)	Maison Mur Fenêtre Porte Cheminée Escalier	Donner/ demander son adresse : '*Où habites-tu ?*.' '*Quelle est ton adresse postale ?*'	Dessiner sa maison. Regarder la maison des amis et relever les ressemblances et les différences. Fabriquer la maquette d'une cabane. Dessiner les différentes parties de la maison.

Encadré 54 : Comptines sur le thème de la maison

'Dans sa maison...

Dans sa maison
Un grand cerf
Regardait par la fenêtre
Un lapin venir à lui
Et frapper ainsi :
Toc ! Toc ! Ouvre-moi !
Ou le chasseur me tuera !
Lapin, lapin entre et viens
Me serrer la main !'

'Pirouette cacahuète

Il était un petit homme,
Pirouette cacahuète
Il était un petit homme
Qui avait une drôle de maison. (bis)

Sa maison est en carton,
Pirouette cacahuète
Sa maison est en carton,
Les escaliers sont en papier. (bis)

Le facteur y est monté,
Pirouette cacahuète
Le facteur y est monté,
Il s'est cassé le bout du nez. (bis)

On lui a racommodé,
Pirouette cacahuète
On lui a racommodé
Avec un joli fil doré. (bis)

Le beau fil s'est cassé,
Pirouette cacahuette,
Le beau fil s'est cassé,
Le bout du nez s'est envolé !' (bis)

La plupart de ces comptines sont très familières aux enfants de France !

• ***Thème 8 : Le temps qui passe***

Travailler quotidiennement sur l'emploi du temps en L1, puis, petit à petit, ajouter les noms des jours et des mois en français. L'enseignant pourra renforcer les acquis avec le jeu chanté du facteur décrit ci-après et la chanson de l'encadré suivant.

Ce jeu se joue avec un mouchoir. Les enfants assis en rond chantent et ferment les yeux tandis qu'un d'entre eux fait le tour de la ronde avec le mouchoir. Il le dépose derrière un joueur qui devra prendre le mouchoir et rattraper *'le facteur'* avant que celui-ci prenne la place de celui qui court. S'il ne le rattrape pas, il deviendra facteur à son tour.

'Le facteur
Le facteur n'est pas passé
Il ne passera jamais
Lundi, mardi, mercredi, jeudi, vendredi, samedi, dimanche!'

L'emploi du temps permet aux élèves d'apprendre les jours de la semaine et les mois de l'année en LM, puis en LO.

Cette comptine peut se chanter en répétant toujours les mêmes gestes.

Encadré 55 : Pour apprendre les jours de la semaine

'Lundi matin l'empereur...

Lundi matin, l'empereur, sa femme et le p'tit prince,
sont venus chez moi, pour me serrer la pince.
Comme j'étais parti,
le p'tit prince a dit :
« *Puisque c'est ainsi, nous reviendrons mardi !* »
Mardi matin, l'empereur, sa femme et le p'tit prince,
Sont venus chez moi, pour me serrer la pince.
Comme j'étais parti,
le p'tit prince a dit :
« *Puisque c'est ainsi, nous reviendrons mercredi !* »
Mercredi matin...etc
Jeudi matin...etc
Vendredi matin...etc
Samedi matin...etc
Dimanche matin, l'empereur, sa femme et le p'tit prince
sont venus chez moi, pour me serrer la pince.
Comme j'étais parti,
le p'tit prince a dit :
« *Puisque c'est comme ça, nous ne reviendrons pas !* »'

- ***Thème 9 : Le marché/la nourriture***

Documents sonores	**Jeu**	**Champ lexical**	**Actes de parole**	**Faire**
Enregistrement de divers moments et divers endroits du marché. Récupérer des emballages : sucre, huile, thé, lait en poudre, etc.	Jeu de kim Les yeux bandés, goûter du doigt et deviner de quel aliment il s'agit.	Mesures Boîte Lot Kilo Bouteille Litre Bidon	*'C'est à combien ?'* *'C'est trop cher ! Non, merci !'* *'Non, reviens ! Tu le veux à combien ?'* *'Ici, prix unique !'*	Jeux de rôles. Créer un coin épicerie dans la classe. Si possible, faire un jardin et vendre les produits à l'école. Ce projet permettra à chacun de faire valoir ses compétences.

- ***Thème 10 : Les animaux sauvages et domestiques***

Documents sonores	**Chanson/ comptine**	**Champ lexical**	**Actes de parole**	**Faire**
Cris des animaux à mettre en rapport avec une illustration.	'*La souris verte*' '*Promenons-nous dans les bois...*' (Textes dans l'encadré ci-dessous)	Souris Méhari Dromadaire Sanglier Antilope Chien Autruche Chèvre Poisson Gueule Museau Poils Queue Plume Écailles Pattes		Dessiner un animal imaginaire ; un groupe le dessine à mesure qu'un autre groupe décrit les différentes parties de son corps.

Encadré 56 : Chansons d'animaux

'Une souris verte

Une souris verte
Qui courait dans l'herbe,
Je l'attrape par la queue,
Je la montre à ces messieurs.
Ces messieurs me disent :
'*Trempez-la dans l'huile,*
Trempez-la dans l'eau,
Et ça fera
Un escargot tout chaud !'
Je la mets dans un tiroir,
Elle me dit qu'il fait trop noir.
Je la mets dans mon chapeau,
Elle me dit qu'il fait trop chaud.'

'Promenons-nous dans les bois...

Promenons-nous dans les bois
Pendant que le loup n'y est pas,
Si le loup y était,
Il nous mangerait,
Mais comme il n'y est pas,
Il ne nous mangera pas.
Loup, y es-tu ?
Entends-tu ?
Que fais-tu ?
- Je mets mes lunettes !
- Je mets mes chaussettes !
- Je mets ma culotte !
- Je mets ma chemise !
- Je mets mes bottes
Et j'arrive !'

On pourra travailler sur les devinettes aussi bien à l'oral qu'à l'écrit.

6 Devinettes, jeux de kim et rébus

Dès que les élèves auront suffisamment de vocabulaire et d'aisance et de confiance en LO, l'enseignant ne manquera pas d'utiliser devinettes et rébus, toujours aimés des enfants. Voici des devinettes qu'il pourra poser en classe.

- Je suis un fruit et je suis aussi une couleur. Qui suis-je ? (*Je suis une orange !*)
- Qui est vert, qui monte et qui descend ? (*un marin qui a le mal de mer*)
- Mon chien n'a pas de nez. Comment sent-il ? (*mauvais*)
- Qu'est-ce qui est petit et blanc et qui pique ? (*l'ail*)

Voici aussi divers jeux de kim faciles à organiser :

- Les yeux bandés, les élèves doivent reconnaître une série d'objets placés à leur proximité.
- Le même jeu de kim sera utilisé pour le vocabulaire : *doux, soyeux, laineux, rugueux, froid, souple, dur,* etc.
- Les yeux bandés, les élèves doivent reconnaître des aliments mis dans différents pots banalisés.

Les rébus, quant à eux, sont des messages qui mélangent des éléments linguistiques et leurs représentations imagées, constituant un message à déchiffrer. La réponse au rébus ci-dessous est la suivante : '*Moi, je ne passerai pas sous cette échelle, ça m'apporterait trop de catastrophes !*'

Illustration parue dans '*Le petit quotidien*' du 27 Novembre 2002. (*www.lepetitquotidien.com*)

Encadré 57 : Vocabulaire et phonèmes

Voici une liste de questions destinées à renforcer le vocabulaire des enfants en les invitant à bien différencier entre deux mots et parfois entre deux phonèmes. On pourra diviser la classe en deux et laisser un groupe poser les questions à l'autre.

- Maman met-elle des boucles d'oreilles ou des gouttes d'oreilles ?
- Qui tient la robe de la mariée, les demoiselles d'honneur ou les demoiselles de bonheur ?
- On appelle les camions les poids lourds ou les balourds ?
- Un chien content a la queue qui pétille ou qui frétille ?
- Qui gazouille, la gazelle ou le moineau ?
- Quand on se sent un peu malade, on est patatrac ou patraque ?
- Les bébés souris s'appellent souriceaux ou souricières ?
- Une cabane peut aussi s'appeler une barrique ou une baraque ?
- Quand il fait froid, on met des pull-overs ou des pull-hivers ?
- Les poires poussent sur les poiriers ou sur les poireaux ?
- La vache rugit-elle ou mugit-elle ?
- Est-ce que les bateaux sur l'eau naviguent ou navirent ?
- Où poussent les noix de coco, sur les coquetiers ou sur les cocotiers ?
- On saisonne ou bien on assaisonne la salade ?
- On peut porter un sac en bandoulière ou en banderole ?
- La personne qui rame sur un bateau est-elle un ramoneur ou bien un rameur ?
- Comment se débarrasse-t-on des insectes, avec de l'infecticide ou de l'insecticide ?
- Où achète-t-on les livres, dans une livrairie ou dans une librairie ?
- Quand beaucoup de gens sont dans un endroit, c'est la bousculade ou la basculade ?
- Une dame qui fait du cheval est-elle une cavalière ou une chevalière ?
- Maman est fatiguée, est-elle épuisée ou épuisette ?
- Pour se protéger du soleil, où se met-on, sous un parasol ou sous un parasoleil ?
- Au bout de la ligne du pêcheur, il y a un hameçon ou un hanneton ?
- Dans notre sang, qu'y a-t-il, des globules rouges ou des grosses bulles rouges ?
- Une voiture qui va vite, va-t-elle à toute allure ou à tout à l'heure ?
- On appelle le haut d'une montagne le sommier ou le sommet ?
- Le serpent qui fait du bruit en agitant le bout de sa queue est-il un serpent à clochettes ou un serpent à sonnettes ?
- Le voleur est aussi appelé caramboleur ou cambrioleur ?
- Quand on est malade, on a de la fève ou de la fièvre ?
- Qui parle beaucoup est bavard ou bavoir ?
- etc.

Jouer avec des mots presque homophones permet d'enrichir le vocabulaire.

Les élèves les plus avancés pourront allonger cette liste, en s'aidant ou non du dictionnaire.

L'enseignant s'efforcera de faire répéter ces rondes jusqu'à ce que les apprenants les connaissent par coeur.

7 Jeux mimés et rondes

Voici quelques idées qui amuseront les enfants et permettront de bien les préparer à la classe de français à travers les chants et les danses.

Jeu mimé 1 : Squiwi

'Squiwi wi est sur son bateau. (On montre un pouce !)
Squawa wa sort de l'eau. (On montre l'autre pouce !)
Il fait tomber le bateau. (On bouscule l'autre main !)
Squiwi tombe à l'eau.
Squiwi est tout penaud.' (On se met le pouce dans la bouche !)

Jeu mimé 2 : Sur le plancher

'Sur le plancher
Une araignée
Se tricotait des bottes.
Sur le plafond
Un limaçon
Enfilait sa culotte.

J'ai vu dans le ciel
Une mouche à miel
Jouer de la guitare.
Des rats tout confus
Sonner l'angélus
Au son de la fanfare !'

Ronde 1 : Allons à la noce

'Allons à la noce
Manger des carottes !
Allons au souper
Manger du poulet !'

Ronde 2 : Des pommes à vendre (finir en tournant le dos)

'J'ai des pommes à vendre,
Des rouges et des blanches,
J'en ai tant dans mon grenier
Qu'elles descendent dans l'escalier.
Céléricéléra
Mademoiselle, tournez-vous comme ça !'

Variante :

'Les pigeons sont blancs.
Ils sont verts ou gris.
Tourne ton dos, Marie !'

puis, quand les enfants sont retournés :

'La galette est-elle cuite ? Oui !
Est-elle bien dorée ?
Est-elle bien sucrée ?
Tourne la galette !'

Encadré 58 : Rondes finissant accroupi

1. *'Dansons la capucine !*
Y'a pas de pain chez nous,
Y'en a chez la voisine,
Mais ce n'est pas pour nous !
Piou...'

2. *'Rondin, picotin*
La Marie a fait son pain
Pas plus gros que son levain !
Son levain était pourri,
Son pain n'a pas réussi !
Tant pis !'

3. *'A la ronde, jolie ronde,*
pour amuser tout le monde !
Les grands et les petits
se font tout petits, tout petits...'
(On s'accroupit en se faisant le plus petit possible.)

4. *'Il tourne en rond, notre beau bateau,*
il tourne en rond trois fois !
Il tourne en rond, notre beau bateau
et tombe au fond de l'eau !'

Ronde 3 : A la queue leu leu

'A la queue leu leu
Que l'on est heureux !
On va toujours en suivant
Celui qui est par devant !'

Ronde 4 : Préparation à la farandole

Les enfants sont en rond, un chef de file fait passer la ronde sous son bras et celui de sa voisine ; quand tous sont passés, leurs voisins de gauche font passer la ronde sous leurs bras.

'Passez par les carillons !
Les portes sont ouvertes !
Passez par les carillons !
Les portes sont fermées !
La plus aimable à mon gré,
Je vais vous la présenter,
En lui faisant passer barrière !
Ramène tes moutons, bergère !
Ramène, ramène, ramène donc
Tes moutons à la maison !'

Ronde 5 : Le ramoneur

'L'as-tu vu le ramoneur ? (Un enfant est au milieu et se promène. Il choisit un autre enfant.)
L'as-tu vu le ramoneur
Qui passait dans la rue ?
Oui j'ai vu ...' (Les deux enfants qui sont au milieu dansent seuls pendant que les autres battent des mains.)

Ronde 6: En passant les Pyrénées

Les enfants se mettent face à face, joignent leurs mains en l'air pour faire un tunnel ; deux enfants passent sous le tunnel, et se placent à côté des deux derniers.

'En passant les Pyrénées,
Y'a d'la neige, y'a d'la neige !
En passant les Pyrénées
Y'a d'la neige jusqu'aux pieds !
En passant le Canigou, etc.'

Ronde 7 : Jeux de tresses

Les enfants se mettent deux par deux, mains croisées devant.

'A la tresse, jolie tresse !
Mon papa est cordonnier.
Ma maman fait les souliers.
Mon p'tit frère est polisson.
Tirer le cordon !'

Ronde 8 : Porte du paradis

Se danse en faisant un pont et en farandole.

'Va sous la porte du paradis.
Elle est ouverte depuis midi.
Ah ! Mon peloton, dévide ! dévide !
Ah ! Mon peloton, dévide-toi donc !'

Précisons au sujet de ces rondes que le cercle symbolise le ciel et ses mouvements cycliques et qu'il est le signe de l'harmonie. Le rythme de ces rondes sera variable : régulier avec la marche et la course, ou irrégulier avec le sautiller et le galoper. Par ailleurs, on pourra passer du grand cercle à deux ou trois petits. Il y aura des rondes avec une personne au milieu, foyer d'où partiront les mouvements intérieurs et extérieurs, et celles où on se rejoindra au centre pour s'écarter ensuite.

Jeu de balles

Ce jeu se fait avec un ballon qu'on lance contre un mur. L'enseignant le fait devant les élèves qui essaient de l'imiter.

'Je joue à la balle.
Un homme passe,
Un homme la ramasse,
Un homme la met dans sa poche.
Je monte chez moi,
Ma mère cousait,
Mon père lisait,

Mon petit frère dormait.
Et moi je pleurais.
Mon père me dit :
'Par pénitence tu me feras trois révérences !'
En voilà une, deux, trois !'

Jeu de rythme avec les mains

'La Samaritaine taine taine (On se tape sur les cuisses.)
Va à la fontaine taine taine (On se tape dans les mains.)
Pour chercher de l'eau l'eau l'eau (On tape dans les mains de celui qui est en face.)
Dans son petit seau seau seau.
Le pied a buté té té
L'eau s'est renversée !'

Toutes ces idées de chants, danses et comptines permettront de garder une classe de langue orale bien active.

Toutes ces idées de chants, jeux et rondes vont permettre à l'enseignant de garder une classe de langue orale bien active. Celui-ci fera revenir sa classe au calme en lisant une partie d'une histoire imagée. Précisons à ce sujet que peu importe le niveau de compréhension, l'important étant que les élèves se calment et qu'ils soient emportés, par la langue, l'histoire et la magie des mots, comme le dit si joliment cette élève : « *J'aimais toujours les cours de la bibliothèque car les histoires étaient formidables, même si je ne comprenais rien : au cours de cette période, j'étais transportée hors de la réalité, je vivais dans le ciel et je croyais que je comprenais quelque chose, pour me réveiller à la question : Qu'est-ce que tu as compris, Manar ?* » (*Témoignage de Manar Kotb, ancienne élève du Lycée El Haram, Guizeh, en Egypte*)

8 Et la grammaire ?

A ce stade de la lecture du chapitre, beaucoup de professeurs seront déçus de n'avoir rien lu à propos de la '*fameuse*' grammaire française. Cela est normal ! Le masculin et le féminin seront déduits par les apprenants et les marques du pluriel dans les liaisons, mais ce n'est point le lieu de les formaliser à l'écrit pendant les activités de compréhension orale. Par contre, il est important de laisser parler les apprenants à ce sujet en L1 : d'établir des correspondances ou des contraires, de les laisser construire les règles par des stratégies cognitives. La formalisation n'en sera que facilitée par la suite.

Les apprenants établiront des correspondances ou des contraires entre les règles de grammaire en LM et en LO.

9 Activités

A quel âge ai-je osé parler français ? Avec qui ? Pourquoi ?
Ai-je appris à jouer en français ?
Quelles sont mes compétences langagières pour enseigner l'oral ?
Quelles sont mes compétences professionnelles pour enseigner l'oral ?
Suis-je tenté par ce discours ?
Puis-je 'tenir' ma classe si je leur donne des tâches à accomplir par paires ?
Comment puis-je contrôler et corriger leur prononciation ?
Puis-je faire de l'oral sans faire de grammaire ?

10 Résumé

La pédagogie de l'oral dans la classe bilingue de type additif propose des entrées diverses dans un '*paysage sonore et affectif*' nouveau. Elle propose de rompre avec l'entrée directe par l'écrit et demande aux enseignants de ne pas faire de leçons de grammaire, mais de laisser aux apprenants la liberté des questions, et surtout le soin de proposer des règles de fonctionnement, définitives quand aucun contre-exemple ne vient l'infirmer. Ainsi, le nouveau '*paysage*' deviendra réellement proche affectivement et facilitera grandement l'entrée dans l'écrit, déjà utilisé à la confection des dictionnaires, lors de la '*lecture*' d'albums par l'enseignant ou par des élèves des grandes classes, activité déjà familière en langue maternelle.

11 Concepts clés

Discutez les concepts suivants en petits groupes en vous référant aux informations contenues dans ce chapitre :

Ecouter
Percevoir
Comprendre
Ecoute active
Paysage sonore
Paysage affectif

10 Suggestions bibliographiques

Lectures conseillées

Galdames, V., Walqui, A. & Gustafson, B. (2004). *L'Ecole Vivante. Enseigner la langue maternelle dans un programme d'éducation bilingue*. Niamey : Inwent/2-PEB

Comptines et berceuses du baobab **C GRO**

Comptines et berceuses du papagaio **C LER**

A l'ombre du flamboyant **C GRO**

Compilation de comptines, recueillies par des ethnologues dans les crèches auprès des femmes d'origine africaine et créole. L'ensemble a été rassemblé dans des albums et chanté par des enfants.

Lectures périphériques

Intravaia, P. (2002). « Pour une étiologie approfondie de l'erreur phonétique. Du crible phonologique au crible dialectique ». In : Renard R., *Apprentissage d'une langue étrangère/seconde. La phonétique verbo-tonale*. Bruxelles : De Boeck Université

Lothe, E. (1995). *Enseigner l'oral en interaction*. Paris : Hachette FLE

Gardner, H. (1997). *Les formes de l'intelligence*. Paris : Odile Jacob

Pendanx, M. (1998). *Les activités d'apprentissage en classe de langue*. Paris : Hachette FLE

Nicolas, S. (2002). *La psychologie cognitive*. Paris : Armand Colin

Lectures complémentaires en anglais

Dorn. B. (1996). *Teaching oral English*. Longman (10th edition)

Knight, G. & Cole, J. (1987). *Primary ideas*. Macmillan/ British Council

Quist, D. (2000). *Primary Teaching Methods*. Macmillan

Quelques adresses Internet proposant des activités orales :
http://auxpetitesmains.free.fr/apartirde6ans.htm
http://emilie.en-savoie.com/
http://www.olyfran.com/olyfran/ site de la francophonie, propose des jeux, des concours, des correspondances et autres activités en français.
http://www.cafepedagogique.net/index4.php donne la parole aux enseignants, aux chercheurs
http://www.francparler.org organe de la francophonie, réunit tous les professeurs de français dans le monde

Chapitre 11
L'écrit dans la classe bilingue

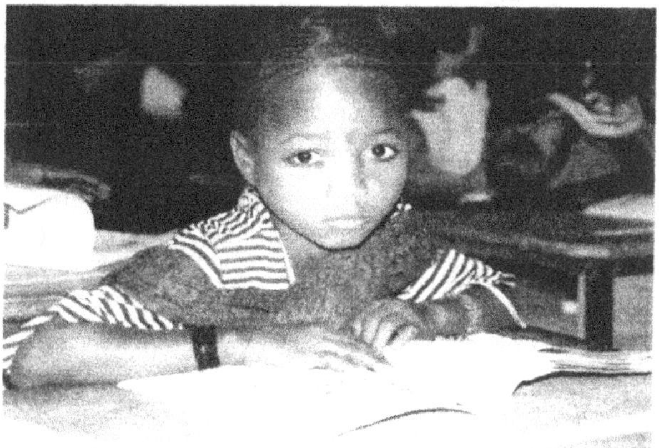

Les contenus en bref

- Lecture préliminaire : *Peut-on vraiment parler de lecture ?*
- La classe lettrée
- Lire pour écrire
  - *Compétence grapho-phonétique*
  - *Compétence grammaticale*
  - *Compétence idéographique*
  - *Compétence stratégique*
  - *Compétence culturelle*
  - *Compétence anticipative*
- Ecrire pour lire
  - *Lire-écrire une poésie*
  - *Lire-écrire une recette*
  - *Lire-écrire un album*
  - *Lire-écrire un conte*
- Lire-écrire pour faire
- Lire-écrire pour communiquer
  - *Le cahier de classe*
  - *Le journal d'école*
  - *La correspondance*
- Ecrire pour jouer
- Ecrire pour exprimer ses émotions
- Ecrire pour le plaisir
- Lire-écrire pour apprendre
- Lire à haute voix

Lire, ce n'est pas seulement bien prononcer les mots d'un texte !

1 Lecture préliminaire : *Peut-on vraiment parler de lecture ?*
« En compagnie d'un inspecteur nigérien, j'assiste à quelques cours de français dans diverses écoles primaires. Aujourd'hui, nous sommes dans une école rurale où le haussa est la langue la plus parlée.

En CM2, on se sert du manuel '*Pour lire et écrire*' de l'Indrap. L'enseignant a choisi un texte tiré de '*L'enfant noir*' de Camara Laye. J'en note la beauté mais aussi la complexité : je relève en particulier un imparfait du subjonctif !

Le cours de lecture consistera en un seul exercice qui se répétera sans varier : les élèves vont lire et relire le texte à tour de rôle, un paragraphe après l'autre, à voix haute. Rien ne viendra interrompre leur lecture : pas de questions de compréhension, pas de commentaires, pas de liens avec leurs expériences personnelles, pas de dialogues avec le maître : celui-ci va reprendre les mots ou ensembles de mots qui, à son avis, n'ont pas été bien prononcés et les faire répéter avec une intonation ou un rythme différent.

Les élèves oralisent couramment, mais qu'ont-ils compris ? Le bref entretien qui s'ensuit montre que leur niveau de français est très faible ; ils ont placé tous leurs efforts sur les aspects formels de la lecture à voix haute mais peuvent-ils découvrir le sens d'un texte de ce niveau, répondre à des questions de compréhension, résumer, commenter ou établir des parallèles avec leurs propres expériences ?

Je suis tentée de reprendre le terme de Thomas Büttner (*Voir plus loin dans ce chapitre l'encadré 62*), et de parler non de lecture, mais de '*simulacre de lecture*'. »
(Chatry-Komarek, expérience personnelle, novembre 2005)

L'alphabet latin que nous utilisons dans notre LM nous permet d'oraliser des textes en de nombreuses langues que nous ne parlons pas, mais en ce cas, il n'y a pas de lecture véritable.

Le terme '*simulacre de lecture*' semble convenir ici, puisque seul le niveau phonétique et mélodique est pris en compte. On assiste à une illusion, à une apparente activité de lecture.

Nous avons bien insisté sur le fait qu'il est possible de décoder un message (*méthodes syllabiques*) sans le comprendre. Qui a appris à lire à l'aide d'un alphabet commun, comme c'est le cas pour le malagasy, le twi ou le gonja, peut très facilement décoder ces langues à l'écrit, et pourtant ne rien comprendre à ces textes s'il n'a aucune connaissance de ces langues à l'oral. Ce que le '*lecteur*' oralise alors ne renvoie à aucun sens dans son univers mental. Il est donc aussi facile d'apprendre à décoder ou oraliser des paragraphes entiers de '*L'enfant noir*' mais difficile de lire ce texte, c'est-à-dire de le comprendre.

Quand un lecteur lit un texte à voix haute, ce qu'il oralise doit avoir du sens dans son univers mental.

La contre-performance présentée dans le témoignage ci-dessus fait écho à la remarque de Charmeux au sujet des méthodes syllabiques d'apprentissage de la lecture : "*Par les contenus linguistiques qu'elles proposent et par les comportements de non-lecture qu'elles induisent, (celles-ci) ne sont que des prothèses inutiles et atrophiantes qui laissent les enfants* ***capables d'oraliser mais pas de lire****, de la même façon que le tabouret permet d'apprendre à bien faire les mouvements de la brasse... mais pas dans l'eau !*"

Dans le cadre de programmes bilingues de type additif, comment faire comprendre un texte écrit en LO ? C'est là l'objet de ce chapitre qui ne peut se lire qu'après avoir retiré des enseignements du chapitre précédent.

Notre cadre est celui d'un apprentissage prolongé de la LO orale avant d'aborder formellement l'écrit. L'enfant doit savoir interroger et comprendre des textes dans sa langue avant d'en venir à l'apprentissage formel de l'écrit en langue française. Pour que l'élève issu d'un contexte multilingue puisse comprendre un texte écrit en LO, nous poserons les principaux axes de la lecture-écriture en accord avec les principes d'une pédagogie active où l'enfant a la liberté d'apprendre selon différentes stratégies, à savoir :

- Les supports écrits sont complets et significatifs ;
- L'enfant construit son apprentissage de la lecture-écriture ;
- L'apprentissage du code ou combinatoire se fait à partir de situations de langage connues ;
- L'objectif de lecture est défini ;
- Tous les types de textes sont compris et produits.

Savoir lire, c'est avoir accès à la compréhension du texte écrit.

Similaires aux principes de l'apprentissage de la lecture en LM, tels qu'ils sont énoncés dans '*L'Ecole vivante*' (*Cf. Encadré 41 dans le chapitre 9*), les principes formulés ci-dessus déterminent des types d'activités par objectifs, ayant pour finalité l'accès à la compréhension et à l'expression écrite en français aussi bien qu'en langue maternelle.

Voici les objectifs que nous retenons dans ce chapitre :

- La classe lettrée ;
- Lire pour écrire ;
- Ecrire pour lire ;
- Lire-écrire pour communiquer ;
- Lire-écrire pour jouer ;
- Lire-écrire pour exprimer ses émotions ;
- Lire-écrire pour le plaisir ;
- Lire-écrire pour apprendre.

2 La classe lettrée

En Afrique, la rareté de l'écrit rend indispensable la création d'un environnement lettré à l'école.

Beaucoup d'enfants de zones rurales, mais aussi de faubourgs grandissants des capitales africaines, ne rencontrent l'écrit qu'à l'école. Mais ces classes se vident de tout après les cours, ainsi l'écrit s'envole avec l'enseignant dès que le tableau est effacé.

Motiver les enfants africains à lire et à écrire à l'école consiste donc d'abord à créer pour eux un environnement lettré. La classe doit présenter aux enfants différents types d'écrits avec lesquels ils se sentent en confiance. Tous les élèves doivent être en mesure de reconnaître les textes affichés dans une graphie parfaite et de taille suffisante.

Cela suppose que ces textes aient déjà été travaillés à l'oral et questionnés dans leur représentation écrite et qu'ils répondent à un besoin de communication spécifique et connu des élèves.

Les premières années d'apprentissage de la langue orale ont utilisé l'écrit comme référent additif à une représentation réelle, figurative ou symbolique. Par ailleurs, les dictionnaires thématiques, phonématiques et bilingues, individuels ou collectifs, ainsi que les étiquettes des objets de la classe ou les emplois du temps hebdomadaires bilingues constituent autant de traces sur lesquelles on peut revenir pour percevoir la différence essentielle entre l'oral et l'écrit.

La classe qui conserve l'écrit de ses expériences motive les élèves à apprendre à lire et écrire.

La principale particularité de l'écrit, c'est qu'il peut être consulté autant de fois que l'accepte le support. Il peut être corrigé et enrichi et complète les expériences orales en fixant une énonciation individuelle ou collective. La classe qui conserve l'écrit de ses expériences offre un cadre motivant à l'apprentissage de la lecture-écriture.

Notons d'ailleurs que la vie même de la classe exige des écrits spécifiques, comme les suivants : le carnet de présence, le tableau des tâches, l'emploi du temps, le carnet de notes, le cahier de classe et le carnet de correspondance.

L'environnement lettré de la classe est le prolongement et le reflet de la communication orale dans la classe. Nous avons posé, comme préalable essentiel à l'apprentissage de la lecture, la manipulation prolongée de la communication orale en français pour que la langue puisse s'ancrer dans des significations partagées. L'oral et l'écrit doivent ainsi s'étayer dans une progression lente et minutieuse, basée sur la communication dans la classe dont la classe lettrée est le reflet.

L'oral et l'écrit doivent se nourrir mutuellement sur la base d'une communication authentique en classe.

Les illustrations ci-dessous montrent quelques activités permettant de préparer une classe lettrée et culminant sur l'affichage des contributions, illustré sur la page suivante.

Diverses activités permettent de préparer la classe lettrée, en particulier les suivantes:
- échanger ses expériences avec son voisin
- lire un texte et en discuter
- puis, transformer l'oral en écrit, seul ou en groupe...

- ... puis, corriger son texte avec le maître ou avec son voisin pour que tous puissent le lire
- et enfin, soit le remettre à l'enseignante,
- soit participer avec la classe à l'affichage de textes devenus familiers à tous !

Encadré 59 : Approche par l'expérience du langage

Roach Van Allen (1976) identifie vingt expériences contribuant à la lecture à partir de l'approche par l'expérience du langage :

1. *Expériences de partage* : raconter ou expliquer quelque chose sur une base purement personnelle ;
2. *Expériences d'échange et de discussion* : réaction et échange sur ce qui est dit et écrit par d'autres ;
3. *Ecouter des histoires* : entendre ce que d'autres personnes ont à dire et le mettre en relation avec ses propres expériences ;
4. *Raconter des histoires* : organiser sa propre pensée de manière claire et intéressante de sorte qu'elle puisse être partagée ;
5. *Dicter* : choisir dans tout ce qui peut être dit la partie la plus importante à écrire et à lire pour quelqu'un d'autre ;
6. *Développer des relations entre l'oral, l'écrit et la lecture* : conceptualiser la lecture comme une parole qui a été écrite ;
7. *Faire et lire des livres* : organiser ses idées selon une forme utilisable par les autres ; utiliser également des idées que d'autres ont partagées au moyen des livres ;
8. *Développer la conscience du vocabulaire courant* : reconnaître que la langue comporte un grand nombre de mots et d'expressions ;

On apprend à bien lire et bien écrire en utilisant la langue de nombreuses manières.

9. *Etendre son vocabulaire principalement par l'écoute et la parole* ;
10. *Ecrire de manière autonome* : écrire ses idées et les présenter de telle sorte qu'elles soient lisibles par d'autres ;
11. *Amélioration du style et de la forme* : tirer parti de l'écoute et de la lecture de matériaux bien écrits ;
12. *Utiliser des ressources variées* : reconnaître et utiliser les nombreuses ressources pour l'extension de son vocabulaire, l'amélioration de son expression orale et écrite et le partage des idées ;
13. *Lire des livres entiers* pour s'informer, se distraire, et améliorer ses savoir-lire sur une base individualisée ;
14. *Lire des signes variés présents dans son environnement,* tels que : l'heure, le calendrier, les cadrans de la radio, le thermomètre ;
15. *Etudier des mots* : en trouver la prononciation exacte, le sens et l'orthographe des mots dans des activités d'écriture ;
16. *Améliorer la compréhension* : au moyen d'activités orales et écrites, améliorer son savoir-faire dans les consignes, dans la compréhension des mots suivant le contexte des phrases et des paragraphes, dans la reproduction de la pensée d'un passage, dans une lecture détaillée ou globale ;
17. *Définir les grandes lignes* : utiliser différentes présentations de ses idées suivant l'ordre selon lequel elles ont été écrites ou dites ;
18. *Résumer* : donner l'impression principale, l'idée dominante, ou les détails de ce qui a été lu ou entendu ;
19. *Intégrer et assimiler des idées* : utiliser la lecture et l'écoute à des fins spécifiques et personnelles ;
20. *Lire de manière critique* : déterminer la validité et la véracité des affirmations d'un auteur.

Lire et écrire des textes, cela s'apprend par la pratique et l'analyse de ses expériences avec l'écrit.

Nous sommes très loin de l'oralisation de *L'enfant noir* présentée en début de chapitre, avec les corrections phonétiques du maître qui trompent les élèves sur l'objectif véritable de la lecture : l'accès au sens, et non seulement le décodage exact du texte.

Loin de ce schéma comportementaliste Allen fait appel à la cognition : organiser sa pensée, étudier, expliquer, définir, résumer, lire dans l'environnement total.

Ces stratégies sont indispensables à l'apprentissage de l'écrit en LM comme en LO. Celles-ci seront valorisées par les activités de la classe lettrée bilingue et elles seront toujours associées à des stratégies affectives susceptibles d'augmenter les capacités cognitives des apprenants.

Les stratégies affectives sont susceptibles d'augmenter les capacités cognitives des élèves.

Lire et écrire ne devraient pas être des tâches rébarbatives pour l'élève.

3 Lire pour écrire

Il est primordial que chaque enfant qui entre dans l'écrit fasse l'expérience :

- de l'utilité et des fonctions de l'écrit dans la vie publique et individuelle ;
- du pouvoir que donne la maîtrise de l'écrit pour faire aboutir un projet ;
- du plaisir de comprendre, d'inventer, d'agencer des mots, de réaliser un écrit achevé.

Lire comme écrire ne doivent pas être des tâches rébarbatives, synonymes d'échec, mais correspondre à des réalisations de projets autres que compléter un exercice de grammaire ou reconstituer une phrase. A ces fins, les objectifs et l'évaluation doivent suivre un tel projet basé sur la fonction communicative de l'écrit.

Sur la base des activités orales et des apprentissages des élèves dans leur LM, il sera judicieux d'évaluer, de développer, faire acquérir et consolider les compétences en jeu dans l'acte de lire, à l'aide de supports signifiants en français, comme les outils nécessaires à la compréhension de textes et à la réalisation de textes. En aucun cas, ces outils ne seront travaillés pour eux-mêmes, mais toujours avec l'objectif de les utiliser dans chaque acte de lecture-écriture.

Nous allons maintenant nous pencher sur ces compétences qui sont sollicitées dans l'acte de lire.

3.1 Compétence grapho-phonétique

De nombreux élèves africains ont appris à lire des textes de leur LM écrits avec l'alphabet latin.

Comme nous l'avons déjà évoqué, le français a une orthographe phonographique héritée de son histoire. Pour des enfants qui ont déjà appris à lire, cette compétence est facilitée : certains enfants peuvent décoder sans comprendre. Pour ceux qui ont appris à lire dans un alphabet latin, il s'agit de transposer cette habileté dans la langue nouvelle, avec les difficultés propres au français. Nous vous présentons ci-après quelques suggestions à ce sujet.

- Voici tout d'abord une activité orale consistant à trouver le plus de mots contenant le même son. La classe est divisée en deux ; il est possible d'écrire cette liste et de faire entourer la graphie du son choisi.

- A partir de la même liste on invente une histoire qui utilise le plus grand nombre possible de mots de cette liste.
- Par équipes, on reconstitue le plus de mots possibles à partir de syllabes en vrac ou sur des étiquettes cartonnées, illustrées ou pas, comme les suivantes.

Un exercice motivant pour qui a déjà une certaine maîtrise du français : reconstituer des mots connus à partir de syllabes en vrac.

- A partir de poésies ou de comptines inconnues, chercher les rimes possibles pour les comparer au texte de départ :

'Le chameau

Un chameau
musicien
joue du ~~piano~~
dans son ~~jardin~~,
de la guitare
dans sa salle de bains
et plus ~~tard~~
au fond de son lit
sans fausse note aucune
il ronfle toute la ~~nuit~~
au clair de la ~~lune~~.'

'Le dromadaire

Un jour au Caire
un dromadaire
entra chez un ~~libraire~~
et prit une ~~grammaire~~.
C'est pas vrai, ça fait ~~rien~~,
ça sera vrai ~~demain~~.
Ce dromadaire
savait tout ~~faire~~
multiplier, soustraire
et même le ~~contraire~~.
C'est pas ~~vrai~~, ça fait rien,
ça sera vrai demain.
Il savait braire,
ou bien se ~~taire~~,
et versait un salaire
à son ~~vétérinaire~~.
C'est pas vrai, ça fait rien,
ça sera vrai demain.
Pour se ~~distraire~~
Monsieur le Maire
en fait son ~~secrétaire~~
dans toutes ses ~~affaires~~.
C'est pas vrai, ça fait rien,
ça sera vrai demain.
Ce dromadaire est ~~légendaire~~
chez tous les ~~antiquaires~~
de la ville du ~~Caire~~.
Ce n'est pas ~~vrai~~, ça ne fait rien,
ça sera ~~vrai~~ demain
ou à la Saint Glin-Glin.'

(*Paul Savatier, Ed. du Centurion*)

Si les élèves ont déjà joué à chercher des rimes dans leur LM, ils seront prêts à faire le même jeu en français !

- Précisons qu'une technique similaire permet aux enfants d'apprendre la poésie : il s'agit d'effacer graduellement le plus de mots possibles jusqu'à ce que le groupe ait mémorisé le texte en son entier.
- Dans un texte écrit, faire retrouver toutes les occurrences d'un son, d'une syllabe ou d'un groupe de syllabes.

Le jeu ci-contre permet de s'entraîner à bien écouter.

'Paysage d'Afrique

*Le **crocodile***
***croque Odile**.*
*Le fér**oce** rhinocér**os***
*s'est fait des b**osses**.*
*L'hippopo**tame***
*joue du **tam-tam**.*
A une branche
*le ser**pent** se **pend**.*
*Le léo**pard***
*re**part**.*
*Et mademoi**selle***
*la ga**zelle***
se trouve très belle
dans son miroir.
***Tom**be **tom**be **tom**be la pluie,*
*tout le **mon**de est à l'abri.*
*Y'a que mon p'tit fr**ère***
*qui est sous la goutti**ère***
*et pêche du pois**son***
*pour toute la mai**son**.'*

'Le tamanoir

*Avez-vous vu le taman**oir** ?*
***Ciel** bleu, **ciel** gris, **ciel** blanc, **ciel** noir*
*Avez-vous vu le taman**oir** ?*
***Oeil** bleu, **oeil** gris, **oeil** blanc, **oeil** noir*
*Avez-vous vu le taman**oir** ?*
***Vin** bleu, **vin** gris, **vin** blanc, **vin** noir*
*Je n'ai pas vu le taman**oir**.*
*Il est rentré dans son man**oir***
*et puis avec son éteign**oir***
*il a coiffé tous les bouge**oirs** :*
*Il fait tout n**oir**.'*
(Robert Desnos, Chantefable et chantefleurs, éd. Gründ)

3.2 Compétence grammaticale

Ce qui est ici en jeu, c'est la connaissance explicite ou implicite des structures morphosyntaxiques. Voici quelques exemples simples à réaliser en classe pour confirmer cette compétence.

Des exercices idoines permettront aux élèves de renforcer leur compétence grammaticale.

Morphologie ou la formation des mots

- Jouer à trouver dans une phrase les changements que l'on entend ou pas à l'oral mais qui ont une marque justifiable à l'écrit. Exemples :
  *Hamidou **et son frère** se douch**ent** avant de se coucher. **Ils** jou**ent** avec l'eau et le savon.*
  *La chi**enne** se promène avec ses trois chi**ots**.*

- Comparer l'addition de préfixes et de suffixes qui apportent des nuances de sens avec la manière dont procède la langue maternelle. Exemples :
  *Un garçon, un garçon**net** ; voir, **re**voir ; faire, **dé**faire, **re**faire ; monter, **dé**monter, **re**monter ; une fille, une fill**ette** ; douze, une douz**aine** ; cent, une cent**aine**...*

A l'enseignant de rendre les exercices proposés ici intéressants pour sa classe !

- Retrouver un mot connu dans un autre et constituer ainsi des familles de mots. Exemples :
  *Le **paysan** **bêcher**a son **terr**ain avant la saison **sèche**.*
  pays/paysan/ ; terre/ terrasser ; sec/séchage/sécher
  *Hamidou se **douche** avant de se **coucher**. Il **joue** avec l'eau et le **savon**.*
  se douche/la douche/se doucher
  couche/coucher/se coucher
  joue/jouer/jouet
  savon/savonner
- Observer la terminaison d'une phrase conjuguée à des temps différents et émettre des hypothèses sur les changements qu'ils apportent. Exemples :
  *Aghali pil**e** le mil et le **fait** cuire avec du fromage.*
  *Aghali **a** pilé le mil et l'**a fait** cuire avec du fromage.*
  *Aghali piler**a** le mil, et le **fera** cuire avec du fromage.*
  *Aghali pil**ait** le mil et le **faisait** cuire avec du fromage.*

Syntaxe ou l'ordre des mots dans la phrase

- Remettre en ordre les éléments d'une phrase donnés en désordre. Ces exercices peuvent se travailler à partir d'étiquettes suffisamment grandes pour un travail collectif, comme montré sur l'illustration ci-contre. Les enfants peuvent aussi avoir de petites étiquettes similaires pour un travail individuel. Voici, sur la page suivante, quelques exemples de phrases à construire à partir d'étiquettes.

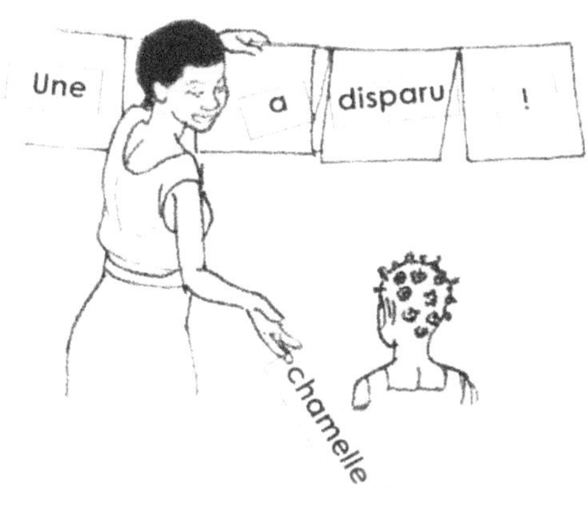

Recomposer une phrase en accrochant les éléments qui la composent dans l'ordre qui convient.

L'enseignant préparera les étiquettes-mots à l'avance !

a	Une	disparu	!	chamelle			
sauvera	honneur	.	Aghali	son			
part	de	Il	.	sa	à la recherche	chamelle	

- Classer des mots sans mentionner l'étiquette grammaticale qui viendra plus tard lorsque la classe en connaîtra la fonction. Exemples :

Permet de nommer	Nomme des êtres, des choses	Comment sont-ils ?	Que font-ils ?	Comment le font-ils ?
le, la, les	chamelle	grise	porte le sel	fièrement
un, une, des	case	fière	abrite la famille	nonchalamment
mon, ton, son	désert	élancée	brille	bruyamment
ma, ta, sa	montagne	grand	sépare	lentement
notre, votre, leur	frère	mince	joue	
nos, vos, leurs	mère	chargé	étudie le francais	
	camion	neuve	roule	
		colérique		
		éloigné		
déterminant	*nom*	*adjectif*	*verbe*	*adverbe*

- Jouer au jeu des '*Incollables premier niveau*' (chez Bayard Presse) : on pose des devinettes dont la réponse est donnée sur un fond de couleur différente selon la catégorie du mot à trouver.

  Exemple : *Quelle est la couleur des ours polaires ? Blanc.*

  Le jeu se complexifie avec le niveau.

  Exemple : *Que veut dire l'expression 'dormir à la belle étoile' ? Dormir en plein air, la nuit*

L'enseignant fera alterner exercices oraux et exercices écrits.

- Jouer à bâtir la phrase la plus longue : le premier élève donne un nom, le deuxième un verbe et ainsi de suite. Par la suite, chaque élève reprend tous les éléments de la phrase depuis le début. Celui qui oublie un élément a un gage. Cet exercice peut se faire tant à l'oral qu'à l'écrit, sans faire appel au métalangage, inutile dans un premier temps.

3.3 Compétence idéographique

La compétence idéographique vise à inscrire dans la mémoire visuelle de l'élève un stock de mots fréquents ayant une silhouette particulière. Cette compétence permet d'accroître la rapidité de lecture, indispensable pour accéder au sens ; elle est d'une importance particulière dans les écoles africaines où le décodage détourne souvent l'enfant africain de la lecture. L'approche thématique permet de travailler selon plusieurs pistes :

- Les étiquettes cachées : cinq enfants présentent des mots différents appartenant à un thème donné. Le groupe les observe, puis les étiquettes sont cachées et les élèves doivent retrouver le maximum de mots et les écrire sur leur ardoise. Il est possible de varier le nombre de mots et de travailler aussi les mots-outils les plus fréquents (*avec, pour, sans, mais, or, ni, car, etc.*).
- Le même jeu peut être pratiqué en plus petits groupes.
- Un même mot peut être présenté selon différentes orthographes ou avec des syllabes inversées ; il s'agit de barrer tous les faux ou d'entourer la bonne orthographe le plus rapidement possible.
- Lire un mot, de préférence des prénoms ou des mots faciles, en miroir, selon le principe de l'imprimerie, comme dans l'encadré ci-dessous. Les mots et les poèmes ont une musique particulière qui change si l'on écrit les mots à l'envers.

Tous ces exercices visent une reconnaissance visuelle rapide, ils peuvent constituer une partie de l'activité de lecture-écriture, mais en aucun cas une séquence entière de lecture.

Jean Jaurès, hostile à la guerre et à la colonisation, préconisait aux futurs enseignants de l'Ecole Normale de Toulouse de préparer leurs élèves comme suit : '*Apprenez-leur à bien lire, vous les emmènerez au bout du monde !*' (*La Dépêche de Toulouse, 15 Janvier 1888*)

Encadré 60 : Lire en miroir

Les mots et les poèmes ont une musique particulière qui change si l'on écrit les mots à l'envers.

Am Eluob	**Ma boule**
Eluob, eluob, eluor	boule, roule, roule
Eluob, eluor, eluor	boule, roule, roule
Eluob , eluob tse elûos.	boule, boule est soûle.
Eluob, eluob, eluor,	Boule, boule, roule
Eluob, eluor, eluor :	Boule, roule, roule
Am eluob tse eluobam	Ma boule est maboule.

S'exercer à utiliser des '*écritures secrètes*' (*écrire en miroir, remplacer les lettres par des chiffres, etc.*) motive les enfants au plus haut point.

3.4 Compétence stratégique

La compétence stratégique permet de s'orienter rapidement pour identifier la nature d'un écrit.

Dans le cadre d'un enseignement bilingue, les enfants ont appris dans leur LM qu'il existe plusieurs types d'écrits (*Cf. reproduction de textes à la fin du chapitre 1*). Il s'agit à présent de développer la connaissance de ces différents types d'écrits à partir d'indices connus en LM. Ainsi, l'apprenti lecteur va adopter certaines stratégies pas forcement linéaires pour aborder chaque écrit : son œil balayera différemment le support s'il s'agit d'un calendrier, d'un dictionnaire, ou d'un catalogue. Il apprendra aussi que tous les écrits n'ont pas la même fonction et qu'ils sont en cela porteurs de discours différents. Chacun a sa structure et son organisation, qu'il s'agisse d'une lettre, d'une recette, d'un journal ou d'un conte.

L'enseignant ou le réseau des enseignants de la circonscription aura pris soin de collectionner suffisamment de textes différents à titre individuel ou collectif (*valise de lecture*) pour mettre en place les activités suivantes :

- Faire trier des textes dits '*authentiques*' (*publicités, mots croisés, jeux, pages d'annuaire, affiches, pages de dictionnaires, poésies, magazines, journaux...*) et demander aux élèves de justifier leur choix ;
- Demander qu'ils mettent ensemble :
  - ceux qui se ressemblent matériellement ;
  - ceux qui expliquent ;
  - ceux qui informent ;
  - ceux qui racontent ;
  - ceux qui amusent ;
  - ceux qui parlent de la réalité ;
  - ceux qui ont trait à l'imaginaire ou la fiction.
- Comparer des textes selon leur structure : forme, silhouette (*poésie/vers ; annuaire/liste*), présence de dessins, schémas ou photos, etc.
- Comparer des textes selon leur structure linguistique : qui écrit (*je/énonciateur*) ? Est-il nommé toujours de la même façon (*anaphoriques elle/lui, la*) ? Quels mots donnent des indications spatiales et temporelles ? Quel est le temps des verbes ?
- Comparer des textes selon leur structure sémantique (*titre, sous-titre, lexique...*)
- Comparer les textes selon la lecture qu'ils impliquent :

L'enseignant collectionnera différents types d'écrits '*authentiques*' qu'il utilisera ensuite en classe.

lecture linéaire du début à la fin ou lecture partielle. Comment peut-on lire le texte : avec un stylo pour noter, à voix haute ou en silence, seul ou à plusieurs ?

La compétence idéographique sera précieuse pour le passage de la lecture à l'écriture.

Qui peut lire différents types de textes est, du même coup, bien préparé à en écrire.

3.5 Compétence culturelle

Comme le disait plus haut l'élève-professeur ghanéenne (*Cf. chapitre 7, pp. 147-148*), apprendre le français peut relever de la virtualité. En langue étrangère, l'apprenant est confronté à la méconnaissance du lexique, et l'emploi de mots liés à un contexte précis (*pâquerettes, roses, coquelicots et hortensias*) n'aura aucun écho dans une classe de Zinder ou de Mopti. Il s'agit donc d'apprendre non seulement des mots, mais aussi des signifiés nouveaux. A ce propos, Cicurel (*1991*) mentionne plusieurs motifs d'incompréhension d'un texte, à savoir :

- La référence à des usages sociaux marqués culturellement : ainsi, lorsque des personnages d'une même famille se vouvoient, le texte est inscrit dans une certaine époque et décrit les usages d'une classe sociale issue de l'aristocratie ;
- Des institutions inconnues (*acronymes : SNCF, EDF*), des noms propres : l'Elysée (*Présidence*), la Coupole (*Académie Française*), le Palais de Matignon (*Premier Ministre*) ;
- La relation entre des personnages est gérée par une structure sociale inconnue des apprenants ;
- Des expressions elliptiques exigeant un savoir de niveau supérieur de la part du lecteur : '*un p'tit rouge*' pour un verre de vin rouge ;
- Allusion à un évènement de l'Histoire, ou de l'identité nationale, mentionné mais pas explicité : '*la grande guerre*' pour la première guerre mondiale de 1914-1918.

Toute la question de la culture véhiculée par la langue est ici en jeu. Le milieu exolingue demande à l'enseignant de faire entrer en classe cette culture, qu'il ne possède pas forcément lui-même. C'est ici qu'il utilisera toutes les ressources humaines et matérielles possibles pour mettre en contact ses élèves avec la culture de la langue-cible. Il sera lui-même à la recherche de contacts avec la culture française et

Un grand défi pour l'enseignant de français : faire entrer en classe non seulement une langue mais aussi une culture, toutes deux souvent étrangères à l'apprenant.

L'enseignant ne craindra pas d'inviter des personnes susceptibles de créer l'évènement dans sa classe de français.

francophone sous toutes ses formes (*journaux, magazines radio et télévision*) et curieux de ses locuteurs, des conteurs et des voyageurs solitaires. Ils pourront être ses invités, l'aidant ainsi à créer l'évènement dans la classe.

La compétence culturelle ne concerne pas exclusivement la lecture que le professeur doit de toute manière préparer en repérant tout ce qui est inconnu des apprenants. Comme le préconise Zarate (*1986*) cette compétence peut être travaillée selon d'autres biais comme suit :

- S'entraîner à faire des inférences
  - En pratiquant des jeux traditionnels, tels que les énigmes, charades, rébus, ou problèmes mathématiques ;
  - En identifiant les informations nécessaires ou manquantes à la résolution d'un problème ; ainsi, dans l'exercice suivant, on a barré celles qui n'ont rien à voir avec le problème et oublié l'information indispensable.

Encadré 61 : Loaï dépense ses économies

Loaï dispose de 28 euros d'économies. ~~Il a douze ans~~. Il désire acheter un livre et un jeu. ~~Il va chez le dentiste~~. A la librairie, il achète *Aghali berger du désert* dans la collection *Castor Poche*. ~~Le libraire lui sourit~~. Le libraire lui demande 4,50 euros. Possède-t-il assez d'argent pour acheter le jeu du Monopoly de l'Europe ?
(Il manque le prix du jeu pour résoudre le problème !)

- Relier les pronoms anaphoriques au nom, comme dans l'exemple suivant :
  '***Aghali**, veux-**tu** toujours partir seul vers le Nord ? Des amis ici, sont prêts à **t'**accompagner si **tu** attends l'arrivée de la pluie.*'
- Retrouver les reprises lexicales, comme dans l'exemple '*Maintenant, va chercher le dernier pain de sel pour nourrir les bêtes, puis viens **m'**aider à traire les chamelles. **Je** n'y arrive pas **toute seule,** dit **la mère.***'
- Apprendre des mots nouveaux pour préparer une lecture (*constituer son propre dictionnaire, répertoire où l'élève sera autorisé à noter plus que la définition trouvée par le groupe et attestée par le dictionnaire. Le mot est employé dans différents contextes et, si possible, accompagné d'un dessin ou d'un croquis.*)

Enigmes, charades, rébus : autant de jeux traditionnels qui permettent de renforcer ses connaissances en langue étrangère.

3.6 Compétence anticipative

Pour développer cette compétence, l'enseignant demandera

- d'anticiper un mot, une phrase ou même un paragraphe ;
- d'inventer une pré-lecture à partir des illustrations d'un texte ;
- de trouver un titre, caché au préalable ;
- d'imaginer et argumenter la fin d'une histoire.

Permettre aux élèves de faire appel aux savoir-faire acquis en LM pour les transférer à la LO.

Le lecteur prélève dans l'écrit ce qu'il attend, ce qu'il anticipe : toutes les compétences précédentes lui sont nécessaires, mais aucune d'entre elles n'est suffisante pour lire. C'est pour cela qu'il est important de présenter, dès le début de l'apprentissage, des textes adaptés au niveau des élèves, des textes vrais, authentiques, riches et bien construits, qui feront appel chez les apprenants à tous les savoir-faire des apprenants acquis en LM et transférables à la LO.

4 Ecrire pour lire

Commençons ce point par un témoignage décrivant des contre-performances navrantes en matière d'écrit.

Encadré 62 : Simulacre d'écriture

« Je me trouve dans une école primaire urbaine, située dans un chef lieu de département de province au Niger.

Au cours de ma visite dans une classe de CM1, je constate que plus de la moitié des élèves de langue maternelle haussa sont tout simplement incapables d'écrire en français. Lorsque j'examine leur cahier, je m'aperçois qu'en fait ils ne savent pas écrire du tout car ce qu'ils font, c'est en vérité un simulacre d'écriture. Dans certains cas, les élèves ont griffonné un texte dans lequel on reconnaît ici et là certaines lettres de l'alphabet latin à l'intérieur de mots qui, eux, n'existent pas. Dans d'autres, les élèves ont bien essayé d'écrire une phrase mais les mots ne sont pas séparés et la 'phrase' ne rappelle en rien un énoncé français. Pourtant, ces élèves ont écouté, répété, lu et écrit en français pendant cinq années scolaires. Je peux d'ailleurs lire au tableau un texte relativement complexe portant sur 'les roches'. Comment donc expliquer de telles contre performances ?

L'écrit signifie toujours quelque chose.

Ces élèves n'ont pas saisi le sens de l'écrit. Ils n'en ont pas compris les règles de base, telles que les suivantes : l'écrit signifie toujours quelque chose, on écrit des choses qu'on pense et qu'on veut communiquer à d'autres et, pour ce faire, on écrit aussi lisiblement que possible, en évitant les fautes et en laissant un espace entre les mots. Pendant des années, ces élèves ont copié des textes à partir de modèles

L'enseignant se souviendra qu'il est très difficile d'apprendre à lire dans une langue qu'on ne maîtrise pas.

écrits par le maître au tableau, mais ils n'ont pas bien compris en quoi consistait vraiment cet exercice. Ils se sont limités à copier des formes de lettres. Aujourd'hui, en tout cas, ils sont non seulement incapables de produire eux-mêmes des écrits cohérents, mais aussi incapables d'écrire quoi que ce soit, même des mots courants, en suivant les règles de base de l'écriture.

Cette tragédie pédagogique est imputable à plusieurs facteurs. Tout d'abord, les enseignants ne comprennent pas assez bien le défi que représente l'entrée dans l'écrit pour des enfants venant de foyers où personne ne lit ni n'écrit sur une base quotidienne, et les activités correspondantes ont manqué. De plus et surtout, certains ne mesurent pas les difficultés à apprendre quelque chose d'aussi complexe que lire et écrire dans une langue qu'on ne comprend pas.

L'emploi de la langue maternelle des élèves et l'amélioration de la formation des maîtres devraient contribuer à améliorer une telle situation de manière significative.

(Thomas Büttner, Niamey, 2005)

Les pratiques décrites ci-dessus se déroulent dans un contexte où l'écrit ne déborde pas le cadre de la classe. Si les compétences décrites plus haut sont travaillées dans le cadre d'une classe rôdée à la communication transversale, aux travaux en groupes, à la co-éducation et à l'écoute de chacun, lecture et écriture deviennent un mode de communication sans limites.

C'est dans le désir d'écriture que les élèves vont prendre conscience des problèmes rencontrés dans la phase lecture : l'orthographe (*d'usage et grammaticale*) sera l'outil indispensable non seulement à l'élaboration d'un texte, mais à sa lisibilité. L'enseignant prendra soin de créer des ateliers d'écriture le plus tôt possible pour faire éclore la capacité potentielle de chaque élève à lire et à écrire.

L'enseignant multipliera les écrits en situation réelle qui feront partie de la classe lettrée.

Nous avons parlé du projet de vie quotidienne de la classe ; les tableaux de responsabilités, les règles de la vie de la classe, les plans de répartition de travail, les compte-rendus de réunion sont autant de supports d'écrits en situation réelle ; écrits d'abord par l'enseignant, ces textes seront peu à peu réalisés par les élèves. A ce sujet, le groupe d'Ecouen (*1994*) propose trois types de projets, indiqués dans le tableau de la page suivante, faisant appel à différents types d'écrits et adaptables à différents contextes.

	DANS LE CADRE DE...		TYPE DE TEXTE FAVORABLE À
TYPES DE TEXTE	**PROJET DE VIE QUOTIDIENNE**	**PROJET ENTREPRISE**	**PROJET CONNAISSANCES/ COMPETENCES en relation avec les programmes et instructions**
AFFICHE	• Appel au sens des responsabilités : '*laisser les classes et la cour propres*' ; '*ne pas gaspiller l'énergie*'	• Kermesse pour partir en classe verte • Loto • Exposition • Spectacle • Fête • Ramassage de vieux papiers, etc.	• Choix du type de texte • Choix des informations à donner, des mots, des formes, des verbes • Choix des caractères typo • Amélioration de la qualité technique, etc.
COMPTE-RENDU	• Des réunions coopératives de la classe (*pour la mémoire du groupe et comme contrat pour répartition des tâches, délais, etc.*)	• Visite d'un musée • Production d'une revue scientifique destinée aux autres classes • D'une classe transplantée pour informer les parents, etc.	• Choix du type de texte • Pratique de la composition écrite (*plan, articulation des idées, organisation en paragraphes*) • Grammaire du texte • Grammaire de phrase • Vocabulaire spécifique
POEME	• Pour le plaisir, pour dire aux autres ou mettre sur les murs	• Production d'un recueil de poèmes • Spectacle poétique	• Choix du type de texte • Création poétique, adoption libre de contraintes (*structures, rimes, rythmes, etc.*)
LETTRE	• Echanges divers avec les parents, avec un camarade malade, etc.	• Demandes diverses • Remerciement • Expression de soi (*pour ses correspondants*) • Annonce • Information, etc.	• Choix du type de texte • Grammaire, orthographe, conjugaison, vocabulaire, etc.

'***Préparons-nous à lire***', '***Lisons activement***' et '***Enrichissons notre compréhension***' **sont les trois moments de lecture proposés par l'*Ecole Vivante*.**

Pour notre part, nous nous attacherons à montrer ci-après comment les moments de lecture, proposés dans l'*Ecole Vivante (2004)*, s'ils sont appliqués en LM, peuvent déboucher avec succès sur divers projets de lecture-écriture en classe de français, langue officielle étrangère aux apprenants.

Ces moments devraient donner lieu à une véritable évaluation de la compréhension et devenir un laboratoire pour l'apprentissage de l'orthographe lexicale et syntaxique.

4.1 Lire-écrire une poésie

De nombreux jeux poétiques : jeux de rythmes, jeux de sons, jeux de mots, jeux de vers, homonymes en rime, etc. sont autant de jeux qui se prêtent à la lecture-écriture, tout en développant l'imagination.

Voyons justement tout d'abord comment on peut lire un poème et en imiter la structure.

L'enseignant fera usage de la poésie dans sa classe de français.

Encadré 63 : Deux poèmes

Thème : la maison	Thème : les animaux
'Dans Paris... *Dans Paris, il y a une rue ;* *dans cette rue, il y a une maison ;* *dans cette maison, il y a un escalier ;* *dans cet escalier, il y a une chambre ;* *dans cette chambre, il y a une table ;* *sur cette table, il y a un tapis ;* *sur ce tapis, il y a une cage ;* *dans cette cage, il y a un nid ;* *dans ce nid, il y a un oeuf ;* *dans cet oeuf, il y a un oiseau.* *L'oiseau renversa l'oeuf ;* *l'oeuf renversa le nid ;* *le nid renversa la cage ;* *la cage renversa le tapis ;* *le tapis renversa la table ;* *la table renversa la chambre ;* *la chambre renversa l'escalier ;* *l'escalier renversa la maison ;* *la maison renversa la rue ;* *la rue renversa la ville de Paris.'* (*Paul Éluard*)	***'La fourmi*** *Une fourmi de dix-huit mètres* *avec un chapeau sur la tête,* *ça n'existe pas, ça n'existe pas.* *Une fourmi traînant un char* *plein de pingouins et de canards,* *ça n'existe pas, ça n'existe pas.* *Une fourmi parlant français,* *parlant latin et javanais,* *ça n'existe pas, ça n'existe pas.* *Et pourquoi pas ?'* (*Robert Desnos,* *Chantefables et Chantefleurs - Ed. Gründ*)

- **Préparons-nous à lire**

En premier lieu, l'enseignant annonce le projet d'écrire une poésie à partir d'une lecture dont les mots '*noyaux*' seront, dans le premier cas, '*maison*' et dans le second '*fourmi*'.

L'enseignant fera alors surgir la '*constellation de mots*' attachée à ces deux thèmes. Il choisira soit de mener cette activité, soit de remplir un '*tableau d'anticipation*' dans lequel les enfants plus avancés écriront, dans une première colonne, ce qu'ils savent du thème et, dans une seconde, les informations qu'ils attendent du texte.

En faisant surgir une constellation de mots reliés au thème du texte, l'enseignant permet à ses élèves d'anticiper celui-ci.

- **Lisons activement**

A présent, l'enseignant présente le texte aux élèves, en respectant la forme ou superstructure, en particulier : le titre, les majuscules, les retraits à la ligne et les paragraphes.

L'enseignant demande aux élèves d'observer la forme du texte. Ainsi, le poème d'Éluard consiste en deux paragraphes, marqués de deux majuscules ; ces blocs de texte sont séparés par une ligne blanche, au-dessous de laquelle le premier mot débute par une majuscule.

L'enseignant peut faire dessiner la silhouette du texte, puis procéder aux activités suivantes:

- Retrouver le mot-clé du premier paragraphe et les mots de la constellation s'il y a lieu ;
- Chercher les mots qui sont répétés ;
- Lire le texte à haute voix et avec une intonation prononcée ;
- Dire ce qui est décrit dans le premier paragraphe ;
- En faire dessiner tous les éléments ;
- Lire le texte silencieusement ;
- Lire le premier paragraphe en enlevant le vocabulaire et en gardant la structure grammaticale comme suit :

> Dans...
> Dans..., il y a une... ;
> dans cette..., il y a une... ;
> etc.

- Essayer de retrouver tous les mots manquants, si possible dans l'ordre ;
- Préparer les étiquettes des illustrations et les placer au bon endroit ;
- Faire dessiner la description ;

De nombreuses activités permettent alors aux élèves de lire le texte activement.

Bien lire les suggestions faites ci-contre pour comprendre comment on peut travailler sur un texte de français.

– Retrouver les mots du premier paragraphe dans le second :
– Dans quel ordre ces mots sont-ils répétés ? Pourquoi les mots sont-ils inversés dans le second paragraphe ?
– Retrouver le mot présent dans chaque phrase :
– Faire des hypothèses sur les intentions de l'auteur dans ce poème.
– Pour lui, qu'est-ce qui n'est pas dans l'ordre des choses ? Pas naturel ?
– Dessiner ce qui se passe dans le second paragraphe.
– Qu'arrive-t-il à l'oiseau ?
– Qui partage l'avis de l'auteur ?
– Quel est le temps du verbe du deuxième paragraphe ?
– Qu'exprime-t-il ?

- **Enrichissons notre compréhension**

L'enseignant aidera les élèves à identifier ce qu'ils ont appris avec le poème d'Eluard, à savoir :
– Je connais une structure pour décrire : '*Dans ... il y a ...*'
– Je peux écrire une action passée et terminée, par exemple '*la fille renversa le seau.*'
– Je connais l'expression du masculin et du féminin classement *un/une ; ce/cette ; le/la/l'*
– Je connais l'usage du déterminant indéfini, démonstratif défini : dans le premier paragraphe, Eluard décrit une maison dans laquelle chaque objet nommé est repris par un démonstratif car il devient l'unique objet d'un décor où la place de chaque objet prend son importance ; dans le second paragraphe, les éléments du décor déjà nommés, déjà définis sont précédés d'un déterminant défini : *le/la /l'*.

- **Ecrivons pour savoir si nous avons compris la lecture**

Pour terminer, l'enseignant pourra proposer d'écrire un texte à la manière d'Eluard en faisant des substitutions sur l'axe syntagmatique, tout en conservant la structure linguistique du poème.

On terminera le travail sur le poème d'Éluard en passant à l'écriture de textes.

Ce travail de réinvestissement pourra se pratiquer à tous les niveaux de groupement dans la classe. Les écrits feront l'objet de lecture, parfois aussi de réécriture ; en ce cas, la réécriture sera suivie d'une nouvelle lecture, à soi-même, à la classe ou à d'autres.

Ajoutons quelques remarques sur le poème *'La fourmi'* de Desnos. Ce texte relève davantage de l'imaginaire et respecte la rime **aa b cc b dd bb**.

Le poème de Desnos ouvre la voie à de nombreuses activités langagières.

Dans les travaux d'écriture à partir du poème, on conservera l'opposition entre *'ça n'existe pas, ça n'existe pas'* et la closure : *'Et pourquoi pas ?'*

Pour le reste, l'enseignant pourra préparer avec ses élèves des descriptions invraisemblables d'animaux, par exemple, ou bien des langues parlées dans le monde. Le texte sous les yeux, les élèves seront invités à :

- observer la silhouette du texte ;
- trouver la phrase qui est répétée ;
- trouver les trois descriptions de la fourmi.

Ce poème, qui ouvre la porte de l'imaginaire, très riche chez les enfants, peut déboucher sur la description d'un animal imaginaire (*son cri, son apparence, son habitat, etc.*) en se référant au programme de sciences, par exemple.

L'enseignant aidera les enfants à respecter la contrainte de la rime et du nombre de syllabes par vers (*huitains, strophes de huit vers/quatrains, strophes de quatre vers*). Les productions des élèves seront illustrées, valorisées, affichées et communiquées à des lecteurs en dehors de la classe.

4.2 Lire-écrire une recette

Nous proposons dans l'encadré de la page suivante une recette qui nous vient du Cameroun. Voici les activités que l'enseignant pourra faire dériver de ce texte.

• Préparons-nous à lire

Sur le thème des aliments, demander aux élèves ce qu'ils mangent habituellement, avant de partir à l'école, le soir, à la maison et les jours de fête.

Demander également quels sont les légumes cultivés, la viande préférée, les légumes et les fruits de la région, pour faire de grandes constellations sur les aliments, ou bien pour établir des séquences des processus, de l'origine d'un aliment jusqu'à son arrivée sur la table.

Selon notre expérience, les textes touchant à la nourriture sont très intéressants pour les écoliers africains.

• Lisons activement

Présenter le texte aux enfants. Ceux-ci doivent à présent être habitués à balayer le texte des yeux pour y trouver ou retrouver une structure connue ou nouvelle et repérer les mots connus.

Pour écrire la recette, les élèves pourront conserver la présentation de leur texte en deux colonnes.

Encadré 64 : Une recette venue du Cameroun

Titre	Gombo aux pistaches
Description	Plat très apprécié des Bétis du Cameroun et de tous les Camerounais. Merci à Paola pour cette recette !
Ingrédients	- 200 g de gombo coupés grossièrement et déjà lavés - 1 tomate - 1 oignon, de l'ail, du gingembre, 1 piment - 100 g de pistaches écrasées - 250 g de viande sans os - huile, sel, cubes Maggi, poivre noir
Préparation	- Dans un mixer, mélanger le gombo, la tomate, l'oignon, l'ail, le gingembre et le piment jusqu'à obtenir une pâte homogène ; - Cuire la viande avec un peu de sel et de l'eau, puis l'égoutter et la mettre à part ; - Mettre de l'huile dans une marmite et laisser chauffer un peu ; - Verser la pâte de gombo dans la marmite ; - Cinq minutes après, ajouter de l'eau (la sauce ne doit pas être lourde !) - Ensuite, ajouter la viande ; - Laisser mijoter un moment, puis ajouter dans ce ragoût toute la pistache en poudre ; - Laisser encore mijoter 10 min., c'est cuit !
Notes & astuces	Servir chaud avec du couscous de maïs.
Temps de préparation	30 min.
Cuisson	45 min.
Pays	Cameroun

L'enseignant pourra leur poser les questions suivantes :

- De quoi parle-t-on ?
- Quelle est la présentation du texte ?
- Que désigne le mot '*ingrédients*' ? Essayons de dessiner quelques ingrédients !
- A quoi correspondent les nombres ?
- Quel est le texte le plus long ? Que dit ce texte ? Sous quelle forme le dit-il ? Les verbes sont à l'infinitif, entourez-les et mimez-les !
- Y a-t-il des mots inutiles ?

- Quels sont les mots qui expriment la succession des diverses actions ? (*puis, cinq minutes après, etc.*)
- Calculez les ingrédients pour doubler la recette ;
- Manque-t-il une information ? Si oui, laquelle ?

Ecrire sa recette favorite ne peut être que très motivant pour les enfants !

• **Enrichissons notre compréhension**

- Trouvez les ingrédients d'une recette locale ;
- Faites la liste de fruits, légumes, féculents, aliments dérivés du bétail, connus dans la région ;
- Faites une longue liste de verbes à l'infinitif décrivant les actions de la cuisine ;
- Lisez le texte de la préparation à l'impératif présent à une personne, puis à plusieurs personnes ;
- Essayez de fabriquer la recette présentée plus haut si vous avez les ingrédients nécessaires ;
- Trouvez des recettes d'autres pays;
- etc.

• **Ecrivons pour savoir si nous avons compris la lecture**

- En respectant la structure de la recette, présentée dans l'encadré précédent, écrire une ou plusieurs recettes de chez nous avec les variantes et les astuces ;
- Constituer peu à peu un livre de cuisine ;
- Envoyer une recette à des correspondants.

4.3 Lire-écrire un album

Cette activité a très certainement démarré lors des premières années d'apprentissage de l'oral.

Les albums *papapik, papa fait des câlins, papa dort,* constituent de bonnes bases pour écrire d'autres albums où le sujet sera maman, grand-mère, un frère, une tante ou un autre membre de la famille, vu par l'énonciateur-scripteur : chaque page illustre une phrase simple choisie par

('*Papa dort*', de Alain le Saux, Hatier, 1990)

('*La maîtresse n'aime pas*', de Alain le Saux, Rivages 2001)

l'enfant. Facile à lire, l'écriture peut se faire sous la dictée à l'adulte.

Pour un niveau plus avancé et pour travailler de manière drôle et ironique les interdits, nous recommandons l'album du même auteur : '*La maîtresse n'aime pas !*', qui permet de travailler des phrases complexes. Dans cet album, l'auteur conserve le principe d'une phrase illustrée pour une double page. La substitution sur le syntagme *la maîtresse* est possible ; l'écriture collective, en groupe ou individuelle sera animée par l'enseignant selon le niveau et la motivation des élèves.

L'enseignant appliquera les trois moments de lecture, tels que nous les avons présentés plus haut, avant de passer à l'atelier d'écriture, qui s'appuiera sur les outils, trouvés lors des phases 2 et 3.

La question du support matériel sera résolue dans le contexte ; il est possible d'écrire sur de nombreux types de matériaux : sur du papier, du papier recyclé, du carton, du chiffon, des feuilles d'arbres, du cuir, du bois, de la tôle ondulée, bref : sur tout matériel où l'écrit restera, perdurera et permettra d'être communiqué.

D'autres petits albums doivent servir de guide dans l'expression personnelle de l'enfant comme, par exemple : '*maman adore, moi je déteste*'.

4.4 Lire-écrire un conte

L'enseignant travaillera sur les contes, permettant au merveilleux d'entrer dans sa classe.

Les contes sont présents dans toutes les cultures et plus particulièrement dans le contexte africain. Utiliser et exploiter leur trame permet d'aborder l'écrit en autorisant l'imaginaire et le merveilleux à entrer en classe.

Voici quelques activités faciles à réaliser avec les élèves en classe de français :

- Raconter le conte, soit en LM, soit en LO ;
- Retrouver le type de construction, la trame ;

- Classer le conte selon cette trame, en le comparant à d'autres contes bien connus ;
- Relever les traits communs : lieux, personnages, actions, situation initiale, quête, élément modificateur, élément merveilleux, situation finale ;
- Pour chaque élément, créer des cartes comme indiqué ci-après jusqu'à en posséder suffisamment pour écrire un conte.

L'enseignant élaborera des cartes pour chacun des mots inscrits dans les colonnes ci-dessous, à partir de ses contes préférés.

Personnages	Espaces	Actions	Objet magique	Animaux	Temps	Eléments
chasseur	château	tuer	baguette	crocodile	le jour	eau
prince/cesse	chemin	chercher	épée	éléphant	la nuit	terre
géant	désert	boire	trésor	lapin	à l'aube	sable
fée	marigot	chanter	secrets	dragon	à la saison	dune
sorcier	île	embrasser	chapeau	serpent	sèche	vent
vieille	grotte	dormir	ceinture	chat	quand la	feu
femme	terre	manger	oeil	hyène	pluie arrive	air
marin	inconnue	rêver	parole	tortue	au coucher	flamme
voleurs,	maison	se réveiller	etc.	etc.	du soleil	etc.
etc.	etc.	etc.			etc.	

- Quand les élèves ont trouvé la trame de plusieurs contes et créé de nombreuses cartes, il est temps de les laisser jouer à créer leurs propres contes en procédant comme suit.
- L'enseignant forme de petits groupes à qui il distribue les cartes suivantes :
  - 3 cartes personnages : héros, ami, ennemi
  - 2 cartes espaces : début et fin
  - 2 cartes actions
  - 1 carte objet magique
  - 1 carte animal
  - 1 carte temps
  - 1 carte élément
- Plusieurs variantes sont ici possibles :
- Chaque groupe écrit son conte en entier ;
- Chaque groupe écrit une situation initiale, puis échange son texte avec un autre groupe pour en écrire la suite, puis échange à nouveau pour en inventer la fin.
- La seconde solution demande plus de travail, de négocia-

Les cartes redistribuées permettent de raconter des contes très étonnants.

Sur la première version du conte créé par les enfants, l'enseignant pourra aisément procéder à des corrections qui mèneront peu à peu à un texte définitif.

- La seconde solution demande plus de travail, de négociation, d'argumentation, de consensus, de communication dans le groupe et entre les groupes. Dans un cas comme dans l'autre, les réalisations doivent être achevées.
- La première version ne sera pas définitive ; elle fera, au contraire, l'objet de corrections à divers niveaux : celui de la trame, du récit, de la syntaxe, de la conjugaison, et de la ponctuation des discours dans le récit.

Encadré 65 : Un conte de Blaise Cendrars pour la classe de FLE

Le conte de Cendrars *'Pourquoi personne ne porte plus le caïman pour le mettre à l'eau'* peut aisément être travaillé en classe de français. Voici en ce sens quelques indications pour l'enseignant.

- Cartes se rapportant à ce conte.
  Personnages : le chasseur
  Espaces : le fleuve, la rive
  Actions : se promener, porter, avancer, déposer, saisir, calmer sa faim, tuer, manger
  Objet magique/élément perturbateur : preuve,non-croyance, ironie
  Animaux : Bama, le caïman, et ses petits, le lapin
  Temps : présent universel
  Éléments : l'eau, la terre ferme
- Situation initiale : Bama le caïman a faim, le chasseur aussi...
- Histoire en bref : Le caïman va trop loin du fleuve. Le chasseur le ramène dans l'eau, lui et ses petits, tout en craignant l'ingratitude avérée du caïman. Quand le chasseur niais est au milieu du fleuve, Bama le saisit, prêt à calmer sa faim...
- Changement : Intervient alors le lapin qui interroge le chasseur sur son attitude. Le lapin veut la preuve qu'il a bien transporté le caïman et ses petits et lui demande de faire le chemin inverse. Au moment où le chasseur va libérer Bama, le lapin, qui ne veut pas être mangé, lui conseille de tuer Bama et ses petits et de les manger.
- Situation finale : Bama le caïman est mangé par le chasseur. Le lapin est sauf.

(Blaise Cendrars, *Petits contes nègres pour enfants des blancs*. Folio Cadet, Gallimard Jeunesse, première édition Denoël 1921)

L'enseignant choisira un conte familier à sa classe.

Encadré 66 : Faire des '*grands livres*'

J'encadre une quarantaine d'enseignants ghanéens qui s'exercent à fabriquer un '*grand livre*'. Voici les étapes que nous observons.

Même faits de manière artisanale, les grands livres permettent d'enrichir quelque peu les bibliothèques de classe.

- *Familiarisation avec les 'grands livres'* : il s'agit de livres de grand format utilisés pour la lecture en commun. Ces livres commerciaux sont écrits en gros caractères et pourvus d'illustrations de grand format. Les textes de ces livres sont souvent des contes, et contiennent des motifs répétitifs que les élèves peuvent aisément anticiper. Les grands livres permettent aux lecteurs débutants et à ceux qui font leurs premiers pas dans une langue étrangère d'affermir leurs connaissances en groupe, dans un climat de découverte, dépourvu de crainte. Vu le coût des grands livres commerciaux, l'enseignant africain en contextes multilingues a tout intérêt à apprendre comment fabriquer ses propres livres, à la fois dans la LM des élèves et dans la LO étrangère.
- *Elaboration du texte* : Les enseignants choisissent un conte et le reformulent en phrases relativement brèves et faciles à illustrer (*Voir un exemple ci-dessous*).
- *Mise en page et illustration* : Ces textes sont écrits avec beaucoup de soin en écriture scripte, à l'aide d'un encreur, à raison d'une phrase par page DIN A4 ; à chacune de ces '*page-phrase*' correspond un dessin, exécuté lui aussi sur une page entière, à l'encreur, avec beaucoup de fantaisie. On ajoute quatre pages de couverture, la première avec le titre du conte et un dessin, la seconde consacrée aux artistes et au copyright, la troisième contenant une charade et la dernière enjoignant les enfants à lire et écrire.
- *Fabrication* : Pour renforcer les pages, chacune est collée sur un carton d'emballage, récupéré du marché local. Cette phase ne va pas sans mal, car il s'agit de coller textes et illustrations au recto et au verso ; il s'agira d'obtenir une série de doubles pages où se présenteront côte à côte le texte et l'illustration correspondante.
- *Reliure* : Les 'cartons-pages' ainsi obtenus sont perforés et reliés d'une simple ficelle.
- *Démonstration* : Une enseignante, qui a travaillé en école maternelle, nous montre comment manipuler un grand livre face à un petit groupe d'élèves et récolte un franc succès. Les enseignants se promettent de fabriquer quelques grands livres, une fois retournés dans leur école.

Voici comment les enseignants ont découpé le texte du conte '*Le lion et la souris*' pour obtenir un livre de 20 pages :

L'enseignant s'entraînera à rédiger, dessiner, écrire, couper, coller et relier des grands livres, certain que ses élèves aimeront les entendre.

Après plusieurs lectures du conte, l'enfant s'imprègne de la structure de ce type d'écrit.

Le Lion et la Souris

1 Voici comment le lion et la souris sont devenus amis.

2 Un jour, la souris se retrouva entre les pattes du lion.

3 '*Tu es bien trop petite pour moi !*' dit le lion à la souris qu'il laissa s'échapper.

4 '*Je te revaudrai cela, ô Lion!*' dit la souris. '*Ah, ah, ah!*' répondit le lion amusé.

5 Quelque temps plus tard, la souris entendit le lion rugir dans la nuit.

6 Le lion était pris dans un filet de chasseur.

7 La souris se mit à ronger les fils du filet et libéra vite le lion.

8 Depuis ce temps, le lion et la souris sont devenus amis.

9 Morale : on a souvent besoin de plus petit que soi.

(*Chatry-Komarek, Saltpond, 2003*)

De nombreux écrits nous permettent d'accomplir des tâches liées à la vie quotidienne. Dans la perspective actionnelle, nous avons choisi un écrit pragmatique pour l'apprentissage de la lecture-écriture. Il s'agit de fabriquer du papier recyclé : rien de plus simple à réaliser, seul ou en groupe, comme nous le montrons dans l'encadré suivant !

Encouragez les enfants à préparer leur propre papier !

Encadré 67 : Fabrication de papier recyclé

- **Matériel**

- du vieux papier journal
- une bassine
- un cadre avec un tamis
- un cadre sans filtre
- un tissu absorbant
- une grosse éponge
- un robot ménager pour la soupe ou un fouet et de l'énergie pour remuer
- de l'eau
- du temps !

- **Fabrication**
- Déchirer le papier journal en petits morceaux ;
- Le faire tremper dans la bassine ;
- Le mixer à l'aide du robot ménager, puis ajouter de l'eau pour obtenir de la pâte à papier ;
- Disposer les 2 cadres l'un sur l'autre, le cadre 1 (avec filtre) en dessous du cadre 2 (sans filtre). Attention : le filtre doit se trouver en haut !
- Trempez les cadres dans la pâte pour la recueillir sur le dessus du filtre. En fait, le cadre 2 sert juste à délimiter la pâte à papier pour que celle-ci forme un rectangle parfait, imitant la feuille de papier classique.
- Une fois que l'eau s'est écoulée en-dessous du filtre, enlever le premier cadre et disposer le tissu absorbant directement sur la pâte à papier.
- Retourner ensuite le tout sur une surface plate, le tissu en dessous. Avant de retirer le cadre 1, enlever le maximum d'eau avec une éponge.
- Attendre que votre papier recyclé sèche complètement.

Il s'agit de bien comprendre la fabrication du papier pour pouvoir en décrire les étapes aux amis.

- **Réalisations**
- Vous pouvez imprimer des textes sur le papier recyclé fin. A vous ensuite de fabriquer le papier à la bonne épaisseur. Plusieurs essais vous seront sans doute nécessaires. Vous pouvez également coller des feuilles et des fleurs séchées sur le papier ou encore les disposer dans la pâte avant que celle-ci ne sèche. Vous obtiendrez du magnifique papier à lettre naturel, comme montré ci-dessous.
- Ce type d'écrit fera l'objet des trois moments de lecture et de l'expérimentation : la fabrication du papier recyclé.
- Par la suite, ce texte peut être réécrit différemment, sous forme de fiches par étapes, enrichi par l'expérience, pour être communiqué à d'autres classes, à d'autres écoles, pour faire-faire !

A gauche, une étape de la fabrication du papier ; à droite, texte et fleur séchée sur papier recyclé.

Le cahier de classe exige beaucoup d'attention et de soin de la part de l'enfant qui en est responsable.

6 Lire-écrire pour communiquer

Nous avons placé l'apprentissage de lecture-écriture dans le cadre de la communication. Plusieurs activités ont déjà été proposées en ce sens, auxquelles il faut en ajouter trois que nous commentons brièvement dans ce point, à savoir :

- le cahier de classe ;
- le journal de classe ;
- la correspondance.

6.1 Le cahier de classe

La première trace à sauvegarder est le travail de la classe, afin qu'un élève absent puisse s'y référer sans gêner ses camarades ; c'est ainsi que, tous les jours et à tour de rôle, un enfant différent s'appliquera à noter le travail effectué dans le cahier de classe. S'il ne s'applique pas, il sera jugé par les autres. Cette activité suscite une motivation certaine dans le groupe.

6.2 Le journal de classe ou de l'école

Cet écrit servira de lien entre les classes et l'école, l'école et les parents, l'école et la communauté. Il sera le miroir de la vie de l'écrit dans l'école. En voici quelques caractéristiques :

- Français ou bilingue, il devrait respecter autant que possible la forme et la structure d'un journal : bandeau titres, sous-titres, la une, rubriques, jeux…
- Il ne devrait pas excéder quatre pages ;
- Chaque classe devrait y présenter une rubrique ;
- Il devrait être vendu et avoir une périodicité stable : parution à la fin de chaque trimestre par exemple.
- Il devrait également être envoyé aux autorités scolaires gratuitement et accompagné d'une lettre.

L'étude en classe des contenus de divers journaux et de leurs modes de présentation est un préalable, indispensable en particulier pour les activités suivantes :

Pour produire le journal de classe, on commencera par étudier les contenus et les modes de présentation de journaux commerciaux.

- répartir les rôles des responsables ;
- caractériser les différents types d'article ;
- trouver certaines caractéristiques de l'écriture journalistique ;
- travailler sur une maquette, entre autres établir des liens entre texte et illustrations ;
- choisir un support ;
- dupliquer le journal.

6.3 La correspondance

Au gré des rencontres pédagogiques ou personnelles ou bien encore de la connaissance d'un réseau national ou international, le professeur tentera de mettre en contact les élèves de sa classe avec d'autres élèves d'une classe de même niveau.

D'abord collective et sous la dictée de l'adulte, la correspondance évoluera vers des écrits plus personnalisés, mais toujours accompagnés d'une lettre collective relatant les travaux ou les projets de la classe. Le support et l'enveloppe peuvent être fabriqués. L'acheminement sera organisé en fonction de la distance entre les classes, voire entre les pays. Cette activité débouche le plus souvent sur une rencontre souhaitée et souhaitable.

L'éducation comparée, née de l'échange de classes, encourage cette pratique, enrichissante pour tous.

La correspondance entre classes ou entre écoles permet d'établir une vraie communication.

7 Ecrire pour jouer

Nous nous concentrerons ici sur trois activités, les mots croisés, les charades et les devinettes.

7.1 Mots croisés

Plusieurs grilles peuvent être inventées après avoir appris le vocabulaire, à partir de dessins puis de définitions explicites, ou jouant sur la sémantique (*niveau plus élevé*). Ces grilles peuvent être proposées puis inventées lorsque le mode de fonctionnement est compris.

L'enseignant pourra préparer des mots croisés en LO sur le modèle ci-contre : il s'agit pour l'élève de retrouver dix noms de fruits dans sa LM, le twi. (*Livre de lecture et écriture pour le CE1, MOE, Accra/Ghana, 2002*)

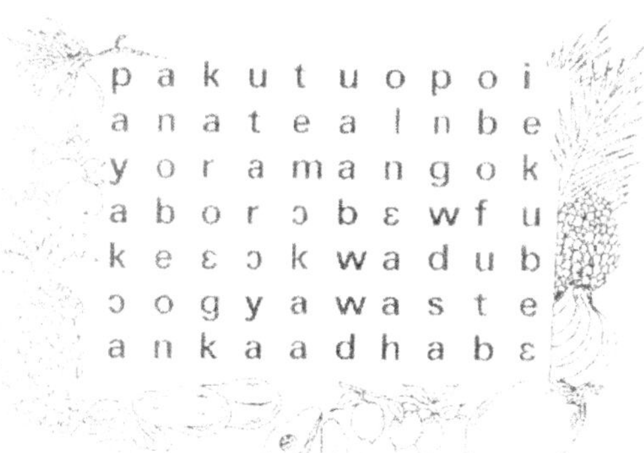

7.2 Charades

Les cultures africaines foisonnent de charades. Les enfants ne seront donc pas en peine si on leur propose, dans un premier

Charades, mots croisés, rébus : autant de possibilités d'apprendre en se divertissant.

temps de deviner, puis, dans un second temps, de créer eux-mêmes des charades. Il s'agira, entre autres, d'alimenter la rubrique '*jeu*' du journal d'école. Voici un exemple de charade pour enfant.

Mon premier est la deuxième note de la gamme.
Mon deuxième sert pour écrire au tableau.
Mon troisième est la première lettre de l'alphabet.
En faisant **mon quatrième** nous risquons de nous couper les doigts.
Mon tout est attendu avec impatience par les enfants à l'école.
Réponse : la récréation

7.3 Les devinettes

Les enfants connaissent de nombreuses devinettes dans leur langue maternelle. Quoi de plus indiqué que ces mêmes devinettes en français ? En voici en tout cas quelques-unes, tirées également du manuel ghanéen pour lire et écrire au CE1 en cinq différentes langues locales, cité plus haut (2002) :

- Tu lui donnes à manger, il vit ; tu lui donnes à boire, il meurt. (*le feu*)
- Deux liquides dans une boîte qui pourtant ne se mélangent pas. (*l'oeuf*)
- C'est un nomade qui porte sa maison sur le dos. (*l'escargot*)
- Il chante toujours quand il travaille. (*le moustique*)
- On ferme la porte pour la retenir, elle sort par la fenêtre. (*la fumée*)

8 Ecrire pour exprimer ses émotions

L'écrit permet de transcrire ses émotions (*joie, bonheur, tristesse, mélancolie, crainte, peur*). Il est possible de les communiquer dans **une lettre**, pour partager ses émotions ou, au contraire, avoir envie de cultiver son jardin secret, de garder pour soi des impressions, des souvenirs ou des sentiments que l'on ne veut pas partager.

Autant la lettre peut être travaillée à partir d'exemples, autant les **journaux intimes** publiés sont rares. Le **journal intime** donne la liberté à son auteur, non seulement d'écrire, mais aussi de dessiner ou de faire des collages : son élaboration est un moment d'intimité avec soi-même.

Suggestion : s'assurer que les élèves comprennent ce que peuvent être un journal intime et un journal de voyage dans leur LM avant d'en aborder un exemple en LO.

Le journal de voyage, quant à lui, permet de garder des traces tangibles de son voyage : billets, horaires, photos, calendrier local, sable ou terre rencontrée, plume, chiffon et autres attributs jugés dignes de figurer dans ce journal. Tenu au jour le jour, le journal peut relater l'emploi du temps de la journée, les impressions sur les activités ou encore les émotions ressenties, et opérer des renvois à d'autres expériences.

9 Ecrire pour le plaisir

Oui, il est possible d'écrire pour le plaisir, celui de manipuler, de jouer, de déformer la langue, de jouer avec ses formes, sa musique, son rythme, sa polysémie, ses homonymies, etc.

La poésie regorge de procédés très utiles dans l'apprentissage d'une langue étrangère. On pourra cueillir des mots dans les dictionnaires phonématiques toujours enrichis ; voici, par exemple, des mots qui crissent : *réglisse, épice, cicatrice, écrevisse, jaunisse.*

Au hasard du dictionnaire, on relèvera des mots qui sonnent. Il suffit d'ouvrir son dictionnaire, ils sautent aux yeux et donnent des idées qu'on n'a jamais eues auparavant.

Dans certaines classes, on réserve un coin pour '*le fruit de la semaine*', '*l'animal du mois*', '*la nouvelle du jour*'. Pourquoi ne pas y ajouter la liste des '*mots préférés en français*' ?

9.1 Calligrammes

Il s'agit d'un poème qui prend la forme de l'objet dont on parle. En voici un exemple ci-dessous.

(*L'Atelier de poésie*, 2007, Casterman)

9.2 Les haïkus

Cette technique ancestrale d'écriture au Japon entre dans les classes de FLE ainsi que dans de nombreux ateliers d'écriture.

Un haïku est un poème court de 17 pieds, répartis en trois vers composés respectivement de 5, 7, 5 pieds. Dans l'absolu, il doit contenir un mot qui fait référence à la nature et à la saison (*harmattan, pluie, nuages, étoiles, vent, poussière, glace, neige, bourrasques, arbres, végétation, récoltes, ignames, mil...*), pour faire entrer la réalité de l'environnement dans l'imaginaire. Le haïku suivant correspond à ces critères.

Le haïku fait entrer la réalité de l'environnement dans l'imaginaire.

Magique, la pleine lune !
La pensée de ma chérie,
Me rend furieux.

Dans son ouvrage, Maryse Vaugarny (*2004*) retrace les multiples ateliers d'écriture qu'elle a animés en s'inspirant de l'ouvrage de Paul Claudel *Cent phrases pour éventails*, où il s'agit non seulement de fondre deux pratiques, peinture japonaise et poésie française, mais aussi de faire aussi bien en français que les poètes-calligraphes japonais ou chinois. A l'idéogramme chinois ou japonais, Claudel va substituer un art calligraphique propre aux lettres occidentales et s'écarter de la structure classique du haïku. Le recueil est publié comme un livre d'Extrême-Orient sous la forme de trois accordéons (*29X10 cm*) placés dans une boîte grise mouchetée d'or à fermeture d'ivoire. (*1927, édition Koshiba, titre japonais 'Hyaku sen chô', soit : 'recueil ou cahier de cent éventails'*)

Pourquoi parler ici de ce type d'écriture ? Nous emprunterons la réponse à Vaugarny (2004) : " *J'ai entendu un jour : 'Comment peut-on oser faire écrire des haïkus ?' Comment peut-on poser une telle question ? Ceux 'qui font de la littérature' n'écrivent pas. Ils font de la littérature, n'inventent rien, vérifient qu'ils entrent dans un vers avec le bon nombre de pieds, mais les cases sont l'apanage de ceux que la création effraie. Quand l'exercice prime sur l'épreuve et le risque, que l'orthographe bride l'imaginaire, quand l'emprise de la forme conditionne le réel, mieux vaut ne pas partir en écriture car elle n'a pas besoin de liens. Elle sait trouver son ordre toute seule.'*

Les grands écrivains inspireront la classe de FLE.

Nous sommes bien au coeur de la problématique de l'enseignement/apprentissage de la LO, à savoir : peut-on apprendre dans une langue si elle ne peut servir l'imaginaire, l'expression, si elle ne peut dire l'émotion ?

Lecture et écriture sont les outils de l'expression de l'imaginaire et de la liberté. Magnifier une production avec délicatesse, avec les éléments de notre environnement auxquels

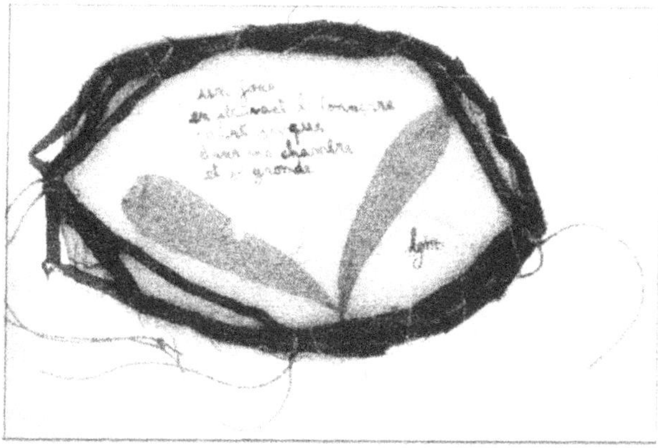

Reproduit à partir de '*Souffles d'écriture*' de M. Vaugarny (*Concots, Atelier de la Maison Verte, 2004)*

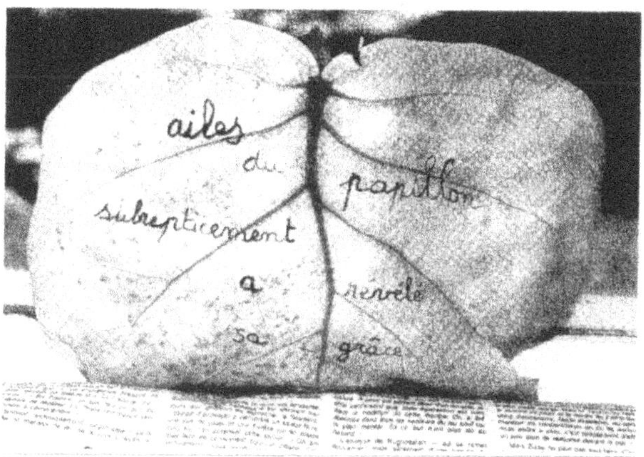

aucune fonction n'avait été dévolue et ils deviennent les écrins d'une expression unique.

La récupération de tout élément naturel, de tout support participe à la création, nourrit l'imagination, valorise son environnement, sa personnalité.

Lecture et écriture sont les outils de l'expression de l'imaginaire, de la liberté.

10 Lire-écrire pour apprendre

L'entraînement à différents types d'exercices de lecture ciblée et d'exercices de retour sur cette lecture sont nécessaires à un apprentissage raisonné, créant des ponts cognitifs entre différents savoirs, savoir-faire, savoir-être ; dans cette perspective, nous commenterons donc brièvement ci-après les activités suivantes au niveau du primaire :

- La prise d'indices ;
- La réécriture ;
- L'exercice des consignes ;

- Le résumé ;
- Le schéma.

• ***La prise d'indices***
Il pourra s'agir de souligner, entourer ou bien encore compter le nombre d'occurrences d'un terme choisi ; on pourra aussi trouver tous les chiffres d'un texte et les relier soit à des évènements, soit à des unités ; on demandera aussi aux élèves de trouver toutes les expressions d'un lieu ou d'un espace, etc.

• ***La réécriture***
Un texte injonctif, comme la recette, sera intégré à une lettre ou à un texte narratif. Un texte scientifique sera écrit selon les points forts présentés.

Un excellent exercice de style : réécrire un texte en le transformant.

• ***L'exercice des consignes***
Ici, il s'agira de trouver la consigne absente d'un problème ou d'un exercice ou bien de chercher la structure des phrases consignes. Les élèves pourront également, à partir d'une phrase, inventer des consignes pour opérer toutes les transformations possibles ; on pourra procéder de même avec un problème. (*le nombre est plus limité mais permet de retrouver les étapes d'une consigne ultime*).

• ***Le résumé***
On pourra procéder en deux temps : tout d'abord, après la lecture de différents types de textes, différents résumés seront proposés aux élèves qui devront choisir celui qui correspond à chaque texte ; par la suite, les apprenants seront entraînés à trouver l'essentiel d'un texte à retenir pour l'élaboration d'un résumé.

Le résumé offre de nombreuses possibilités de s'exercer à la lecture-écriture. En voici une supplémentaire : retrouver dans un résumé l'indication indispensable qui manque.

• ***Le schéma***
Le schéma permet, dans nombre de cas, d'évaluer la compréhension d'un texte ; il demeure cependant une affaire culturelle. Le schéma devra être étudié et réalisé dans l'accompagnement avant de devenir un outil personnel d'apprentissage.

11 Lire à haute voix
La lecture à voix haute permet d'améliorer l'expression orale de l'élève (diction, prononciation). Elle aide à maîtriser le rythme de la lecture, à montrer que l'on comprend la ponctuation et à moduler sa voix et son expressivité. Elle

augmente la confiance en soi si l'on doit lire devant un public. Cette activité ne peut être que l'aboutissement d'un long travail de questionnements et compréhension des textes.

12 Résumé

La lecture-écriture dans le cadre d'un programme bilingue de type additif doit être le prolongement naturel d'une longue période de travail et surtout de jeux en langue orale officielle. Le transfert des acquisitions maîtrisées en langue maternelle peut alors se faire à partir d'activités de lecture-écriture placées dans un objectif précis de communication et d'expression de soi. Les outils de la langue (*grammaire, orthographe et conjugaison*) sont acquis grâce à la manipulation des textes et à leur compréhension. La lecture à voix haute est surtout un bon moyen d'améliorer ses compétences à l'oral.

13 Concepts clés

La classe lettrée
Lire pour écrire
Compétence grapho-phonétique
Compétence grammaticale
Compétence idéographique
Compétence stratégique
Compétence culturelle
Compétence anticipative
Ecrire pour lire
Lire-écrire pour communiquer
Ecrire pour exprimer ses émotions
Ecrire pour le plaisir
Lire-écrire pour apprendre
Lire à voix haute

14 Références bibliographiques

Lectures conseillées

Beaume, E. (1985). *La lecture, préalables à sa pédagogie.* Paris : Association française pour la lecture

Cicurel, F. (1991). *Lectures interactives en langue étrangère.* Paris : Hachette formation

Downing, J. & Fijalkow, J. (1990). *Lire et raisonner.* Toulouse : Privat

Jolibert, J. (Coord.), (1994), *Former des enfants producteurs de textes.* Paris : Hachette éducation

Lemaître, P. & Coran P. (2007), *L'atelier de poésie*. Paris Casterman

Pennac, A. (1992), *Comme un roman.* Paris : Gallimard

Sites où trouver des activités :

http://www.lefigaro.fr/dossiers/portes_afrique/var/conte_adecouvrir.htm

http://www.africultures.com

http://www.momes.net/comptines/animaux-des-jungles/paysage-dafrique.html

http://n.webring.com/hub?ring=afae L'anneau francophone des ateliers d'écriture regroupe les sites web de langue française relatif à l'animation d'ateliers d'écriture.

http://www.edufle.net

Lectures périphériques :

Rioux, J. P. (2005), *Rallumer tous les soleils*. Paris : Omnibus

Eco, U. (1985), *Lector in fabula.* Paris : *Grasset*

Vaugarny, M. (2004), *Souffles d'écritures.* Concots : Les ateliers de la maison verte

Lectures en anglais :

Allen, R. V. (1976), *Language Experiences in Communication* Boston : Houghton Mifflin Company

Thompson, H. (2001), *Teaching Primary English.* Oxford Macmillan Education

Vale, D. & Feuten, A. (1995), *Teaching children English. A training course for teachers of English to children* Cambridge : Cambridge University Press

Hedge, T., *Writing*. Oxford : Oxford University Press

Chapitre 12
Vivre le plurilinguisme

Il s'agit de restaurer les apprenants dans l'estime de leurs origines, de leurs cultures, de leurs identités et de leurs capacités à apprendre.

****

Les contenus en bref

- Lecture préliminaire : *« Je veux qu'on soit tous les mêmes ! »*
- Identité et plurilinguisme
  - *Gestion du plurilinguisme et identité*
  - *E. n'est pas exceptionnel.*
  - *Une identité africaine : francophone*
  - *Identité et mondialisation*
- Interculturalité et plurilinguisme
  - *La communication interculturelle*
  - *L'interculturel dans l'enseignement des langues*
  - *Caractère évolutif et déséquilibré d'une compétence plurilingue et pluriculturelle*
  - *Des pratiques aux représentations*
- Gestuelle et plurilinguisme
  - *Le regard d'introspection*
  - *La parole sans le corps*
  - *La voix sans expressivité*
- Etre plurilingue : une norme

****

Les ressortissants de l'Afrique de l'Ouest traversent les frontières linguistiques avec une grande aisance.

1 Lecture préliminaire : *Je veux qu'on soit tous les mêmes !*
En discutant avec moi, E., artiste musicien, découvre qu'il possède des compétences langagières en neuf langues. A ma question : « *En est-il une que tu préfères ?* », il répond : « *Ah non ! Des fois, la langue de ma mère, je ne veux pas que les gens sachent que c'est aussi ma vraie langue maternelle... Je veux qu'on soit tous les mêmes : quand je suis dans un pays anglophone, je suis anglophone ; si je suis dans un pays francophone, je suis francophone ! C'est comme ça...* » *(Lezouret, Entretien personnel, Accra, 2001)*

Le contexte de l'Afrique de l'Ouest possède un kaléidoscope d'ethnies dont les ressortissants circulent par delà les frontières administratives ; ils traversent les frontières sociales et linguistiques avec une grande aisance, acquérant au passage de nouvelles compétences langagières. C'est ainsi que l'entrée au Ghana se fait sur le critère linguistique : qui parle une langue ghanéenne n'a pas à montrer de papiers d'identité !

E. est un vrai caméléon polyglotte. Il utilise ses compétences langagières pour affirmer des identités multiples qui sont parties intégrantes de son identité sociale. Les compétences diverses et différenciées qu'il possède dans ces neuf langues lui assurent de nombreuses possibilités d'interagir avec des locuteurs de différentes communautés linguistiques et culturelles. Son discours illustre le grand paradoxe entre '*unité et diversité*' de l'identité humaine, définie par E. Morin (*2001*).

2 Identité et plurilinguisme

Nous avons distingué le plurilinguisme (*possession de diverses compétences en plusieurs langues*) du multilinguisme (*co-existence de plusieurs langues sur un territoire*) ; en ce sens, E. qui possède des compétences, orales ou écrites, dans neuf des soixante et une langues répertoriées dans son pays, le Ghana, est plurilingue à l'image des habitants de sa région.

L'Afrique de l'Ouest est le cadre d'un multilinguisme bien réel.

En effet, l'Afrique de l'Ouest est le cadre d'un multilinguisme bien réel, qui ne correspond pas toujours aux frontières issues des colonisations. L'individu y développe des compétences plurilingues dans le contexte de la famille, du groupe social d'appartenance et d'autres groupes qui peuvent varier selon de multiples facteurs, tels que la nomination d'un enseignant dans une autre région du pays, le mariage mixte, la religion et bien d'autres encore. A cet impressionnant répertoire linguistique, il faut ajouter les langues apprises à l'école ou utilisées pour une fonction précise, comme aller au marché, ou bien, pour les enfants, jouer avec les amis.

Au répertoire linguistique impressionnant des ressortissants de l'Afrique de l'Ouest s'ajoutent les langues apprises à l'école et celles qui ont une fonction précise.

Dans cet ordre d'idées, il est intéressant de se reporter à la définition posée pour un cadre européen commun de référence pour les langues : « *L'approche plurilingue ne classe pas ces langues et ces cultures dans des compartiments séparés mais construit plutôt une compétence communicative à laquelle contribuent toute connaissance et toute expérience des différentes langues et dans laquelle les langues sont en corrélation et interagissent. Dans des situations différentes, un locuteur peut faire appel avec souplesse aux différentes parties de cette compétence pour entrer efficacement en communication avec un interlocuteur donné.* »

Dans cette définition, posée dans le cadre d'une Europe où les minorités se font entendre et revendiquent d'être reconnues (*Cf. Charte des langues minoritaires ou le relevé des langues de France*), se pose la question de l'apprentissage des langues comme vecteur d'une citoyenneté européenne.

En Afrique de l'Ouest, en dépit des efforts d'assimilation de la plupart des pays colonisateurs (*l'Allemagne faisant là exception dans ses colonies, principalement au Togo et au Cameroun*), il existe des langues véhiculaires transnationales. C'est ainsi que, lorsqu'on parle mandingué, on peut se faire comprendre du Sénégal jusqu'au nord de la Côte d'Ivoire, en passant par la Gambie, les deux Guinées (*Conakry et Bissau*), le Mali, la Sierra Leone et le Libéria, et ce en dépit des variantes dialectales. Quant à la langue pulaar, elle est parlée du Sénégal à la République Centrafricaine, sans oublier une partie du Tchad et du nord du Cameroun (*Cheikh Aliu Ndao, Le soleil, Dakar, 2003*). Il en va de même pour le haussa qui assure un nombre croissant d'interactions dans cette zone.

Les langues transnationales ne correspondent pas aux frontières issues des colonisations.

On peut donc dire qu'en Afrique de l'Ouest, une identité plurilingue n'est pas à construire, elle est partie intégrante de celle de nombreux citoyens de cet espace. Cependant, en dépit de leur vitalité, ces langues transnationales sont-elles matière d'enseignement au collège et au lycée ?

Dans un pays africain donné, le statut de la LO, qui est souvent la langue du colonisateur, n'a que peu de relation avec l'usage que les citoyens font des langues en présence. Toutefois, l'hégémonie de ces mêmes langues européennes, renforcée par les politiques assimilationnistes, ont mené à considérer le plurilinguisme comme cause de :

Certaines langues africaines sont parlées par des millions de locuteurs.

- hiérarchisation entre les langues (*officielle, nationale, véhiculaire, médiatique*...) ;
- conflits ethniques (*guerres*) ;
- domination (*bien de distinction, langue du pouvoir, langue de religion*).

Cette vision certes opérante du plurilinguisme tend paradoxalement au mouvement mondialiste à devenir une question cruciale pour le développement, la démocratie, la préservation de la diversité culturelle et l'affirmation d'identités multiples.

Chaque fois qu'un citoyen ne possède pas la langue de l'Etat, chaque fois qu'il ne comprend pas la langue dans laquelle on peut le juger au tribunal et ne peut pas se défendre dans cette langue, qu'il ne parle pas ou peu la langue dans laquelle ses enfants sont scolarisés, la langue de la politique et de la vie publique, la démocratie est bafouée (*Calvet, 2001*).

2.1 Gestion du plurilinguisme et identité

Calvet parle de gestion du plurilinguisme *in vitro* (*reconnu*) et du plurilinguisme *in vivo* (*officieux*) ; il se réfère aux grandes villes africaines où des langues véhiculaires, telles que le peul, le haussa, le bambara ou le wolof, assurent les échanges dans l'espace de la Communauté des Etats de l'Afrique de l'Ouest, entre les langues officielles et les langues du quotidien, celles du foyer.

Les phénomènes d'urbanisation associés aux politiques jouent un rôle important dans le devenir identitaire et linguistique des Etats et des régions. Mentionnons à ce sujet les travaux sur le wolof qui ne sont pas sans lien de causalité avec le formidable essor que cette langue connaît : c'est ainsi que récemment, la télévision française a transmis en direct un entretien en wolof entre une jeune artiste française et l'artiste Youssou N'dour, et ce à une heure de très grande écoute !

Le wolof connaît aujourd'hui un formidable essor.

Pour replacer ce phénomène dans un cadre plus vaste, voici un exemple édifiant au sujet de la reconnaissance officielle d'une langue nationale, provenant de l'Amérique du Sud.

Encadré 68 : Le guarani, troisième langue de travail de Mercosur

Le Mercosur est pour l'Amérique du Sud ce que l'Union Européenne est pour l'Europe. Les quatre pays fondateurs en sont l'Argentine, l'Uruguay, le Brésil et le Paraguay ; le Vénézuela en fait aussi partie depuis peu.

Tout comme c'est le cas pour l'Union Européenne, le Mercosur a institué des langues de travail, à savoir l'espagnol et le portugais. Cependant, le Paraguay reconnaît deux langues officielles sur son territoire, l'espagnol et le guarani ; cette dernière est la langue du quotidien, plus utilisée que l'espagnol dans ce pays, la majorité des Paraguayens étant des Guaranis. Dans ce pays, Guaranis, descendants d'Espagnols et nouveaux colons parlent d'ailleurs tous guarani ! En tout, ce sont sept millions de Paraguayens qui parlent cette langue, auxquels viennent s'ajouter quelques minorités en Argentine et au Brésil.

Depuis le 21 novembre 2006, le guarani est entré comme troisième langue de travail au sein du Mercosur ! C'est la première fois qu'une langue précolombienne est reconnue au sein d'un conseil économique international. Le 18 et 19 janvier 2007, la réunion du Mercosur se fera à Brasilia et, pour la première fois, tous les textes écrits ainsi que toutes les prises de paroles seront traduits en simultané en guarani.

Le guarani est la première langue précolombienne reconnue au sein d'un conseil économique international.

Revenons maintenant au continent africain. En 2000, l'Organisation de l'Unité Africaine devient l'Union Africaine. L'acte constitutif signé alors à Lomé mentionne que « les langues de travail de l'Union et de toutes ses institutions sont, si possible, les langues africaines, ainsi que l'arabe, l'anglais, le français et le portugais. » (*Article 25 concernant les langues de travail*) En 2003, des amendements importants sont apportés à cet article comme suit : « A l'article 25 de l'Acte (*Langues de travail*), remplacer le titre '*Langues de travail*' par '*Langues Officielles*' et remplacer la disposition existante par :

1. Les langues officielles de l'Union et de toutes ses institutions sont : l'arabe, l'anglais, le français, le portugais, l'espagnol, le kiswahili et toute autre langue africaine.
2. Le Conseil exécutif détermine le processus et les modalités pratiques d'utilisation des langues officielles comme langues de travail. »

(*Protocole sur les amendements à l'Acte constitutif de l'Union Africaine. Adopté par la 1ère session extraordinaire de la Conférence de l'Union à Addis-Abéba/Ethiopie, le 3 février 2003, et par la 2ème session ordinaire de la Conférence de l'Union à Maputo/Mozambique, le 11 juillet 2003*)

Depuis 2003, le kiswahili ('*et toute autre langue africaine*') fait partie des langues officielles de l'Union Africaine.

La reconnaissance politique du kiswahili devrait avoir un grand impact sur ses locuteurs.

Même s'il subsiste un certain flou sur les autres langues africaines, le kiswahili fait cependant bien ainsi son entrée officielle dans l'Union Africaine. Cette reconnaissance politique devrait avoir un grand impact sur ses locuteurs, sur leur estime de soi et, par conséquent, sur leurs facultés à créer du Développement.

A un autre niveau et dans un autre cadre, les programmes d'enseignement bilingue ou ceux de l'enseignement du français en contextes multilingues permettent eux aussi de revisiter le plurilinguisme, imposant la coexistence et le respect. En effet, le plurilinguisme permet le partage, la convivialité et l'ouverture aux autres, poussée parfois jusqu'au mimétisme comme le suggère le proverbe arabe : « *Apprends une langue tu éviteras une guerre !* » et comme le formule E. : « *A Niamey je suis Nigérien, à Lomé, je suis Togolais ! Je veux qu'on soit tous les mêmes !* »

Même si ces programmes connaissent de nombreux obstacles, l'espoir se trouve dans le camp de la jeunesse qui n'a pas connu la colonisation dans sa propre chair : qu'elle soit universitaire ou qu'elle appartienne à la rue, la jeunesse s'exprime donc dans les langues africaines. Cheikh Aliu Ndao (*2003*) avance que son pays, le Sénégal, attend une décision politique pour officialiser la situation linguistique qu'on y vit. L'identité sociale se moque des papiers, des frontières administratives et du statut des langues en présence. Les frontières symboliques et linguistiques dépassent les frontières administratives. La réalité est la suivante : quiconque est plurilingue peut communiquer dans diverses situations comme nous le commentons brièvement dans le point suivant.

En Afrique de l'Ouest, le plurilinguisme individuel se double d'un plurilinguisme collectif.

2.2 E. n'est pas un cas exceptionnel !

En Afrique de l'Ouest, le plurilinguisme individuel se double d'un plurilinguisme collectif : plus que dans les autres régions du monde, le plurilinguisme est la norme. En voici un exemple intéressant.

Louis, professeur de français à Wa, au nord du Ghana, arrive en formation à Accra. Auparavant, il est passé au Ministère ; à dix heures du matin, il a parlé avec cinq personnes en cinq langues différentes : l'anglais avec sa supérieure hiérarchique, le twi avec la vendeuse de beignets, le dagaba avec un ami du nord rencontré au centre d'hébergement, le haussa avec le chauffeur du centre de formation et le français avec la responsable de la formation. Toutes ces compétences construisent son identité ou ses identités multiples qui lui permettent d'endosser plusieurs rôles et qui participent à l'élaboration du concept de langue tel qu'il est présenté par l'Observatoire Linguistique et le programme Linguasphère.

La langue n'est pas seulement un moyen de communiquer, elle permet à chaque individu de penser le monde, de rêver, de véhiculer le savoir, d'être en tant qu'entité autonome au sein des différents réseaux de communication de sa propre communauté.

« Une langue vivante telle qu'elle est utilisée par les locuteurs, fonctionne comme une aide à la pensée consciente et fait partie du subconscient et du rêve. Elle est pour les locuteurs un outil à la créativité mentale et intellectuelle. » (Breton, 1995, notre traduction)

La langue constitue un filtre pour les autres groupes linguistiques. Ce sont les individus ayant une compétence dans deux langues ou davantage qui permettent aux communautés de communiquer. Ainsi, les langues constituent des systèmes interdépendants dans un continuum dynamique de la communication autour de la Terre. Les individus bilingues ou plurilingues sont les acteurs principaux de cette dynamique des langues au sein de la Linguasphère, définie comme système planétaire de la parole humaine, créé, emmagasiné et transmis par le réseau cérébral de l'humanité, composé des mots, des sons et des règles de toute langue, et de la voix et de l'esprit de chaque personne (*R. Breton, 1995*).

Les programmes bilingues de type additifs sont en ce sens à inscrire dans un cadre au niveau planétaire : ils sont une première gestion démocratique d'un nouveau plurilinguisme qui enrichit chacun de sa propre différence et permet d'endosser des rôles divers dans différentes communautés. Ces compétences font partie intégrante de l'identité de l'individu qui, à juste titre, revendique des appartenances multiples.

Il n'est donc pas étonnant que Cheikh Aliu Ndao (*2003*), écrivain dont les œuvres sont traduites en plusieurs langues nationales, affirme « *Si les gouvernements africains tiennent à une certaine harmonie, s'ils veulent éviter une opposition artificielle entre le français et les langues indigènes, il est temps qu'ils allient l'apport non négligeable des langues européennes au vécu historique de l'Afrique et aux idiomes du terroir. Il n'y a pas d'autres alternatives pour le développement de notre continent. L'enseignement des langues africaines s'impose. Elles sont déjà dans le coeur des hommes.* »

« L'enseignement des langues africaines s'impose. Elles sont déjà dans le coeur des hommes. » (Cheikh Aliu Ndao, 2003)

L'identité sociale englobe tout ce qui permet d'identifier le sujet de l'extérieur.

Encadré 69 : A propos de l'identité sociale

L'identité sociale englobe tout ce qui permet d'identifier le sujet de l'extérieur et qui se réfère aux statuts qu'il partage avec les autres membres de ses différents groupes d'appartenance (*sexe, âge, métier, langues parlées, écrites, etc.*).

L'identité sociale comprend les attributs catégoriels et statutaires qui se réfèrent à des catégories sociales où se rangent les individus (groupes, sous-groupes : '*jeune*', '*étudiant*', '*femme*', '*cadre*', '*père*', etc.). C'est souvent une identité '*prescrite*' ou assignée, dans la mesure où l'individu n'en fixe pas, ou pas totalement, les caractéristiques.

Cette identité sociale situe l'individu à l'articulation entre le sociologique et le psychologique. Comme le souligne Tajfel, elle envisage le rôle joué par la catégorisation sociale qui selon lui « *comprend les processus psychologiques qui tendent à ordonner l'environnement en termes de catégories : Groupes de personnes, d'objets, d'évènements [...] en tant qu'ils sont équivalents les uns aux autres pour l'action, les intentions ou les attitudes d'un individu.* » (M. Lipiansky, 2002)

2.3 Une identité africaine : francophone

Les locuteurs de français sont plus nombreux hors de France, car le français est parlé sur les cinq continents. Les instances de la Francophonie ont contribué à forger des stéréotypes sur le français, langue universelle, de culture ou de littérature.

P. Dumont (2001), quant à lui, définit le francais littéraire comme suit : « *C'est la norme de référence, sinon le sociolecte de la bourgeoisie parisienne cultivée, norme érigée en véritable rite initiatique, rôle tenu en France par l'épreuve anticipée du français au baccalauréat. Cette conception-tradition assimilée à la francophonie dont l'Afrique fournit un gros réservoir de locuteurs finit par se traduire par un amalgame abusif entre normal et normatif, dans le sens, évidemment, de la coercition.* »

En 2001, l'introduction du concept du '*dialogue des cultures*' a reconnu la pluralité des espaces et des identités francophones.

Cette conception traditionaliste a fait le jeu d'une élite africaine, éclairée par l'un des leurs et chantre de cette même francophonie, L. S. Senghor, élite interrogée actuellement sur la norme à employer dans la littérature. La conception-tradition a aussi fait les ravages que l'on sait au niveau de l'enseignement d'une langue très éloignée de celle de la rue des centres urbains et étrangère en milieu rural.

L'introduction du concept du '*dialogue des cultures*' au sommet des pays ayant le français en partage à Beyrouth

(*2001*) a reconnu officiellement la pluralité des espaces et des identités francophones avec leurs richesses et leurs particularités. Nous reprendrons ici les propos de Dumont P (*2001*) : « *A la notion de complémentarité, on préfèrera celle de la convivialité impliquant que les langues africaines et le français participent du même espace culturel, économique, social, industriel, voire politique : l'espace francophone multilingue qui doit se construire par la mise en place de programmes d'éducation et de formation prenant en compte la diversité des situations de langage et intégrant les exigences du dialogue des cultures imposé par un contexte multiculturel incontournable. [...] Au sein de cet espace, le français et les langues nationales vont naturellement prendre leur place grâce à :*

- *La définition et l'application de politiques linguistiques cohérentes tenant compte de la spécificité et de la dynamique des diverses situations linguistiques ;*
- *La définition d'une véritable complémentarité français-langues nationales excluant toute idée de hiérarchisation et posant les bases d'une véritable interculturalité fondée sur :*
  - *L'appropriation linguistique de la langue française par ses usagers ;*
  - *Le respect et la maîtrise des langues nationales ;*
  - *La prise en compte du multilinguisme dans la mise en place du processus de développement culturel, économique, social, voire même identitaire ;*
  - *L'émergence d'une conscience francophone solidaire.* »

En Afrique, « l'espace francophone multilingue (...) doit se construire par la mise en place de programmes d'éducation et de formation prenant en compte la diversité des situations de langage et intégrant les exigences du dialogue des cultures imposé par un contexte multiculturel incontournable. » (Dumont)

Une telle prise en compte du multilinguisme autorise une décomplexification des usagers de la langue française en Afrique par une reconnaissance d'une norme locale ou endogène qui fait de leur groupe une entité de l'espace francophone, au même titre que les Suisses, les Québécois ou les Belges. Elle offre la « *découverte à travers l'étude des variations de stratégies naturelles d'apprentissage ou d'acquisition des langues, ce qui permettrait une amélioration considérable des instruments didactiques actuellement en usage en Afrique* » *(Dumont, op. cit.)*.

Les programmes bilingues de type additif sont les instruments de ce dialogue, respectueux et soucieux de préserver la multiplicité des identités linguistiques et par-delà culturelles jusque dans la dimension des modes d'apprentissage.

Les programmes bilingues permettent de préserver la multiplicité des identités linguistiques.

La cybernétique permet une communication instantanée en tout point de la planète.

2.4 Identité et mondialisation

Au cours de l'histoire, les moyens de transport et de communication ont permis de multiplier les échanges entre différentes communautés. Aujourd'hui, s'il est vrai que ces communications instantanées via Internet sont gérées par très peu de langues, celles-ci n'en assurent pas moins des échanges interculturels de plus en plus divers et créent de nouvelles communautés.

L'Afrique fera-t-elle le saut d'une technologie ? Un rapide tour d'horizon du développement des nouvelles technologies nous apporte les premières réponses.

Tout d'abord, dans certaines régions qui n'ont pas connu le téléphone fixe, le téléphone portable permet désormais de communiquer aisément. En Tanzanie, par exemple, des groupes d'enseignants, jusqu'ici isolés, sont maintenant reliés à leur circonscription par le téléphone cellulaire.

Cependant, la vraie révolution, c'est la cybernétique qui permet la correspondance instantanée, orale, écrite, visuelle en tout point de la planète. Même si l'écrit est pris en charge par une centaine de langues seulement, Internet permet la communication orale en n'importe quelle langue et gratuitement : les immigrés ont vite pris cet outil à leur compte pour rester en contact avec leur pays d'origine tout en communiquant avec d'autres locuteurs de leur langue, émigrés à travers le monde.

Le téléphone cellulaire a transformé la vie quotidienne de nombreux Africains.

Outre l'élargissement des communautés linguistiques, Internet interroge la notion de communauté. Il permet par exemple à tous les professeurs de français dans le monde de communiquer ; ainsi, chaque jour se créent des communautés virtuelles de toutes sortes qui inventent de nouvelles formes d'appartenance. Ces communautés se retrouvent sur des points variables, momentanés, sur la base d'échanges à distance, avec un engagement des personnes éphémère, superficiel, fondé sur des intérêts communs ponctuels, basé sur le plaisir, la sympathie ou sur une culture du sentiment. Souvent construites à partir de forums, ces communautés se constituent sur des bases de lutte politique ou de défense d'intérêt et mettent en place de nouvelles formes de socialité. On peut appartenir à plusieurs de ces réseaux, qui s'agrègent et se défont avec une souplesse inédite. Ces nouvelles communautés créent une nouvelle forme d'institutionnalisation : on invente de nouveaux modes d'être ensemble, des manières nouvelles de créer du lien social.

A cet égard, il est intéressant de noter de quelle manière le projet B@bel de l'Unesco œuvre à la promotion d'un accès plus équitable à l'information par Internet : ce projet soutient l'encodage des alphabets minoritaires en faveur de la diversité linguistique dans l'espace cybernétique. Une proposition de script Unicode a été rédigée par un linguiste irlandais, M. Everson ; l'objectif principal de cette intitiative est de participer à la construction des sociétés du savoir par la promotion de la diversité linguistique et de la maintenance de toutes les langues du monde dans le numérique. Il s'agit pour Unicode de fournir aux minorités des moyens de préserver leur patrimoine culturel et littéraire et de promouvoir l'alphabétisation.

L'Unesco oeuvre à la promotion d'un accès plus équitable à l'information par Internet.

Nous aimerions citer une autre initiative, oeuvrant en partenariat avec l'initiative B@bel et concernant la diffusion de certaines langues africaines : il s'agit de l'encodage des alphabets minoritaires qui ne sont pas encore dans le standard Unicode. Citons parmi ceux-ci l'alphabet N'Ko, inventé en 1949 par Soulemayne Kante, à Kankan, en Guinée. Cet alphabet est utilisé principalement par les peuples parlant le malinke, le bambara, le dyula et leurs dialectes, spécialement en Guinée, au Mali et en Côte d'Ivoire. Cet alphabet était destiné aux langues tonales africaines, portant à ce titre une attention spéciale aux tonalités qui ne peuvent être transcrites par l'alphabet latin, très bien prises en charge, en revanche, et depuis la nuit des temps, par les tambours-téléphone (*Warnier*, *2004*).

L'Unesco s'efforce également d'encoder les alphabets minoritaires.

Le SMSI qui s'est tenu à Accra en 2005 s'est attaché à revaloriser les langues africaines.

A ces diverses initiatives, viennent s'ajouter certaine conférences régionales et internationales, comme celle qui s'es tenue à Accra en 2005, pour préparer la seconde phase du Sommet mondial sur la société de l'information (*SMSI*) ; le participants à cette conférence ont pris un ensemble de réso lutions sur les langues africaines et affirmé leur engagement à se mobiliser pour :

- Revaloriser officiellement les langues africaines en en faisant des langues de travail dans tous les domaines de la vie publique au niveau des pays et des communautés du continent dans le cadre de la promotion d'un multilinguisme fonctionnel complémentaire ;
- Accélérer la mise en place de l'Académie Africaine des Langues (*ACALAN*) en tant qu'institution spécia lisée pan-africaine de l'Union Africaine ;
- Mettre en place au niveau continental un dispositif de formation et de développement des ressources humai nes en linguistique africaine appliquée ;
- Soutenir la création de réseaux de bibliothèques publi ques intégrant les langues africaines pour accélérer l'objectif d'accès à l'information pour tous dans une société de l'information africaine inclusive ;
- Intégrer les logiciels libres comme éléments constitutif de la solidarité numérique ;
- Demander que la seconde phase du SMSI considère la fracture numérique linguistique comme un des facteur à éliminer en vue de la construction d'une société de l'information inclusive et de la réalisation des objectif du millénaire.

Il faut également citer le DCAM, réseau de chercheurs créé en 2006.

Enfin, pour terminer ce tour d'horizon sur l'identité et la mondialisation, il faut ajouter, au sein de la francophonie, le réseau de chercheurs créé en avril 2006 sur la '*Diversité de Expressions culturelles et artistiques et Mondialisations* (DCAM). Cet intitulé invite à sortir de la fausse alternative uniformité/identité qui condamne à ne penser la diversité qu'en extériorité : il n'est pas de culture sans composantes hétéro gènes, venues aussi bien des échanges et des emprunts aux cultures exogènes que du mouvement interne des sociétés.

De ce point de vue, la mondialisation favorise la pluralisation des expressions culturelles et la résistance à la standardisation des esprits et des modes de vie. (Comité scientifique DCAM. In : *Langue française, diversité culturelle et linguistique n° 1, septembre 2006*)

La mondialisation ouvre un espace propice à la résistance à la standardisation des esprits et des modes de vie.

3 Interculturalité et plurilinguisme

Depuis la Conférence mondiale sur les politiques culturelles (*Unesco, 1982*), « *la culture peut aujourd'hui être considérée comme l'ensemble des traits distinctifs spirituels et matériels, intellectuels et affectifs qui caractérisent une société ou un groupe social. Outre les arts et les lettres, elle englobe les modes de vie, les droits fondamentaux de l'être humain, les systèmes de valeurs, les traditions et les croyances.* »

C'est également en ce sens que le Conseil de l'Europe renchérit : « *Le patrimoine culturel constitue un ensemble de ressources héritées du passé que des personnes considèrent, par delà le régime de propriété des biens, comme un reflet et une expression de leurs valeurs, croyances, savoirs et traditions en continuelle évolution. Cela inclut tous les aspects de l'environnement résultant de l'interaction dans le temps entre les personnes et les lieux.* » (*Convention-cadre du Conseil de l'Europe sur la valeur du patrimoine culturel pour la société ouverte à la signature à Faro, le 27 octobre 2005*).

La richesse culturelle du monde, c'est sa diversité en dialogue, et le dialogue interculturel est justement l'une des missions principales de l'Unesco. Ce dialogue doit garantir l'espace et la liberté d'expression de toutes les cultures du monde. Chaque culture puise à ses propres racines, mais ne s'épanouit qu'au contact des autres cultures. Il ne s'agit donc pas d'identifier et de préserver toutes les cultures prises isolément, mais de les revivifier afin d'éviter leur ghettoïsation, de contrecarrer des dérives identitaires et de prévenir des conflits.

Chaque culture puise à ses propres racines mais ne s'épanouit qu'au contact des autres cultures.

Ce dialogue des cultures revêt un sens nouveau, dans le cadre de la mondialisation et du contexte politique international que nous connaissons aujourd'hui. Il devient ainsi un outil indispensable pour assurer le maintien de la paix et de la cohésion du monde.

Enseigner le français et enseigner en français aux côtés des langues maternelles, nationales ou transnationales ne peut

Enseigner le français et enseigner en français aux côtés des langues maternelles, nationales ou transnationales ne peut que faire avancer le dialogue entre Africains et Européens.

que faire avancer un dialogue qu'Africains et Européens ont d'ailleurs largement entamé si on considère les publications bilingues (*celles de L'Harmattan, par exemple*), les travaux universitaires sur la présence des langues africaines en France (F. Leconte, 1997, *La famille et les langues. Étude socio-linguistique de la deuxième génération africaine*, ouvrage paru également à L'Harmattan), l'emploi et l'enseignement des langues africaines et les productions culturelles, qu'elles soient musicales, chorégraphiques, artisanales, cinématographiques ou artistiques.

3.1 La communication interculturelle

M. Abdallah-Preceille (1996), usait d'une question rhétorique en se demandant si la communication interculturelle était une tautologie. En effet, toute communication présuppose deux interlocuteurs de cultures différentes dans le cas où l'interculturalité est inhérente à la personne et à son identité.

L'enseignement du français en Afrique de l'Ouest relève du dialogue interculturel. Ce dialogue a longtemps été inégal, ne laissant que peu de place aux créations linguistiques (*syntaxe, lexique, sémantique*) des usagers plurilingues. Le français parlé en Afrique était étudié, non pas par rapport à son dynamisme et à sa créativité, mais plutôt par rapport à ses déviances à la norme exogène, celle de France, celle de l'Académie Française et de la langue littéraire.

Les programmes d'enseignement bilingue doivent devenir le carrefour d'une perspective interactionniste et non plus comparatiste.

Les programmes d'enseignement bilingue doivent devenir le carrefour d'une perspective interactionniste et non plus comparatiste. La démarche interculturelle doit être capable de faire énoncer les auto-stéréotypes et les hétéro-stéréotypes pour mieux les dépasser. En voici un exemple : Se trouvant en formation, M. eut le courage d'énoncer le stéréotype le plus difficile à formuler pour lui, celui de l'anthropophagie entretenue par une certaine anthropologie à propos des Africains en général. Toute son indignation passa par le verbe, l'intonation et le regard, mais cette énonciation fut cathartique pour tout le groupe franco-ghanéen qui put ensuite travailler librement cette question des clichés à propos des cultures.

(*Lezouret, séance de tutorat à la maîtrise de didactique du FLE, Université de Bourgogne, Somanya, 2000*)

3.2 L'interculturel dans l'enseignement des langues

L'ouvrage de G. Debyser (*L'enseignement de la civilisation française, Hachette, 1973*) fit de celui-ci l'un des précurseurs de l'approche interculturelle, approche essentiellement contrastive. Plus tard, L. Porcher apportera le concept d'universel-singulier : pour lui, des thèmes comme l'eau, le temps, l'espace et l'amour sont autant d'universels singuliers capables de susciter un travail de type interculturel où chacun trouverait son compte tout en percevant la spécificité de l'autre. M. Abdallah-Pretceille et G. Zarate définiront l'interculturel dans l'interaction et l'auto-réflexion sur sa propre culture.

L'interculturel se définit dans l'interaction et l'auto-réflexion sur sa propre culture.

Les échanges et l'éducation comparée (*Dominique Groux*) sont pour les pays riches et moins riches des moyens précieux pour mettre en œuvre cette interaction, comme l'illustre bien l'exemple suivant.

Au Ghana, les candidats élèves-maîtres de français sont nombreux, peut-être parce que la formation prévoit un séjour dans le pays voisin, le Togo. Cet échange permet aux Ghanéens de percevoir un univers qui n'est pas le leur. En premier lieu, la cuisine togolaise emprunte de nombreux plats à la cuisine internationale, ce qui, au Ghana, est l'apanage d'une société réduite et fortunée de la capitale. Le marché aux fétiches, quant à lui, est très mal vu des étudiants ghanéens appartenant à une Église plus ou moins sectaire. Pour tous, le séjour au Togo reste un souvenir inoubliable et constitue la première entrée dans le monde francophone. Il est vrai que les étudiants éwés ne se considèrent pas vraiment à l'étranger car ils peuvent éprouver à Lomé les variations de leur langue maternelle ; pour les autres, cependant, ce stage demeure le point d'orgue de leur formation et de leur initiation au monde francophone.

Nous pouvons à présent revenir sur l'analyse de P. Dumont (*2001*) qui, à partir des différents travaux des didactologues, définit les grands axes d'une pédagogie interculturelle comme suit :

- La langue, avant d'être un instrument de communication, est le vecteur privilégié de la culture ;
- Le fondement de toute méthodologie interculturelle réside dans le '*processus du miroir*' (*Abdallah-Pretceille*) c'est-à-dire dans une perspective interactionniste construite à partir du Moi et de l'autre ;

La langue, avant d'être un instrument de communication, est le vecteur privilégié de la culture.

La compétence plurilingue et pluriculturelle évolue au cours des expériences et des parcours de vie.

- Enfin, si l'école reste le moyen privilégié de l'approche interculturelle, c'est à travers une conception élargie et plus généreuse que jadis de l'enseignement des langues qu'elle agit, se situant à la jonction de l'enseignement et de l'éducation.

C'est justement cette jonction que concrétisent les projets d'enseignement bilingue de type additif.

3.3 Evolution et déséquilibre de la compétence plurilingue et pluriculturelle

La compétence plurilingue et pluriculturelle de fait évolue au cours des expériences et des parcours de vie, comme en témoigne Charline, qui a écrit sur les manuels (*Cf. chapitre 8*). Elle nous livre ci-après le bilan de ses expériences dans l'apprentissage des langues étrangères.

Encadré 70 : Je ne suis pas bilingue mais plutôt quadrilingue.

« Si on considère que j'ai été élevée dans ma langue maternelle, le malagasy, mais avec des parents enseignants de français en primaire, j'ai connu assez tôt le français, surtout quand les parents voulaient parler de choses que les enfants ne devaient pas savoir.

Comme je fais partie de la génération pendant laquelle on 'malgachisait' l'enseignement, j'ai appris en malagasy à l'école. C'est seulement au lycée qu'on a commencé à apprendre les matières comme les maths, les sciences naturelles, les sciences physiques, l'histoire et la géographie en français.

J'ai appris l'anglais comme deuxième langue étrangère obligatoire en classe de quatrième comme dans le premier cycle de toutes les autres écoles publiques secondaires, donc deux heures par semaine. On a commencé avec les formules de salutation et de présentation et on a appris en cours des leçons les prononciations et les phonétiques comme pour les diphtongues etc., mais on n'a pas appris l'alphabet. (...) Dix ans plus tard, j'ai suivi des cours au Centre culturel américain pour rafraîchir mes connaissances en anglais. Pendant une session de trois mois, j'étais la plus forte car on travaillait surtout sur des livres avec moins d'exercices oraux comme des conversations spontanées. Mais le centre a révisé sa méthode suite au constat d'un expert qui a dit que nous étions des esclaves des livres ('You are really slaves of your books !') et a depuis réorienté l'enseignement vers l'expression orale exclusivement avec des performances à atteindre (entre autres : savoir décrire une situation réelle, parler des sujets abstraits). Ce qui est intéressant avec cette méthode, quand on passe à l'examen qui consiste en une conversation de 15 à 20 minutes, l'interrogateur essaie de deviner, dans quel niveau/classe on est et il guide l'interviewé dans ce sens.

J'ai choisi d'apprendre l'allemand au lycée, depuis la classe de seconde (au lieu du russe ou de l'espagnol). C'était facultatif et on avait deux heures de cours par semaine. Je me souviens qu'on a commencé avec les salutations et la présentation et ensuite l'alphabet avant d'entamer les leçons dans le livre 'Deutsch 2000'. Malgré l'effort de certains professeurs dynamiques de faire connaître la langue (grammaire et vocabulaire...) et la culture générale (mode de vie, actualités...) des Allemands, il y en a qui étaient très passifs et se contentaient de faire faire les exercices à tour de rôle par table. Donc, on ne se concentrait pas sur le mécanisme mais on calculait quel numéro/exercice on devait faire, on attendait son tour et on était content de l'avoir fait sans faute. J'étais si contente de ma performance que j'ai fini par continuer à l'université, dans la filière 'Etudes germaniques'. Mais apprendre l'allemand au Goethe Institut et au lycée est plus ludique que de l'étudier à l'université. Mon style était trop académique après mes études, mes amis correspondants germanophones l'ont trouvé assez lourd. Au fil des années de correspondance, j'ai connu une nette amélioration, selon eux. Quand au parler, c'est autre chose.

Personnellement, il m'est plus facile de traduire en malagasy des documents en anglais ou allemand que des documents en français. Est-ce que cela veut dire que je n'arrive toujours pas, après tant d'années, à 'maîtriser' la langue française ? J'ai traduit des brochures SRA (santé reproductive des adolescents) publiées d'abord en anglais par l'équipe de Regina Goergen en Tanzanie en 2002. Quand, plus tard, la version française était disponible, j'ai constaté que traduire de l'anglais était plus facile que du français. Peut-être que les expressions anglaises et allemandes ont des similitudes avec le malagasy ?

En fin de compte, il n'y a que le malagasy que je parle au quotidien. Les autres langues, je les lis ou je les écris seulement. » (Charline Razanadrasoa, Antananarivo, Madagascar, communication personnelle, 2006)

Charline fait le bilan de ses compétences évolutives en fonction du patrimoine culturel familial, de la politique linguistique du pays ainsi que de l'offre au niveau du secondaire et de l'université ; elle relève des compétences déséquilibrées entre la maîtrise parfaite du malagasy, sa langue maternelle, et les diverses langues qu'elle a apprises. Elle conclut en soulignant que, dans sa communauté, elle parle seulement malagasy. C'est par l'intermédiaire de l'écrit que Charline entre

Charline relève des compétences déséquilibrées entre sa langue maternelle et les diverses langues qu'elle a apprises.

Charline est consciente des diverses stratégies déployées par les professeurs et les étudiants pour s'approprier des compétences diversifiées.

en contact avec d'autres communautés de travail et d'amitiés en d'autres langues qu'elle lit et écrit sans avoir l'occasion de les parler. Charline est consciente des diverses stratégies déployées tant par les professeurs que par les étudiants et par elle-même pour s'approprier des compétences diversifiées. Une fois qu'elle a bien défini son identité linguistique, elle exprime le désir d'apprendre au moins une autre langue en tenant compte des composantes sociolinguistiques et pragmatiques de son contexte d'apprentissage :

> *(...) J'ai pensé d'abord au japonais, car il y a plusieurs centres qui donnent des cours et en plus, il y a des concours assez intéressants en japonais avec possibilité de voyager au Japon ; mais un ami m'a averti qu'à mon âge, ce n'est plus facile de retenir tant de signes/symboles. (...) Si j'étais un peu plus jeune, avec comme ambition des études ou des recherches au Japon, j'aurais investi un peu plus.*
>
> *Pour le portugais, même si c'est intéressant, il n'y a pas de centres mais peut-être des rares professeurs pour le dispenser mais à quoi bon car à part pouvoir lire ou écrire en portugais, je vois mal en quoi cette langue me serait utile.*
>
> *L'espagnol est un choix idéal car c'est une des langues les plus parlées au monde. On peut l'apprendre comme deuxième langue étrangère au lycée et, à l'Université, il y a même une filière 'Etudes hispaniques'. Il y a une possibilité de l'apprendre dans quelques centres et en cours particuliers, mais ce ne sera pas suffisant pour la maîtriser.*
>
> *L'italien n'est pas mal non plus. Et il paraît que pour les gens qui connaissent le français, ce n'est pas difficile de l'apprendre. À part pour pouvoir connaître les chansons en italien, on l'utilise dans certains domaines comme le tourisme, donc ce peut être bénéfique pour l'économie malgache*

A l'Ile Maurice, l'usage des langues est dicté par les types d'interactions.

Plusieurs langues peuvent constituer notre identité mais leur usage est conditionné non seulement par le statut officiel ou officieux et par l'Histoire, mais aussi et surtout par les types d'interactions dans la ou les communautés.

L'exemple de l'Ile Maurice est à ce titre intéressant. Dans cette île, colonisée d'abord par les Français puis par les Anglais, le statut de langue officielle est rendu difficile par l'usage social que font les locuteurs de nombreuses communautés (*bhojpouri (30%), ourdou (5,8%), tamoul (2%), anglais (0,2%), chinois, hindi, sindhi, etc.*) des langues en présence au contact de langues internationales.

Encadré 71 : Compétence plurilingue et pluriculturelle
Une compétence plurilingue et pluriculturelle ne consiste pas en une simple addition de compétences monolingues, elle autorise des combinaisons, des alternances, des jeux sur plusieurs tableaux. Il est possible de procéder à des changements de codes en cours de message, de recourir à des formes de parler bilingue. Un même répertoire, plus riche, autorise donc aussi des choix, des stratégies d'accomplissement de tâches, reposant sur cette variation interlinguistique, ces changements de langue, lorsque les circonstances le permettent.

L., touriste anglophone et plurilingue, au restaurant, demande au serveur : « *Quelle langue parle-t-on à l'île Maurice ?* » et le serveur de répondre : « *Ici, on parle créole, on lit en français et on écrit en anglais.* » Il s'agit là d'une compétence plurilingue et pluriculturelle, jouant de l'alternance des langues en fonction de la tâche à accomplir, d'un usage pragmatique des langues en fonction de leur statut : l'anglais est la langue officielle, celle de l'administration qui demande des écrits.

A l'Ile Maurice, on recourt à diverses langues selon qu'on désire parler, lire ou écrire.

3.4 Des représentations aux pratiques

De nombreuses langues africaines ont subi les assauts d'une politique coloniale assimilationniste et nombre de leurs locuteurs s'en sont détournés. Pourtant, il est permis d'affirmer que la modernité de l'Afrique passe par ses traditions, par l'usage et la préservation de ses langues, y compris les langues européennes. Une fois encore, faisons un tour d'horizon des représentations et des pratiques.

Les grands artistes africains traversent les continents sans pour autant utiliser les langues internationales. Malgré cela, ils trouvent des auditeurs-locuteurs partout sur leur chemin et touchent le cœur des spectateurs.

Quant aux conteurs africains qui oeuvrent auprès de populations vulnérables en Occident, ici en langue française, là dans leur langue maternelle africaine, ils sont légion. C'est à travers leur patrimoine culturel (*contes, légendes, proverbes, chants traditionnels, etc.*) qu'ils restaurent l'identité d'enfants, d'adultes et de vieillards marqués par l'épreuve. Nombre d'entre eux sont formateurs, notamment au centre de littérature orale (*CLIO*). Ils y explorent et y mettent en pratique les outils qu'utilise le conteur africain pour toucher son auditoire, pour

De nos jours, nombre de conteurs africains restaurent l'identité de gens marqués par l'épreuve.

La circulation des hommes et de leurs savoirs permet de porter un regard sur les cultures différentes.

construire et partager avec lui la convivialité indispensable à toute assemblée. Ils montrent comment cette technique de narration faite d'appels, de proverbes, de devinettes, de chants, de chansonnettes et de danses peut aujourd'hui encore se mettre au service du récit dans une société urbaine en pleine mutation.

La circulation des hommes et de leurs savoirs permet de porter un regard sur les cultures différentes dans d'autres domaines, notamment celui de la santé. Il convient ici de mentionner la création de la chaire d'ethnopsychiatrie à l'Université de Paris 8, sous la direction de Georges Devereux, qui affirme : « *Dans tous les pays, dans toutes les cultures, il existe aussi des pratiques de guérison que l'on ne peut simplement définir en les qualifiant d'alternatives, parallèles, archaïques ou parascientifiques. Dans tous les pays, qu'ils soient développés ou non, les systèmes de santé et les pratiques de guérison cohabitent de mille façons, bien qu'ils se condamnent mutuellement, s'opposent, s'entrecapturent, se disqualifient, se complètent, formant une écologie intriquée à laquelle on ne fait pas justice en opposant 'modernité' et 'archaïsme' ou, à l'inverse, 'biopouvoir' et 'médecines traditionnelles'* ».

C'est ainsi qu'une équipe pluridisciplinaire, formée de chercheurs polyglottes et riches de cultures différentes, s'intéresse à toutes les manières possibles de guérir, refusant de disqualifier d'avance certaines pratiques par des catégorisations qui ne servent qu'à couvrir notre ignorance, comme '*placebo*', '*suggestion*', '*transfert*' et surtout ceux de '*croyance*' et '*représentation symbolique*'. C'est autour de ces termes controversés d'ethnopsychiatrie et d'ethnopsychologie, qu'ils attendent le renouvellement de toutes les confrontations intéressantes concernant les mondes contemporains de la guérison, car l'Afrique a beaucoup à enseigner.

Le Groupe de Recherche Ethno-médecine/ Anthropologie de la santé étudie les représentations et les pratiques liées à la santé dans diverses cultures.

Mentionnons enfin le Groupe de Recherche Ethnomédecine/Anthropologie de la santé qui réunit des enseignants-chercheurs et des étudiants avancés, engagés dans l'étude des représentations et des pratiques liées à la santé, à la maladie et aux soins dans différentes cultures. Créé en 1998 au sein du Centre de Recherches Interdisciplinaires en Anthropologie (*CRIA*), ce groupe de recherche est placé sous la responsabilité de Guy Mazars, Directeur adjoint de l'Institut d'Histoire des Sciences à l'Université Louis Pasteur, qui est également chargé d'enseignement à l'Institut d'Ethnologie de l'Université Marc Bloch de Strasbourg.

Les représentations changent avec le changement des pratiques.

Ce rapide panorama permet d'entrevoir que les représentations changent ainsi que les pratiques. Dans ce cadre de réflexions, l'enseignement bilingue est un outil précieux pour faire changer les représentations des langues et des cultures qu'elles véhiculent et restaurer les individus dans leur identité par définition multiple dans le cadre de l'Afrique de l'Ouest.

4 Gestuelle et plurilinguisme

Dans ce point, nous commenterons brièvement certains aspects extra-linguistiques de la communication scolaire en LO.

Dans le cadre du réseau de chercheurs en socio-linguistique et dynamique des langues (*Agence Universitaire de la Francophonie*), une étude conjointe entre l'Université de Besançon et celle de Conakry, concernant les incidences du multilinguisme dans les compétences en français en fin de cycle primaire, s'était donné un triple objectif :

- Recueillir des informations sur le répertoire linguistique des Guinéens, les usages des langues dans différentes situations sociales (*entre les familles, dans les lieux publics, etc.*), les images des langues (*français et langues guinéennes*) par une vaste enquête sociolinguistique (*2000 sujets enquêtés dans les quatre régions naturelles et à Conakry*) ;

- Décrire le français parlé en Guinée par des études morpho-syntaxiques réalisées sur des productions orales de sujets scolarisés et non scolarisés ;

- Evaluer les savoirs et compétences en français écrit d'élèves guinéens de fin de cycle primaire (*1097 productions*) et de fin de collège (*995 productions*).

Les études concernant les aspects extra-linguistiques de la communication scolaire en LO sont instructives.

Nous emprunterons à G. Holtzer (*2004*), directrice scientifique du projet, les remarques concernant les aspects extra-linguistiques de la communication scolaire en français, observés, certes, en situation d'enregistrement vidéo, mais si parlants à l'échelle de l'Afrique de l'Ouest.

Il était demandé aux apprenants de raconter un évènement en français, en leur précisant qu'ils devraient reprendre

Le regard d'introspection, la parole sans le corps et la voix sans expressivité caractérisent souvent les contributions orales des élèves qui ne maîtrisent pas la LO de leur pays.

le récit dans leur langue maternelle. A ce propos, Holtzer relève trois aspects qui nous concernent ici, à savoir :

- le regard d'introspection ;
- la parole sans le corps ;
- la voix sans expressivité.

4.1 Le regard d'introspection

Au-delà de cette expérimentation, de nombreux élèves appelés à s'exprimer en LO n'ont pas le regard dans la communication, soit-elle scolaire. Leur regard, dirigé vers l'intérieur, traduit l'effort linguistique d'encodage accompagné de mouvements différents de ceux qui structurent habituellement le discours oral.

4.2 La parole sans le corps

Holtzer note par ailleurs que l'activité de parole en français laisse les élèves presque totalement immobiles. On voit des comportements de timidité et d'embarras (*se cacher le visage, tortiller ses doigts, etc.*), mais aucun geste n'est fait *en relation avec le discours* : il n'y a pas de gestes à valeur expressive ou sémantique, sinon quelques gestes à valeur déictique, comme celui d'indiquer une direction. Holtzer souligne qu'on ne voit pas du tout se manifester *la motricité de la parole*. Les mouvements rythmiques liés à l'accentuation (*généralement marqués par la tête et les mains*) sont très peu visibles. Les seuls gestes remarqués en relation avec la parole sont liés à la difficulté de son élaboration : une élève bouge les mains, comme pour stimuler l'activité cognitive, dans un passage où elle cherche ses mots.

4.3 La voix sans expressivité

Quand ils parlent français, ces élèves ont une intonation neutre, '*scolaire*'.

Enfin, Holtzer relève l'absence de variations dans la voix, associée à la parole immobile. L'intonation est neutre '*scolaire*' : il s'agit de l'intonation de la phrase purement énonciative, qui décrit des états de fait dans le but d'un apprentissage (*de contenus ou de structures*) ; c'est la forme sonore que prennent des phrases comme les suivantes : '*Conakry est la capitale de la Guinée.*' ou '*L'eau bout à cent degrés.*'

Or, cette intonation impersonnelle, qui expose des faits sans qu'il y ait investissement affectif de la part du sujet parlant, apparaît bien comme liée au français en tant que vecteur d'apprentissage scolaire et non en tant que moyen de communication. Précisons qu'en contre-partie M. Camara, l'enseignant qui dirige l'interview, donne des explications et des encouragements sur un ton chaleureux et avec une gestuelle ample, expressive et rythmique. Sa voix se caractérise aussi par une grande justesse musicale : l'intonation établit des relations précises entre les parties mélodiques, de sorte qu'elle marque clairement la structure du discours.

Dans la communication orale, le corps joue un rôle important.

Ces extraits d'analyse d'une expérience dans le contexte de la Guinée sont là pour nous rappeler le rôle du corps dans la communication : le regard, les mimiques, les attitudes et les gestes sont autant de paramètres qui accompagnent toute structuration du discours.

Ces paramètres sont reconnus en langue maternelle, utilisés, voire ritualisés dans la littérature orale, comme le soutient George Ngal (*2000*) : « *On le sait : la littérature orale précède en Afrique noire la littérature écrite. L'oralité précède l'écriture. La littérature orale possède ses taxinomies, ses normes et ses genres. Au cœur du dispositif narratif oral, il y a le conteur. Et la grammaire du récit oral – texte oral – montre clairement que le conteur est le grand ordonnateur de l'univers de l'oralité dans la mesure où c'est lui qui, à travers sa manière de raconter et de produire le récit, le rend vivant par la gestualité, la théâtralité et la tonalité (rythme, répétition, silence, sollicitation de l'auditoire etc.). Il assure ainsi l'intelligibilité du système de l'oralité, c'est-à-dire à la fois sa cohérence logique et rationnelle.*

Or, depuis l'avènement de l'écriture, les structures de l'oralité deviennent de moins en moins opératoires. Désormais, elles tendent à être intégrées dans l'univers du récit écrit et, de ce fait, elles trouvent là une nouvelle pertinence et une nouvelle validité. Le renouvellement de la littérature écrite passe donc par l'investissement des formes et genres de l'oralité. »

Le maître s'appuiera sur le rôle de la gestuelle dans le discours oral en LM pour mieux servir l'appropriation de la LO.

Lorsqu'au cours de son enseignement bilingue le maître introduit la LO progressivement à l'oral, par le jeu, le chant et la danse, il peut s'appuyer sur le rôle de la gestuelle dans le discours oral en LM pour mieux appréhender l'appropriation de la LO dans toutes ses dimensions, y compris corporelles.

L'écriture est un outil très important pour une langue.

5 Etre plurilingue : une norme

Le plurilinguisme est la norme dans le monde. Les deux tiers des humains sont polyglottes : on compte de cinq à six mille cinq cents langues pour seulement deux cents États ! (*Atlas du monde diplomatique, 2003*). Au cours du temps, la diffusion des unes s'est faite aux dépens des autres par le truchement de divers facteurs : le pouvoir, le commerce, la culture, la religion et les phénomènes croissants d'urbanisation.

Le nombre de locuteurs n'a pas de poids en comparaison de l'outillage de la langue dont le premier est l'écriture. En effet, la standardisation d'une langue lui assène une norme et permet sa fixation.

Le deuxième atout pour qu'une langue perdure est de savoir si elle permet la diffusion des techniques et des sciences. Dans le contexte de l'Afrique de l'Ouest, cette fonction a été assignée aux langues coloniales, avec toutefois des nuances. C'est ainsi qu'au Ghana, un mécanicien ne fera pas son apprentissage en anglais ; il devra parler la langue de ses collègues. Ce n'est pas le cas de l'Afrique francophone. (*Cf. chapitre 8 mode de colonisation et de diffusion des langues locales*)

Le troisième atout d'une langue à l'heure actuelle est d'être véhiculée par les nouvelles technologies de l'information et de la communication où n'émergent qu'une centaine de langues.

On peut hiérarchiser les langues selon les fonctions qu'elles remplissent. Ces fonctions peuvent changer selon la politique linguistique, elle-même influencée par divers facteurs : accès à l'autonomie, comme pour le catalan, revendications identitaires (*créole haïtien*) ou création d'un état, qui, comme dans le cas d'Israël, donne un statut officiel à une langue, l'hébreu.

L'Erythrée a trois langues officielles qui sont aussi des langues de travail.

A ce sujet, la situation linguistique de l'Erythrée retient l'attention. Ce pays a accédé à l'indépendance en mai 1993 après trente ans de guerre. Aujourd'hui, l'état érythréen a trois langues officielles qui sont aussi des langues de travail : le tigrinyia, l'arabe et l'anglais. Pendant la guerre d'indépendance, la mobilité des populations, ainsi que l'alphabétisation des adultes et la scolarisation au Front, ont mis en contact des Erythréens de langues différentes et permis l'apprentissage puis l'usage de langues autres que la langue maternelle. Ce sont autant de phénomènes qui ont remodelé le paysage linguistique du pays. Actuellement, il n'y a plus de région monolingue : la situation qui prévaut est celle du bilinguisme, et même très souvent du multilinguisme. Ce qui distingue l'Erythrée n'est cependant pas cette situation plurilingue et pluriculturelle, que connaissent beaucoup de pays, en Afrique notamment, mais bien plutôt la politique de défense et illustration des cultures et langues nationales menée par l'Etat, qui est peu ordinaire, pour ne pas dire exceptionnelle.

De nombreuses langues sont menacées, des échanges toujours plus nombreux sont gérés par quelques langues multi-étatiques, avec l'anglais comme langue véhiculaire mondiale. En dépit de ces faits, les usagers des langues sont toujours à l'œuvre et il est possible d'observer l'élaboration de langues de contact : pidgins, linguas francas, mélanges dans les gros centres urbains ou émergence de langues véhiculaires ; c'est ainsi que le swahili, en voie de supplanter l'anglais en Afrique orientale, est devenu langue de travail au siège de l'Unité Africaine, et ce de par la volonté d'un homme, Julius Nyerere.

La création de l'Académie des Langues Africaines (*2001*) et les volontés politiques arriveront-elles à inverser la tendance à la diglossie : langue vernaculaire pour la vie locale (*oral*), langues internationales pour les activités de prestige (*écrit*) ?

Nous laisserons la réponse en suspens, sachant bien qu'il s'agit d'aménager le statut des langues et leur corpus, supports médiatiques et pratiques en extension, comme le suggère le président malien, Alpha Oumar Konare : « *Il est grand temps que notre continent se donne les moyens de faire des langues africaines des langues de travail dans tous les domaines de la vie publique. C'est à ce prix que nous ferons de nos Communautés Economiques Régionales de véritables instruments d'intégration africaine et de l'Union Africaine une réalité vécue par des peuples réhabilités et rétablis dans leur identité et dans la continuité historico-culturelle de leurs espaces. Ainsi, les langues transfrontalières véhiculaires renforceront les relations d'échanges entre les populations, au-delà des frontières politiques, qui devraient être considérées, comme nous l'avons toujours dit, non comme des points de rupture mais plutôt comme les points, les lignes de suture du tissu socio-*

En Erythrée, l'état a opté pour la défense des cultures et des langues nationales.

« ***Il est grand temps que notre continent se donne les moyens de faire des langues africaines des langues de travail dans tous les domaines de la vie publique.*** » (Alpha Oumar Konare) *culturel africain lacéré, déchiré il y a seulement 116 ans, les lignes de suture de ces pays et villages frontières de notre continent en quête d'unité !* » (Extrait du Discours prononcé à l'occasion du lancement des activités de l'Académie Africaine des Langues, le 8 Septembre 2001)

6 Résumé

En Afrique de l'Ouest, le plurilinguisme est une norme : langues vernaculaires, véhiculaires, nationales, transnationales et langues officielles gèrent les échanges au sein d'une population extrêmement mobile. Cet état de fait offre à ces polyglottes l'opportunité de complexifier des compétences plurilingues et pluriculturelles, certes déséquilibrées mais en constante évolution.

Le français tient une place de choix dans ce bouquet plurilingue, même s'il est concurrencé dans les échanges quotidiens par des langues véhiculaires que développent leurs usagers autour des grandes monopoles comme Dakar et Abidjan. L'évolution du concept de francophonie vers celui '*d'espaces francophones*' associé à une politique résolument tournée vers la diversité linguistique et culturelle (*dialogue des cultures*) apporte une certaine convivialité aux relations entre les langues en présence. En dépit de la mondialisation que certains voudraient synonyme d'uniformisation, la modernité de l'Afrique réside dans ce plurilinguisme *in vivo*, porteur de cultures dont tous peuvent apprendre dans de nombreux domaines.

Restaurer les apprenants dans l'estime de leurs origines, de leurs cultures, de leurs identités, de leurs capacités à apprendre à lire, écrire et compter dans leur langue maternelle puis en langue officielle, voilà le but des programmes d'enseignement bilingue de type additif.

L'enseignement/apprentissage de la langue officielle, plus ou moins étrangère aux apprenants, ne peut se faire en contexte sans s'appuyer sur le répertoire verbal des élèves et de la communauté. Il doit s'inscrire naturellement dans un continuum toujours renouvelé entre les langues locales et la langue aux multiples variations d'un vaste espace et de nombreuses communautés socio-linguistiques à travers le monde : le français.

7 Concepts clés
plurilinguisme
identité sociale
une identité : francophone
dialogue des cultures
interculturel
compétence plurilingue et pluriculturelle
mondialisation
représentation
pratiques
normes : endogène/exogène

8. Suggestions bibliographiques pour ce chapitre

Abdallah-Pretceille, M. (1996). *Vers une pédagogie interculturelle*. Paris : Anthropos

Atlas du monde diplomatique (2003). *Un monde rétréci : hégémonie des grandes langues*. Paris (n° hors série)

Boubakar Boris Diop : Pourquoi j'ai choisi le wolof. In : **Courrier international (hors série) culture mars-avril-mai 2003.** '*Cause toujours... A la découverte des 6700 langues de la planète*'

Breton, R. (1995). *La géographie des langues*. Paris : Puf Que sais-je ? (n° 3618)

Dumont, P. (2001). *L'interculturel dans l'espace francophone*. Paris : L'Harmattan

Dumont, P. (1986). *L'Afrique noire peut-elle encore parler français ?* Paris : L'Harmattan

Finingan Wa Simbeye : Le swahili, ce mal aimé. In : **Courrier international (hors série) culture mars-avril-mai 2003** '*Cause toujours... A la découverte des 6700 langues de la planète*'

Français dans le monde Mars avril 2000 n° 309 : *L'interculturel par l'internet*

Gbanacé, P. (2006). *Modernité africaine=occidentalité ?* L'Harmattan/Guinée

Groux, D. (2003). *L'altérité*. Paris : L'Harmattan

Groux, D. (2000). *Les échanges éducatifs*. Paris : L'Harmattan

Holtzer, G. (2004). Incidences du multilinguisme sur les compétences en français des élèves guinéens en fin de cycle primaire. Rapport final. Réseau de chercheurs en sociolinguistique et dynamique des langues. Agence Universitaire de la Francophonie

Lipiansky, M. (2002), *Stratégies identitaires*. Paris : Presses universitaires de France

Morin, E. (2002), *Pour une politique de civilisation*. Paris : Arlea, Seuil

Morin, E. (2001), *L'identité humaine. L'humanité de l'humanité*. Paris : Seuil

Ngal, G. (2000), *Esquisse d'une philosophie du style : Autour du champ négro-africain*. Paris : Tanawa

Warnier, J.P. (2004), *La mondialisation de la culture*. Paris : Repères, La découverte

Et pour ceux qui voudraient faire des recherches plus approfondies :

Observatoire sur les Systèmes d'Information, les Réseaux et les Inforoutes au Sénégal : OSIRIS :
http://www.linguasphère.org, what is a language ?
http://www.osiris.sn/article1635.html
Projet de l'Unesco pour promouvoir la culture de la paix à travers l'éducation plurilingue :
www.linguapax.org/quefr.htm
Pour la diversité linguistique : www.etnologue.com/web.asp
http://www.contesafricains.com
Le site et la revue de référence des cultures africaines :
http://www.africultures.com/index.asp
Ethiopiques : revue negro_africaine de littérature et de philosophie ; voir N° 74 sur la question de l'altérité.
http :www//.rfer.sn.ethiopiques /
Centre de littérature orale :
http://www.clio.org/sommaire.php3
http://www.ethnopsychiatrie.net/
la revue francophone d'ethnopsychiatrie Etnopsy, les mondes contemporains de la guérison.

Index

L'HARMATTAN, ITALIA
Via Degli Artisti 15 ; 10124 Torino

L'HARMATTAN HONGRIE
Könyvesbolt ; Kossuth L. u. 14-16
1053 Budapest

L'HARMATTAN BURKINA FASO
Rue 15.167 Route du Pô Patte d'oie
12 BP 226
Ouagadougou 12
(00226) 50 37 54 36

ESPACE L'HARMATTAN KINSHASA
Faculté des Sciences Sociales,
Politiques et Administratives
BP243, KIN XI ; Université de Kinshasa

L'HARMATTAN GUINEE
Almamya Rue KA 028
En face du restaurant le cèdre
OKB agency BP 3470 Conakry
(00224) 60 20 85 08
harmattanguinee@yahoo.fr

L'HARMATTAN COTE D'IVOIRE
M. Etien N'dah Ahmon
Résidence Karl / cité des arts
Abidjan-Cocody 03 BP 1588 Abidjan 03
(00225) 05 77 87 31

L'HARMATTAN MAURITANIE
Espace El Kettab du livre francophone
N° 472 avenue Palais des Congrès
BP 316 Nouakchott
(00222) 63 25 980

L'HARMATTAN CAMEROUN
BP 11486
(00237) 458 67 00
(00237) 976 61 66
harmattancam@yahoo.fr

www.ingramcontent.com/pod-product-compliance
Lightning Source LLC
LaVergne TN
LVHW011441061026
849535LV00004BA/908
* 9 7 8 2 2 9 6 0 3 5 0 1 0 *